T0169733

CLASSIQUES EN POCHE

Collection
dirigée
par
Hélène Monsacré

Dans la même collection

SALLUSTE

LA GUERRE
DE JUGURTHA

Texte établi et traduit par Alfred Ernout
Introduction et notes de Jean-François Cottier

Troisième tirage

LES BELLES LETTRES

2012

Dans la même collection (suite)

Ce texte et la traduction sont repris du volume correspondant dans la Collection des Universités de France (C.U.F.), toujours disponible avec apparat critique et scientifique. (Salluste, La Conjuration de Catilina. La Guerre de Jugurtha. Fragments des Histoires, *17ᵉ tirage, 2012)*

© *2012, Société d'édition Les Belles Lettres, 95 bd Raspail 75006 Paris.*
www.lesbelleslettres.com

Première édition 2000

ISBN : 978-2-251-79954-4
ISSN : 1275-4544

Introduction

*par Jean-François Cottier**

1. LA CRISE DE LA RÉPUBLIQUE[1]

La Guerre de Jugurtha, deuxième monographie de Salluste[2], est construite, comme *La Conjuration de Catilina*, autour des vicissitudes d'un individu que caractérisent son ambition criminelle et son énergie. Toutefois, le récit de la guerre menée par Rome en Afrique entre 111 et 105 permet également à l'historien latin de réfléchir aux interactions de la politique extérieure et de la politique intérieure, tant ce conflit marque à ses yeux le début de la rébellion contre le pouvoir exclusif de la noblesse, véritable préambule aux guerres civiles qui déchireront le dernier siècle de la République[3] : « Je me propose d'écrire la guerre que le peuple romain fit au roi des Numides, Jugurtha, cela

* Maître de conférences à l'Université de Nice-Sophia Antipolis.

1. Pour une présentation de la vie de Salluste et de sa conception de l'histoire, nous renvoyons à l'introduction à *La Conjuration de Catilina* réalisée par M. Chassignet dans la même collection (vol. 38).

2. Elle fut publiée vers - 40.

3. Sur la vie politique dans la Rome républicaine, cf. J. Hellegouarc'h, *Le Vocabulaire latin des relations des partis politiques sous la République*, Paris, Les Belles Lettres, 1972 ; Cl. Nicolet, *Le Métier de citoyen dans la Rome républicaine*, Paris, Gallimard, 1976, et R. Adam, *Institutions et citoyenneté de la Rome républicaine*, Paris, Hachette, 1996.

pour deux raisons. D'abord parce qu'elle fut rude, acharnée, mêlée de succès et de revers, ensuite parce que c'est alors pour la première fois qu'on osa marcher contre l'insolence de la noblesse : lutte qui confondit toutes les lois divines et humaines et atteignit un tel degré de fureur que seules la guerre et la dévastation de l'Italie mirent fin aux discordes entre les citoyens. » (V, 1-2.)

Pour comprendre ce qui se passe à partir de la fin du II⁰ siècle à Rome, il faut remonter au temps des conquêtes (264-118) qui voit les Romains se rendre peu à peu maîtres de l'ensemble du bassin méditerranéen : Scipion l'Africain triomphe des Carthaginois, grâce en partie à l'appui des cavaliers numides du roi Masinissa (Zama, 202) ; Paul-Émile l'emporte sur le roi Persée de Macédoine (Pydna, 168), la Macédoine et la Grèce devenant une vingtaine d'années plus tard la province romaine d'Achaïe (146) ; le roi Attale de Pergame lègue son riche royaume aux Romains qui en feront le noyau de la province d'Asie (129) ; enfin, pour s'assurer un meilleur accès à l'Espagne et la maîtrise des routes commerciales avec les Celtes, Rome occupe un large couloir au sud de la Gaule : la *Provincia* (118)

Mais ces conquêtes, en drainant vers Rome un trop grand afflux d'hommes et de richesses, ont empêché le développement normal de son économie. Rome qui se croit autorisée à vivre en rentière, tirant le maximum de profit de ses provinces, accumule peu à peu les causes de sa propre perte. Ainsi l'agriculture est bouleversée : endettés, les petits cultivateurs sont souvent contraints de vendre leurs terres aux riches ; la culture des céréales, trop exigeante et difficile pour des esclaves, est abandonnée au profit de l'élevage et de l'arboriculture (olivier, vigne). Par ailleurs, les esclaves trop nombreux étouffent l'artisanat, et les riches Romains préfèrent souvent acheter dans les provinces les produits dont ils ont besoin. Enfin, le commerce demeure limité : Rome se contentant d'aspirer l'or des provinces pour payer ses propres achats, c'est en Orient que se maintiennent les principaux marchés (Délos, Rhodes, Alexandrie, etc.). Cette époque voit naître chez les Romains des fortunes colossales en très peu de temps, et, avec la paix, le pouvoir oligarchique se durcit, comme l'atteste par exemple le double meurtre des frères Gracques[4], assassinés pour avoir tenté de faire voter une loi agraire défavorable aux grands propriétaires. L'amour de l'argent gagné facilement fait alors disparaître le goût de l'austérité et des valeurs patriotiques, comme le souligne Salluste à plusieurs reprises : « Ville vénale, et qui ne tardera pas à périr si elle trouve un acheteur ! » (XXXV, 10.)

2. Le *Bellum Iugurthinum*[5]

a. *Le contexte politique*

La famille royale de Numidie, depuis que Masinissa s'était allié avec Scipion l'Africain lors de la deuxième guerre punique (219-201), entretenait des liens privilégiés avec certaines familles des classes dirigeantes romaines. À la mort de Masinissa, c'est à son fils, Micipsa, qu'est confié le royaume numide. Micipsa prêta à son tour son assistance à Scipion Émilien lors du siège de Numance (133), mettant à la tête de ses troupes son trop brillant et fougueux neveu Jugurtha. Le jeune prince se couvrit de gloire et se fit d'utiles amis parmi les Romains qui avaient pu admirer « sa bravoure au combat et sa sagesses au conseil », qualités auxquelles s'ajoutaient la générosité et la finesse d'esprit (VII).

4. Tiberius en 133, Caius en 121. Cf., par ex., M. Le Glay, J.-L. Voisin, Y. Le Bohec, *Histoire romaine*, Paris, P.U.F., 1997⁵, p. 113 sq.
5. Pour une bonne analyse synthétique de l'ouvrage, cf. R. Syne, *Salluste*, Paris, 1982, p. 121-150.

Micipsa, trompé dans son espoir que Jugurtha succombât victime de la fureur ennemie et impressionné par sa valeur et son crédit, décida de l'adopter afin de transformer en allié cet adversaire potentiel.

À sa mort, en 118, le royaume fut divisé entre ses deux fils, Adherbal et Hiempsal, et Jugurtha ; mais les princes en vinrent rapidement à la lutte ouverte : Hiempsal fut assassiné, et Adherbal, vaincu à la guerre, alla chercher assistance auprès de Rome. Le Sénat, corrompu par l'or de Jugurtha, se contenta de procéder à un nouveau partage de la Numidie (117 ou 116). Les hostilités reprirent et Jugurtha finit par s'emparer de Cirta (Constantine), en mettant à mort Adherbal ainsi qu'un grand nombre de marchands italiens et romains qui résidaient sur place (112). L'indignation qui s'ensuivit à Rome fut utilisée par le tribun Memmius, ennemi acharné de l'oligarchie au pouvoir : le Sénat fut alors contraint de lever une armée et d'envoyer une expédition en Numidie conduite par le consul L. Calpurnius Bestia (111). C'est le commencement de la guerre de Numidie, qui ne s'acheva que six ans plus tard avec la capture de Jugurtha, trahi par son allié le roi Bocchus de Maurétanie (105).

Sur le plan intérieur, le récit de *La Guerre de Jugurtha* permet à Salluste d'analyser l'évolution des rapports entre la plèbe et la noblesse, la structure de l'ouvrage correspondant aux différentes étapes de la lutte. Ainsi, à la vénalité de la noblesse qui se laisse acheter par Jugurtha et l'incapacité du Sénat à mener une politique efficace et saine, répond une montée au pouvoir de la plèbe, attestée par l'action de Memmius (XXVII-XXXI) et le vote de la loi Mamilia qui renverse le rapport des forces politiques (XL). En 110, Metellus, hostile à la plèbe mais homme intègre et grand chef de guerre, est choisi, en réponse aux attentes du peuple, comme consul ; toutefois, quand en 108 son lieutenant Marius est élu au consulat contre son avis et se voit finalement confier les opérations en Numidie, c'est un camouflet supplémentaire pour la *nobilitas*. On peut dire que tout le récit sallustéen est orienté par les conséquences terribles et lointaines de la guerre de Numidie, et s'il s'achève sur le triomphe de Marius, *homo novus* dont le courage et la force ont fini par l'emporter sur la vénalité et la perfidie de ses ennemis, il laisse aussi entrevoir la future guerre civile entre Marius et Sulla.

b. Structure

La structure du *Bellum Iugurthinum*, ouvrage complexe et deux fois plus long que *La Conjuration de Catilina*, a donné lieu à un grand nombre d'hypothèses trop longues à développer ici. Toutefois, en se fondant sur la présence objective des trois digressions, on peut proposer le plan suivant :

Prologue : ch. I-IV
Réflexions générales sur la nature humaine : vanité des honneurs, supériorité de l'esprit, utilité de l'histoire.

Second prologue : ch. V, 1-3
Sujet du livre : raisons qui ont déterminé Salluste à choisir l'histoire de la guerre de Jugurtha.

Première partie : ch. V, 4-XVI
Préhistoire de la guerre, jusqu'à la division de la Numidie entre Adherbal et Jugurtha.

Résumé de l'histoire du royaume de Numidie (« Archéologie », VI) ; portrait de Jugurtha (VII-IX) ; mort de Micipsa (118), luttes de succession ; discours d'Adherbal devant le Sénat (XIV) et nouveau partage du royaume (117-116).

Digression 1 : ch. XVII-XIX
Description : géographie et peuplement de l'Afrique.

Seconde partie : ch. XX-XL
    *De la division de la Numidie au déclenchement
de la guerre* : défaites des Romains et montée de la
plèbe.

Reprise du conflit ; lettre d'Adherbal au Sénat (XXIV) ;
(112) prise de Cirta et massacre d'Adherbal et des
marchands italiens et romains de (XXVI) ; vive
émotion à Rome ; (111) campagnes militaires de
Bestia, paix honteuse (XXIX) ; discours du tribun
Memmius (XXXI) ; (110) Jugurtha, convoqué à
Rome, y fait assassiner Massiva (XXXV) ; (110-
109) campagne militaire d'Albinus et d'Aulus, traité
de paix humiliant (XXXVIII) ; création d'une
commission d'enquête : *quæstio Mamilia*, le peuple
jouit insolemment de sa victoire sur la noblesse
(XL).

Digression 2 : ch. XLI et XLII
    Analyse : la situation politique à Rome.

Troisième partie : ch. XLIII-LXIX
    Les campagnes de Metellus.

(109) Metellus, élu consul, rétablit la discipline dans
l'armée romaine en Numidie ; bataille du Muthul,
Jugurtha est défait (XLVIII-LIII) ; siège inutile de
Zama ; portrait de Marius (LXIII) ; (108) massacre
des soldats romains cantonnés à Vaga, vengeance de
Metellus (LXIX) ; complot de Bomilcar contre
Jugurtha : découvert, il est exécuté (LXX-LXII) ;
Marius est élu consul ; prise de Thala par Metellus
(LXXVI).

Digression 3 : ch. LXXVIII-LXXIX
    Narration : histoire des frères Philènes.

Quatrième partie : ch. LXXX-CXIV
    Les campagnes et la victoire de Marius.

Alliance de Jugurtha et de Bocchus (LXXX-LXXXI) ;
pourparlers de Metellus avec Bocchus ; discours de

Marius à Rome : levée de nouvelles troupes
(LXXXV-VI) ; (107) Marius s'empare de Capsa et
d'une place forte près de la Muluccha ; portrait de
Sulla (XCV-VI) ; défaite de Bocchus et Jugurtha ;
(106) pourparlers de Sulla avec Bocchus qui finit par
livrer Jugurtha (105) (CXIII) ; défaite des Romains
contre les Cimbres ; annonce de la fin de la guerre en
Numidie : enthousiasme des Romains qui réélisent
Marius consul en son absence, triomphe de Marius
(104) (CXIV).

On voit donc que conformément au jugement des
Anciens, Salluste écrit *structe*[6], et qu'il sait organiser
avec soin sa matière. Par contre, si l'économie de l'ouvrage est assez claire, son contenu ne va pas sans poser
de nombreux problèmes. En effet, bien qu'il respecte la
formule annalistique qui suit l'ordre des consulats et
l'alternance des saisons militaires (été-hiver), il commet
des erreurs importantes de chronologie et de topogra-
phie, qui ont donné l'occasion aux érudits de déployer
des trésors de science pour reconstituer un canevas plus
ou moins satisfaisant[7]. Mais pour l'historien qu'il est,
seul compte ce qu'il juge essentiel à son sujet ; tous les
détails accessoires et les notations inutiles sont éliminés.
C'est ainsi par exemple qu'il ne dit rien du destin final
de Jugurtha, ou des dispositions territoriales prises à la
fin en Numidie. Il n'est ni un annaliste ni un auteur de
mémoires de guerre[8]. Son intention est de présenter une
peinture dramatique de la guerre d'Afrique valable à
toute époque, des formules vigoureuses suffisant à
évoquer le désert, la chaleur, la soif, le maquis, le terrain
inégal, la fatigue, la trahison. Il veut aussi faire revivre

6. Cf. Fronton, II, 48.
7. Erreurs signalées au fil des notes, en fin de volume. Cf. aussi
R. Syme, *Salluste,* Paris, 1982, p. 123 sq.
8. Comme le sont par exemple César et Sulla dans leurs
Commentarii.

les grands acteurs du conflit : Jugurtha, le prince ambitieux et déterminé ; Bocchus l'allié perfide ; Metellus le général hautain mais probe ; Marius le soldat efficace et arriviste ; Sulla l'aristocrate grand diplomate. À cet égard, il a parfaitement réussi, et il sera longtemps admiré et imité pour cette raison.

3. La langue de Salluste[9]

Par rapport à César et Cicéron, qui écrivirent avant lui, le style de Salluste se caractérise par son originalité. L'auteur de *La Guerre de Jugurtha* utilise en effet une langue qui se différencie de celle de ses contemporains, et qui porte, jusque dans les plus petits détails, la marque de son génie personnel. Rédigeant les premiers essais latins d'une histoire philosophique et savante, Salluste a dû, sinon violenter, du moins dominer la langue latine pour lui faire exprimer des idées qu'elle ne connaissait pas auparavant ; il a choisi alors pour modèles idéaux Thucydide[10] chez les Grecs, et Caton l'Ancien chez les Latins, privilégiant l'*inconcinnitas* (volonté de surprendre), le recours aux termes rares et aux archaïsmes.

Les Anciens admiraient déjà « l'immortelle brièveté[11] » et la concision du style sallustéen. Litotes, maximes, oppositions, amplifications, dissymétries : tous ces procédés stylistiques veulent, au risque parfois d'une certaine obscurité, attirer l'attention sur l'essentiel en faisant comprendre les grands mouvements de l'his-

9. Voir E. Bolaffi, « Le style et la langue de Salluste », *Phoibos*, 1952-1953, p. 57-96.

10. Voir, par ex., P. Perrochat, *Les Modèles grecs de Salluste*, Paris, 1949 ; A. Michel, « Entre Thucydide et Platon. Éloquence et morale chez Salluste », *Mélanges J. Heurgon*, Paris, De Boccard, 1975, p. 641-655 ; T. F. Scanlon, *The Influence of Thucydides on Sallust*, Heidelberg, 1980.

11. Quintilien, X, 1, 102.

toire. Certains ont même vu dans le choix de cette
« prose sèche et chaotique » une imitation des antithèses
d'une société romaine déchirée[12]. D'autre part, le goût de
Salluste pour les tournures et les mots vieillis, goût qui
lui fut parfois reproché dès l'Antiquité[13], s'écarte de la
prose d'art que Cicéron avait forgée pour l'aristocratie,
mais évoque aussi pour les lecteurs de son temps la
nostalgie des auteurs anciens. Isolée à son époque, cette
langue qui renoue avec la *grauitas* et méprise les
élégances mondaines à la mode correspond parfaitement
aux intentions morales de son œuvre. Elle deviendra un
modèle pour Sénèque, Tacite et, plus loin, le Moyen
Âge[14].

a. Quelques exemples de caractéristiques de la langue de Salluste [15]

1. Grand nombre de substantifs abstraits employés au
   pluriel : *amicitiæ, astuciæ, fallaciæ, opportunitates,
   potestates, quietes,* etc.
2. Le nom abstrait est souvent mis pour le nom concret :
   seruitia pour *serui* ; *coniuratio* pour *coniurati* ;
   flagitia atque facinora pour *homines flagitiosi atque
   facinorosi,* etc.

12. Cf. J.-P. Néraudeau, *La Littérature latine. 1. L'époque républicaine*, Paris, Hachette, 1994, p. 94.

13. Voir Suétone, *De grammaticis*, XV, 2, qui raporte qu'un
affranchi de Pompée qui ne pardonnait pas à Salluste d'avoir médit de
son maître, l'aurait traité de « pillard ignorantissime du vocabulaire de
Caton et des anciens ».

14. Voir, par ex., E. Breisach, *Classical Rhetoric and Medieval
Historiography*, Kalamazoo, 1985 (Studies in Medieval Culture, 19).

15. On ne parle pas ici des graphies archaïques, conservées dans
les éditions modernes, alors qu'elles sont souvent normalisées chez les
auteurs réputés moins « archaïsants » : *maleuolentia* pour *maliuo-
lentia* ; *uoltu* pour *uultu* ; *pessumus* pour *pessimus*, etc. De même, l'accusatif pluriel des substantifs ayant le gén. pl. en *-ium* est en *-is* au lieu
de *-es*.

3. Nombreux substantifs verbaux en -*tor* jouant le rôle d'adjectifs : *animus contemptor ; in exercitu uictore*, etc.

4. Mots archaïques : *mortales* pour *homines* ; *tempestas* pour *tempus*, etc.

5. Goût affecté pour les adjectifs en -*osus* : *calamitosus, discordiosus, saltuosus, seditiosus, tumulosus*, etc.

6. Emploi fréquent de *quis* pour *quibus*.

7. Nombreux adverbes en -*im*: *carptim, separatim, affatim, uiritim, cateruatim, turmatim*, etc.

8. Goût prononcé pour l'emploi du présent historique, le verbe de la subordonnée étant alors au présent ou à l'imparfait ; il arrive même que les deux constructions soient réunies dans la même phrase : *persuadet uti Iugurtham maxime uiuom, sin id parum* procedat, *necatum sibi* traderent (XLVI, 4).

9. Abondance d'infinitifs historiques, non seulement pour peindre une série d'actions simultanées ou qui se succèdent rapidement, mais aussi employés isolément pour tenir la place d'un verbe à un mode personnel. Contrairement à l'usage, Salluste emploie les verbes passifs à l'infinitif historique ; plus remarquable encore, on peut trouver l'infinitif historique dans une proposition introduite par *cum* (ex. XCVIII, 2).

10. Nombreux hellénismes : par ex., *mihi uolenti est* (LXXXIV, 3) équivalent à ἔστιν ἐμοὶ βουλομένωι, expression que Salluste semble avoir introduite le premier dans la langue latine et que l'on retrouve ensuite chez Tite-Live ou Tacite, entre autres.

b. Phrase narrative, prose oratoire et clausules métriques[16]

On le sait, pour Salluste, comme pour l'ensemble des historiens de l'Antiquité, l'histoire est une œuvre d'art.

16. Sur les clausules métriques, l'ouvrage le plus récent sur la question est celui de J. Aumont, *Métrique et stylistique des clausules*

Aussi, pour réaliser un récit « soutenu » l'écrivain va jouer avec la phrase, en ordonnant, avec ou sans variation et selon divers schémas, propositions conjonctionnelles, constructions participiales pour aboutir à la proposition principale, éventuellement prolongée par une principale coordonnée ou par une construction participiale[17]. Face à ce schéma de récit soutenu, l'historien latin peut utiliser les techniques de la dramatisation que lui procurent les ressources du rythme, les variations des formes temporelles ou la mise en œuvre de structure de rupture.

Une autre ornementation du discours consiste à prêter attention à l'arrangement des syllabes longues et des syllabes brèves en vue de produire un effet artistique. Pour le lecteur moderne la difficulté d'appréhender ces clausules tient d'une part à la divergence entre les textes et la théorie enseignée par les anciens (Cicéron et Quintilien, par ex.), et d'autre part à l'analyse stylistique même de la métrique des clausules. Toutefois, la méthode statistique, utilisée désormais dans les travaux modernes, permet d'établir la limite de la formule métrique (où commence la clausule) et les lois auxquelles elle répond. Par ailleurs, à la suite de J. Aumont[18], on peut remarquer que les *clausules recherchées* pour leur valeur esthétique sont finalement banalisées par leur fréquence même ; que les *formules évitées*, parce qu'elles se heurtent à l'usage (par ex. identité avec une clausule poétique) sont, en cas d'emploi, le signe

---

dans la prose latine, de Cicéron à Pline le Jeune et de César à Florus, Paris, Champion, 1996. Cf. aussi J. Perret, « Salluste et la prose métrique ; problèmes de méthode et perspectives historiques », *Revue des Études Anciennes*, 65, 1963, p. 330-350 et H. Aili, *The Prose Rhythm of Sallust and Livy*, Stockholm, 1979 (*Acta Univ. Stockholm, Stud. Lat.*, XXIV).

17. J.-P. Chausserie-Laprée, *L'Expression narrative chez les historiens latins. Histoire d'un style*, Paris, De Boccard, 1969.

18. *Op. cit.*, p. 11.

d'un effet stylistique ; que les autres arrangements, *moins vivement recherchés* jouent simplement le rôle d'une ponctuation de phrase.

c. *Liste des clausules les plus employées par Salluste*

Ditrochée (-u -u) ; dispondée (- - - -) ; dicrétique (-u- -u-) ; héroïque (-uu -u) ; crétique-trochée (-u- -u) ; péon 1°-trochée (-uuu -u) ; crétique-tribraque (-u- uuu).

GUERRE DE JUGURTHA

BELLVM IVGVRTHINVM

I. [1]Falso queritur de natura sua genus humanum, quod imbecilla atque aeui breuis forte potius quam uirtute regatur. [2]Nam contra reputando neque maius aliud neque praestabilius inuenias, magisque naturae industriam hominum quam uim aut tempus deesse. [3]Sed dux atque imperator uitae mortalium animus est. Qui ubi ad gloriam uirtutis uia grassatur, abunde pollens potensque et clarus est, neque fortuna eget, quippe probitatem, industriam, aliasque artis bonas neque dare neque eripere cuiquam potest. [4]Sin captus prauis cupidinibus ad inertiam et uoluptates corporis pessumdatus est, perniciosa lubidine paulisper usus, ubi per socordiam uires, tempus, ingenium diffluxere, naturae infirmitas accusatur ; suam quisque culpam auctores ad negotia transferunt. [5]Quod si hominibus bonarum rerum tanta cura esset quanto studio aliena ac nihil profutura multaque etiam periculosa < ac perniciosa > petunt, neque regerentur magis quam regerent casus, et eo magnitudinis procederent ubi pro mortalibus gloria aeterni fierent.

GUERRE DE JUGURTHA

I. C'est à tort que le genre humain se plaint de sa nature, et déplore que, impuissante et de courte durée, son existence soit régie par le hasard plus que par le mérite[1]. À bien y réfléchir au contraire, on ne saurait trouver rien de plus grand ni de plus excellent, et l'on constate que c'est davantage l'activité qui manque à la nature humaine que la force ou le temps. Or, ce qui guide et ce qui commande la vie des hommes, c'est l'âme. Marche-t-elle vers la gloire[2] par la voie du mérite, elle possède en abondance la force, la puissance, l'éclat, et n'a pas besoin de la Fortune, car celle-ci ne peut donner ni ravir à personne la probité, l'énergie, et les autres qualités morales. Mais si, prisonnier de passions vicieuses, l'homme sombre[3] dans la paresse ou les plaisirs des sens, après avoir joui quelque temps de ces voluptés pernicieuses, et vu se dissiper dans l'inaction ses forces, son temps, son intelligence, il accuse alors la faiblesse de sa nature : chacun fait retomber sur les circonstances les fautes dont il est lui-même responsable. Que si les hommes recherchaient les biens véritables avec la même ardeur qu'ils mettent à poursuivre des objets étrangers à leur nature, inutiles, souvent même dangereux et pernicieux, loin d'être régis par les événements, ils les gouverneraient eux-mêmes, et ils s'élèveraient à un degré de grandeur qui de la condition mortelle les mènerait par la gloire à l'immortalité.

II. [1]Nam uti genus hominum compositum ex corpore
et anima est, ita res cunctae studiaque omnia nostra
corporis alia, alia animi naturam secuntur. [2]Igitur
praeclara facies, magnae diuitiae, ad hoc uis corporis et
alia omnia huiuscemodi breui dilabuntur ; at ingeni
egregia facinora sicuti anima inmortalia sunt. [3]Pos-
tremo corporis et fortunae bonorum, ut initium, sic finis
est, omniaque orta occidunt et aucta senescunt ; animus
incorruptus, aeternus, rector humani generis, agit atque
habet cuncta neque ipse habetur. [4]Quo magis prauitas
eorum admiranda est qui, dediti corporis gaudiis, per
luxum et ignauiam aetatem agunt, ceterum ingenium, quo neque melius neque amplius aliud in natura
mortalium est, incultu atque socordia torpescere sinunt,
cum praesertim tam multae uariaeque sint artes animi
quibus summa claritudo paratur.

III. [1]Verum ex eis magistratus et imperia, postremo
omnis cura rerum publicarum minime mihi hac tempestate cupiunda uidentur, quoniam neque uirtuti honos
datur neque illi, quibus per fraudem is fuit, tuti aut eo
magis honesti sunt. [2]Nam ui quidem regere patriam aut
parentes, quamquam et possis et delicta corrigas, tamen
inportunum est, cum praesertim omnes rerum muta-
tiones caedem, fugam aliaque hostilia portendant. [3]Frus-
tra autem niti neque aliud se fatigando nisi odium quaerere, extremae dementiae est : [4]nisi forte quem inhonesta
et perniciosa lubido tenet potentiae paucorum decus
atque libertatem suam gratificari.

IV. [1]Ceterum ex aliis negotiis quae ingenio exer-
centur, in primis magno usui est memoria rerum gesta-

II. Car l'homme étant composé du corps et de l'âme[4], toutes nos activités, tous nos penchants procèdent de la nature de l'un ou de l'autre. Aussi la beauté physique, la richesse, ajoutons la force corporelle et autres choses de ce genre passent en peu de temps, mais les productions éclatantes de l'esprit sont, comme l'âme, immortelles.

Enfin les avantages du corps et de la fortune ont un terme, comme ils ont un commencement ; tout ce qui naît, périt ; tout ce qui grandit, vieillit ; l'âme, incorruptible, éternelle, souveraine du genre humain, dirige et domine tout, sans être dominée par rien. Aussi est-ce chose d'autant plus étonnante que la déraison de ces gens qui, adonnés aux plaisirs du corps, passent leur vie dans le luxe et la paresse, et qui, négligeant leur intelligence, la partie pourtant la plus belle et la plus noble de la nature humaine, la laissent s'engourdir dans l'ignorance et l'apathie, et ce, quand l'esprit leur offre tant de moyens si divers d'acquérir la gloire la plus haute.

III. Mais parmi ceux-ci, les magistratures, les commandements militaires, bref toute activité politique ne me semblent nullement désirables à notre époque, où les honneurs ne sont pas donnés au mérite, et où les hommes qui les ont acquis par la fraude n'en sont ni plus en sûreté ni plus en honneur. Quant à l'emploi de la violence pour gouverner parents et patrie – dût-on y réussir et corriger des abus – il n'est pas non plus sans danger, surtout si l'on considère que toutes les révolutions entraînent à leur suite le meurtre, l'exil, et autres violences.

Quant à s'épuiser en vains efforts, et pour prix de ses fatigues ne récolter que la haine, c'est le comble de la folie, à moins que, par une folie pire encore, on n'ait d'aventure la méprisable et pernicieuse envie de sacrifier à l'élévation de quelques ambitieux son honneur et sa liberté.

IV. Mais parmi les exercices[5] qui sont du ressort de l'esprit, un des plus utiles est le rappel des événements

rum. [2]Cuius de uirtute quia multi dixere, praetereundum
puto, simul ne per insolentiam quis existumet memet
studium meum laudando extollere. [3]Atque ego credo fore
qui, quia decreui procul a re publica aetatem agere, tanto
tamque utili labori meo nomen inertiae inponant, certe
quibus maxuma industria uidetur salutare plebem et
conuiuiis gratiam quaerere. [4]Qui si reputauerint et quibus
ego temporibus magistratus adeptus sum [et] quales uiri
idem adsequi nequiuerint, et postea quae genera hominum in senatum peruenerint, profecto existumabunt
me magis merito quam ignauia iudicium animi mei muta-
uisse, maiusque commodum ex otio meo quam ex aliorum
negotiis rei publicae uenturum. [5]Nam saepe ego audiui
Q. Maxumum, P. Scipionem, praeterea ciuitatis nostrae
praeclaros uiros solitos ita dicere, cum maiorum imagines
intuerentur, uehementissume sibi animum ad uirtutem
accendi. [6]Scilicet non ceram illam neque figuram tantam
uim in sese habere, sed memoria rerum gestarum eam
flammam egregiis uiris in pectore crescere neque prius
sedari quam uirtus eorum famam atque gloriam adae-
quauerit. [7]At contra, quis est omnium his moribus quin
diuitiis et sumptibus, non probitate neque industria cum
maioribus suis contendat ? Etiam homines noui, qui
antea per uirtutem soliti erant nobilitatem anteuenire,
furtim et per latrocinia potius quam bonis artibus ad
imperia et honores nituntur : [8]proinde quasi praetura et
consulatus atque alia omnia huiuscemodi per se ipsa
clara et magnifica sint, ac non perinde habeantur ut

passés. Assez d'autres en ont fait l'éloge pour que je
n'aie pas à y revenir, et je ne veux pas non plus qu'on me
soupçonne de vouloir par vanité exalter moi-même les
mérites de l'étude qui a mes préférences. Je ne doute
même pas que, depuis que j'ai pris la résolution de me
tenir à l'écart de la politique, il n'y ait des gens pour
traiter d'amusement frivole la tâche si grande et si utile
que j'entreprends ; tels seront à coup sûr ceux dont toute
l'activité consiste à faire leur cour à la plèbe[6], et à gagner
sa faveur par des banquets. S'ils veulent bien se rappeler
d'une part combien d'hommes de valeur n'ont pu, à
l'époque où j'ai été investi de magistratures, obtenir les
mêmes honneurs, et quelles sortes de gens ont par la
suite envahi le Sénat, ils ne laisseront pas de reconnaître
que si j'ai modifié ma façon de voir, c'est pour de bonnes
raisons et non par simple paresse, et, que mon inaction
sera plus utile à la République que l'activité de bien des
gens. J'ai souvent entendu conter que Q. Maximus,
P. Scipion[7], et tant d'hommes illustres de notre cité
allaient répétant que la vue des portraits de leurs ancêtres[8]
enflammait leur cœur d'un ardent amour pour la vertu.
Ce n'est pas sans doute que cette cire, ces images eussent
en soi un pareil pouvoir ; mais au souvenir des exploits
accomplis, une flamme s'allumait dans le cœur de ces
grands hommes, qui ne s'éteignait qu'au jour où leur
mérite avait atteint même éclat, même gloire. Dans nos
mœurs actuelles, au contraire, c'est en richesse et en
prodigalité qu'on veut dépasser ses ancêtres, non en
probité et en énergie. Même les hommes nouveaux[9], qui
naguère avaient pour ambition de vaincre la noblesse par
leur valeur, s'efforcent de conquérir commandements et
honneurs non par le mérite, mais par le vol et le brigan-
dage ; comme si préture, consulat, et autres titres étaient
choses glorieuses et honorables par elles-mêmes, et
n'étaient point jugés sur le mérite de ceux qui les possè-

eorum qui ea sustinent uirtus est. *Verum ego liberius altiusque processi, dum me ciuitatis morum piget taedetque ; nunc ad inceptum redeo.

V. ¹Bellum scripturus sum quod populus Romanus cum Iugurtha rege Numidarum gessit, primum quia magnum et atrox uariaque uictoria fuit, dehinc 'quia tunc primum superbiae nobilitatis obuiam itum est. ²Quae contentio diuina et humana cuncta permiscuit, eoque uecordiae processit ut studiis ciuilibus bellum atque uas-titas Italiae finem faceret. ³Sed priusquam huiuscemodi rei initium expedio, pauca supra repetam quo ad cognos-cendum omnia inlustria magis magisque in aperto sint.

⁴Bello Punico secundo, quo dux Carthaginiensium Hannibal post magnitudinem nominis Romani Italiae opes maxume adtriuerat, Masinissa rex Numidarum, in amicitiam receptus a P. Scipione, cui postea Africano cognomen ex uirtute fuit, multa et praeclara rei mili-taris facinora fecerat. Ob quae, uictis Carthaginiensibus et capto Syphace, cuius in Africa magnum atque late imperium ualuit, populus Romanus quascumque urbis et agros manu ceperat regi dono dedit. ⁵Igitur amicitia Masinissae bona atque honesta nobis permansit. Sed imperi uitaeque eius finis idem fuit. ⁶Dein Micipsa filius regnum solus obtinuit, Mastanabale et Gulussa fratribus morbo absumptis. ⁷Is Adherbalem et Hiempsalem ex sese genuit, Iugurthamque, filium Mastanabalis fratris, quem Masinissa, quod ortus ex concubina erat, priuatum dereliquerat, eodem cultu quo liberos suos domi habuit.

VI. ¹Qui ubi primum adoleuit, pollens uiribus, decora facie, sed 'multo maxume ingenio ualidus, non se luxu dent. Mais je me suis laissé entraîner trop librement et trop loin par la honte et le regret que m'inspirent les mœurs politiques de ma patrie ; je reviens maintenant à mon sujet.

V. Je me propose d'écrire la guerre que le peuple romain fit au roi des Numides, Jugurtha, cela pour deux raisons : d'abord parce qu'elle fut rude, acharnée, mêlée de succès et de revers, ensuite parce que c'est alors pour la première fois[10] qu'on osa marcher contre l'insolence de la noblesse : lutte[11] qui confondit toutes les lois divines et humaines, et atteignit un tel degré de fureur que seules la guerre et la dévastation de l'Italie[12] mirent fin aux discordes entre les citoyens. Mais avant d'aborder ce récit, je vais remonter un peu en arrière, et rappeler quelques faits qui mettront mieux en lumière et permettront de mieux comprendre la suite des événements.

Au cours de la deuxième guerre punique, pendant laquelle le général carthaginois Hannibal avait porté à l'Italie les plus rudes coups qu'elle eût jamais supportés depuis l'établissement de la grandeur romaine, le roi des Numides, Masinissa, admis dans notre amitié par P. Scipion, qui dut plus tard à sa valeur le surnom d'Africain, s'était illustré par de nombreux faits d'armes. En récompense, après la défaite des Carthaginois et la capture de Syphax, qui possédait en Afrique un vaste et puissant empire, le peuple romain fit don au roi de tous les villes et territoires que son bras avait conquis. Aussi Masinissa nous garda-t-il une amitié[13] sûre et fidèle. Mais son empire[14] finit avec sa vie. Par la suite, son fils Micipsa régna seul, lorsque la maladie eut emporté ses frères Mastanabal et Gulussa. Il eut deux fils, Adherbal et Hiempsal, et il traita chez lui, avec les mêmes égards que ses propres enfants, le fils de son frère Mastanabal, Jugurtha, que Masinissa avait laissé végéter dans la vie privée, parce qu'il était né d'une concubine.

VI. Parvenu à l'adolescence Jugurtha, qui à la vigueur physique et à la beauté du visage joignait encore

neque inertiae corrumpendum dedit, sed, uti mos
gentis illius est, equitare, iaculari, cursu cum aequalibus
certare ; et, cum omnis gloria anteiret, omnibus tamen
carus esse ; ad hoc, pleraque tempora in uenando agere,
leonem atque alias feras primus aut in primis ferire, plu-
rimum facere, minimum ipse de se loqui. ²Quibus
rebus Micipsa tametsi initio laetus fuerat, existumans
uirtutem Iugurthae regno suo gloriae fore, tamen,
postquam hominem adulescentem, exacta sua aetate et
paruis liberis, magis magisque crescere intellegit, uehementer eo negotio permotus, multa cum animo suo
uoluebat. ³Terrebat eum natura mortalium, auida imperi
et praeceps ad explendam animi cupidinem, praeterea
opportunitas suae liberorumque aetatis, quae etiam
mediocris uiros spe praedae transuorsos agit ; ad hoc
studia Numidarum in Iugurtham accensa, ex quibus,
si talem uirum dolis interfecisset, ne qua seditio aut
bellum oriretur anxius erat.

VII. ¹His difficultatibus circumuentus, ubi uidet
neque per uim neque insidiis opprimi posse hominem
tam acceptum popularibus, quod erat Iugurtha manu
promptus et adpetens gloriae militaris, statuit eum obiectare periculis et eo modo fortunam temptare. ²Igitur
bello Numantino Micipsa, cum populo Romano equitum atque peditum auxilia mitteret, sperans uel ostentando uirtutem uel hostium saeuitia facile eum occasu-
rum, praefecit Numidis quos in Hispaniam mittebat. ³Sed
ea res longe aliter ac ratus erat euenit. ⁴Nam Iugurtha,
ut erat inpigro atque acri ingenio, ubi naturam P. Sci-
pionis, qui tum Romanis imperator erat, et morem

et surtout une intelligence supérieure[15], ne se laissa
corrompre ni par le luxe ni par l'oisiveté, mais, suivant
l'usage de ce peuple, il pratiquait l'équitation, le lancer
du javelot, luttait à la course avec ceux de son âge, et
malgré les succès qu'il remportait sur tous, il était pourtant aimé de tous. En outre, il passait la plupart de son
temps à la chasse[16], il était le premier ou des premiers à
frapper le lion ou les autres bêtes sauvages ; toujours
prompt à agir et le dernier à s'en vanter. Micipsa s'était
d'abord félicité d'avoir un tel neveu, dans la pensée que
la valeur de Jugurtha ferait honneur à son règne ; mais
considérant ensuite sa propre vieillesse, le jeune âge de
ses fils et le prestige sans cesse grandissant du jeune
homme, il fut très troublé de cette situation, à laquelle il
ne cessait de réfléchir. Il avait plus d'une raison de s'inquiéter : d'abord la nature humaine, toujours avide du
pouvoir et prompte à vouloir satisfaire son désir ; puis
son âge et celui de ses enfants qui offraient une occasion
capable de séduire, par le butin qu'elle laissait espérer,
même les moins ambitieux ; enfin l'ardente affection des
Numides pour Jugurtha, qui lui faisait craindre, au cas où
il ferait assassiner un tel homme, une sédition ou une
guerre civile[17].

VII. Aux prises avec ces difficultés, et voyant qu'il
ne pouvait supprimer ni par la force ni par la ruse un
homme aussi populaire, comme il connaissait la
bravoure de Jugurtha et sa passion pour la gloire militaire, il résolut de l'exposer aux périls de la guerre, et
de tenter la chance par ce moyen. Aussi, pendant la
guerre de Numance[18], comme Micipsa envoyait au
peuple romain des renforts de cavalerie et d'infanterie,
dans l'espoir que Jugurtha tomberait sans doute victime
de sa vaillance ou de la fureur[19] des ennemis, il lui confia
le commandement des Numides qu'il dirigeait sur
l'Espagne. Mais l'événement déjoua son calcul. Quand
Jugurtha, avec son esprit actif et subtil, eut bien pénétré
le caractère de P. Scipion, qui commandait alors l'armée

hostium cognouit, multo labore multaque cura, praeterea modestissume parendo et saepe obuiam eundo
periculis, in tantam claritudinem breui peruenerat ut
nostris uehementer carus, Numantinis maxumo terrori
esset. ⁵Ac sane, quod difficillumum in primis est, et proelio strenuus erat et bonus consilio, quorum alterum ex
prouidentia timorem, alterum ex audacia temeritatem
adferre plerumque solet. ⁶Igitur imperator omnis fere res
asperas per Iugurtham agere, in amicis habere, magis
magisque eum in dies amplecti, quippe cuius neque consilium neque inceptum ullum frustra erat. ⁷Huc accedebat
munificentia animi et ingeni sollertia, quis rebus sibi
multos ex Romanis familiari amicitia coniunxerat.

VIII. ¹Ea tempestate in exercitu nostro fuere con-
plures noui atque nobiles, quibus diuitiae bono honestoque potiores erant, factiosi domi, potentes apud
socios, clari magis quam honesti, qui Iugurthae non
mediocrem animum pollicitando accendebant, si Micipsa
rex occidisset, fore uti solus imperi Numidiae potiretur :
in ipso maxumam uirtutem, Romae omnia uenalia esse.

²Sed postquam Numantia deleta P. Scipio dimittere
auxilia et ipse reuorti domum decreuit, donatum atque
laudatum magnifice pro contione Iugurtham in prae-
torium abduxit, ibique secreto monuit ut potius publice
quam priuatim amicitiam populi Romani coleret neu quibus largiri insuesceret : periculose a paucis emi quod
multorum esset. Si permanere uellet in suis artibus,
ultro illi et gloriam et regnum uenturum ; sin properantius pergeret, suamet ipsum pecunia praecipitem casu-
rum.

romaine, et la tactique de l'ennemi, à force de travail et de zèle, de discipline rigoureuse et de mépris du danger, il acquit vite un tel renom qu'il devint l'idole des nôtres, et la terreur des Numantins. Et de fait, il réunissait les deux qualités les plus difficiles à concilier, la bravoure au combat et la sagesse au conseil[20], alors que celle-ci transforme le plus souvent la prudence en timidité, celle-là, l'audace en témérité. Aussi le général confiait-il presque toujours à Jugurtha les missions difficiles, il le comptait parmi ses amis[21], le choyait chaque jour davantage, voyant qu'il était aussi heureux dans la conception que dans l'exécution. À ses qualités s'ajoutaient une générosité et une finesse d'esprit qui lui avaient acquis de nombreuses et étroites amitiés[22] parmi les Romains.

VIII. À cette époque il y avait dans notre armée nombre d'hommes nouveaux[23] et de nobles, qui préféraient la richesse au bien et à l'honneur, influents à Rome, puissants auprès des alliés[24], plus célèbres qu'honorables, qui enflammaient l'ambition déjà vive de Jugurtha à force de lui promettre que, si le roi Micipsa venait à disparaître, il deviendrait seul maître du royaume de Numidie : il avait pour lui sa grande valeur personnelle, et à Rome tout se vendait[25]. Mais lorsque, après la destruction de Numance, P. Scipion résolut de renvoyer les troupes auxiliaires et de prendre lui-même le chemin du retour, après avoir récompensé et loué magnifiquement Jugurtha devant les soldats assemblés, il l'emmena dans sa tente, et le prenant à part[26], il lui conseilla de cultiver l'amitié[27] du peuple romain par des actes publics plutôt que par des relations privées, et de s'abstenir de toute largesse à des particuliers : il y avait danger à acheter de quelques-uns ce qui appartenait à tous. S'il persévérait dans sa belle conduite, et la gloire et le trône lui viendraient spontanément ; s'il voulait aller trop vite, son argent même le précipiterait à sa ruine[28].

IX. [1]Sic locutus cum litteris eum, quas Micipsae redderet, dimisit. Earum sententia haec erat :

« [2]Iugurthae tui bello Numantino longe maxuma uirtus fuit, quam rem tibi certo scio gaudio esse. Nobis ob merita sua carus est ; ut idem senatui et populo Romano sit summa ope nitemur. Tibi quidem pro nostra amicitia gratulor. En habes uirum dignum te atque auo suo Masinissa. »

[3]Igitur rex, ubi ea quae fama acceperat ex litteris imperatoris ita esse cognouit, cum uirtute tum gratia uiri permotus, flexit animum suum et Iugurtham beneficiis uincere aggressus est, statimque eum adoptauit et testamento pariter cum filiis heredem instituit. [4]Sed ipse, paucos post annos morbo atque aetate confectus, cum sibi finem uitae adesse intellegeret, coram amicis et cognatis itemque Adherbale et Hiempsale filiis dicitur huiuscemodi uerba cum Iugurtha habuisse :

X. [1]Paruom ego te, Iugurtha, amisso patre, sine spe, sine opibus, in meum regnum accepi, existumans non minus me tibi quam liberis, si genuissem, ob beneficia carum fore ; neque ea res falsum me habuit. [2]Nam, ut alia magna et egregia tua omittam, nouissume rediens Numantia meque regnumque meum gloria honorauisti, tuaque uirtute nobis Romanos ex amicis amicissumos fecisti. In Hispania nomen familiae renouatum est. Postremo, quod difficillumum inter mortalis est, gloria inuidiam uicisti. [3]Nunc, quoniam mihi natura finem uitae facit, per hanc dexteram, per regni fidem moneo obtestorque te uti hos, qui tibi genere propinqui, bene-

IX. Sur ces mots, il lui remit une lettre[29] pour Micipsa, et lui donna congé[30]. Voici quel était le sens de ce message :

« Ton cher Jugurtha a montré dans la guerre de Numance une valeur sans égale ; chose qui, j'en suis sûr, te réjouira[31]. Ses mérites nous l'ont rendu cher, et nous travaillerons de toutes nos forces à faire partager nos sentiments au Sénat et au peuple romain. Pour toi, je te félicite au nom de notre amitié. Tu as là un homme digne de toi et de son grand-père Masinissa. »

Le roi, voyant confirmé par la lettre du général ce qu'il tenait déjà de la rumeur publique, impressionné aussi par la valeur et le crédit de son neveu, changea de sentiments à son égard, et s'efforçant de désarmer Jugurtha par ses bienfaits, il l'adopta aussitôt[32] et par testament l'institua son héritier au même degré que ses fils. Peu d'années après, accablé par l'âge et la maladie, et voyant sa fin prochaine, il convoqua ses amis, ses parents, ses fils Adherbal et Hiempsal, et devant cette assemblée, il adressa, dit-on, à Jugurtha des paroles dans ce sens :

X. « Tu étais un petit enfant, Jugurtha, sans père, sans espérances, sans ressources, lorsque je t'ai appelé à l'héritage de ma couronne[33], dans la pensée que ces bienfaits me vaudraient de ta part une affection égale à celle de mes propres enfants, si je venais à en avoir. En cela je ne me suis pas trompé. Sans parler de tes autres prouesses, tu viens, à ton retour de Numance, de nous couvrir de gloire, moi et mon royaume, et par ta valeur tu as rendu plus étroite encore l'étroite amitié que nous portent les Romains. En Espagne, le nom de notre famille a brillé d'un nouvel éclat. Enfin, chose difficile entre toutes parmi les hommes, ta gloire a triomphé de l'envie.

Maintenant que la nature met fin à mon existence, par cette main que je presse, par la foi due au royaume, je te prie, je te conjure d'avoir en affection ces enfants

ficio meo fratres sunt, caros habeas, neu malis alienos
adiungere quam sanguine coniunctos retinere. ⁴Non
exercitus neque thesauri praesidia regni sunt, uerum
amici, quos neque armis cogere neque auro parare queas:
officio et fide pariuntur. ⁵Quis autem amicior quam
frater fratri? aut quem alienum fidum inuenies, si tuis
hostis fueris? ⁶Equidem ego uobis regnum trado firmum
si boni eritis, sin mali, imbecillum. Nam concordia
paruae res crescunt, discordia maxumae dilabuntur.
⁷Ceterum ante hos te, Iugurtha, qui aetate et sapientia
prior es, ne aliter quid eueniat prouidere decet. Nam in
omni certamine qui opulentior est, etiamsi accipit iniuriam, tamen quia plus potest, facere uidetur. ⁸Vos autem,
Adherbal et Hiempsal, colite, obseruate talem hunc
uirum, imitamini uirtutem, et enitimini ne ego meliores
liberos sumpsisse uidear quam genuisse. »

XI. ¹Ad ea Iugurtha, tametsi regem ficta locutum
intellegebat, et ipse longe aliter animo agitabat, tamen
pro tempore benigne respondit. ²Micipsa paucis post
diebus moritur. Postquam illi more regio iusta magnifice fecerant, reguli in unum conuenerunt ut inter se de
cunctis negotiis disceptarent. ³Sed Hiempsal, qui mini-
mus ex illis erat, natura ferox, et iam antea ignobilitatem
Iugurthae, quia materno genere impar erat, despiciens,
dextra Adherbalem adsedit ne medius ex tribus, quod
apud Numidas honori ducitur, Iugurtha foret. ⁴Dein
tamen ut aetati concederet fatigatus a fratre, uix in
partem alteram transductus est. ⁵Ibi cum multa de
administrando imperio dissererent, Iugurtha inter alias

que voici, tes cousins par la race, tes frères par mes bienfaits, de ne pas chercher à t'adjoindre des étrangers au
lieu de garder près de toi ceux qui te sont unis par le
sang. Les véritables gardiens du trône, ce ne sont ni les
armées, ni les trésors, mais les amis[34] : et l'amitié, on ne
peut ni la forcer par les armes, ni l'acquérir par l'argent ;
c'est par les services rendus, par la fidélité[35] qu'on l'obtient. Or, est-il un meilleur ami qu'un frère pour un
frère ? Et quel étranger trouveras-tu fidèle, si tu es l'ennemi des tiens ? Pour moi, je vous lègue un trône, solide,
si vous vous conduisez bien ; chancelant, si vous vous
conduisez mal. Car la concorde[36] fortifie les petits États,
la discorde détruit les plus grands. Mais c'est à toi,
Jugurtha, qui es l'aîné de ces enfants par l'âge et la
sagesse, c'est à toi plus qu'à eux de pourvoir à ce que les
choses se passent bien. Car dans tout conflit, le plus puissant, fût-il l'offensé, en raison de sa supériorité, passe
toujours pour l'offenseur. Quant à vous, Adherbal et
Hiempsal, respectez, honorez un pareil homme, imitez
sa valeur, et par vos vertus évitez qu'on puisse dire que
mon fils adoptif vaut mieux que les fils de mon sang. »

XI. Ce discours sonnait faux, Jugurtha s'en rendait
compte ; néanmoins, et bien qu'il pensât tout autrement,
sa réponse fut empreinte de déférence, comme les
circonstances l'exigeaient. Micipsa mourut peu de jours
après. Quand les jeunes rois lui eurent rendu les derniers
honneurs avec toute la pompe usitée pour un souverain[37],
ils se réunirent pour délibérer sur toutes les affaires du
royaume. Mais le plus jeune d'entre eux, Hiempsal,
nature orgueilleuse, et qui depuis longtemps méprisait
Jugurtha pour l'infériorité de sa naissance du côté
maternel, s'assit à la droite d'Adherbal, afin d'empêcher
Jugurtha d'occuper le siège du milieu, qui est la place
d'honneur[38] chez les Numides. Pourtant, sur les instances
de son frère qui l'engageait à s'incliner devant l'âge, il
consentit, non sans répugnance, à passer de l'autre côté.
Au cours du long entretien qu'ils eurent sur l'adminis

res iacit oportere quinquenni consulta et decreta omnia
rescindi ; nam per ea tempora confectum annis Micipsam
parum animo ualuisse. ⁶Tum idem Hiempsal placere sibi
respondit ; nam ipsum illum tribus proxumis annis
adoptatione in regnum peruenisse. ⁷Quod uerbum in
pectus Iugurthae altius quam quisquam ratus erat
descendit. ⁸Itaque ex eo tempore ira et metu anxius
moliri, parare atque ea modo cum animo habere quibus
Hiempsal per dolum caperetur. ⁹Quae ubi tardius procedunt neque lenitur animus ferox, statuit quouis modo
inceptum perficere.

XII. ¹Primo conuentu quem ab regulis factum supra
memoraui, propter dissensionem placuerat diuidi thesauros finisque imperi singulis constitui. ²Itaque tempus
ad utramque rem decernitur, sed maturius ad pecuniam
distribuendam. Reguli interea in loca propinqua
thesauris alius alio concessere. ³Sed Hiempsal in oppido
Thirmida forte eius domo utebatur qui, proxumus lictor
Iugurthae, carus acceptusque ei semper fuerat. Quem
ille casu ministrum oblatum promissis onerat inpellitque
uti tamquam suam uisens domum eat, portarum clauis
adulterinas paret — nam uerae ad Hiempsalem refere-
bantur — ceterum, ubi res postularet, se ipsum cum
magna manu uenturum. ⁴Numida mandata breui conficit,
atque, uti doctus erat, noctu Iugurthae milites intro-
ducit. ⁵Qui postquam in aedis irrupere, diuorsi regem
quaerere ; dormientis alios, alios occursantis interficere,
scrutari loca abdita, clausa effringere, strepitu et tumultu

tration du royaume, Jugurtha proposa entre autres
d'abroger toutes les ordonnances et tous les décrets
parus dans les cinq dernières années, période pendant
laquelle Micipsa, accablé par l'âge, n'avait plus toute sa
raison. Alors Hiempsal répondit qu'il partageait cet
avis ; car c'était dans les trois dernières années que
Jugurtha lui-même avait été admis au trône par le fait de
son adoption. Ce mot blessa Jugurtha bien plus profondément qu'on ne l'avait cru sur l'heure. Aussi dès ce
moment, rongé de colère et de crainte, il machinait,
combinait, tout entier à cette seule pensée, des plans
pour s'emparer de Hiempsal par la ruse. Ces plans
n'aboutissant pas assez vite et sa rancune ne s'apaisant
pas, il résolut d'en finir à tout prix.

XII. Dans la première conférence, dont j'ai parlé
plus haut, tenue par les jeunes rois, ils avaient décidé, en
raison du désaccord qui régnait entre eux, de se partager
les trésors[39] de Micipsa, et de délimiter le pouvoir de
chacun d'entre eux. On avait donc pris jour pour l'une et
l'autre affaire, et d'abord pour le partage de l'argent. Les
jeunes rois, en attendant, se retirèrent chacun de leur
côté dans des places voisines du trésor. Il se trouva que
Hiempsal logeait à Thirmida[40] dans la maison du principal licteur[41] de Jugurtha, homme qui avait toujours joui
de l'affection et de la faveur du prince. Profitant de la
chance qui lui offre un instrument de ses desseins,
Jugurtha, à force de promesses, lui persuade de s'intro-
duire dans sa maison sous prétexte de la visiter, et de
faire fabriquer de fausses clefs pour les portes, car les
vraies étaient remises chaque soir à Hiempsal : pour le
reste, au moment opportun, lui-même, Jugurtha, arrive-
rait avec une forte troupe. Le Numide exécute aussitôt
ces ordres, et, suivant les instructions reçues, introduit
nuitamment les soldats de Jugurtha[42]. Ceux-ci se ruent
dans la maison, cherchent le roi de tous les côtés, massacrent ses gardes, les uns endormis, les autres courant à la
rescousse, fouillent les recoins, forcent les verrous,

omnia miscere ; cum interim Hiempsal reperitur occultans sese tugurio mulieris ancillae, quo initio pauidus
et ignarus loci perfugerat. ⁶Numidae caput eius, uti
iussi erant, ad Iugurtham referunt.

XIII. ¹Ceterum fama tanti facinoris per omnem
Africam breui diuolgatur. Adherbalem omnisque qui
sub imperio Micipsae fuerant, metus inuadit. In duas
partis discedunt Numidae : plures Adherbalem secuntur,
sed illum alterum bello meliores. ²Igitur Iugurtha quam
maxumas potest copias armat, urbis partim ui, alias
uoluntate imperio suo adiungit, omni Numidiae imperare
parat. ³Adherbal, tametsi Romam legatos miserat qui
senatum docerent de caede fratris et fortunis suis, tamen
fretus multitudine militum parabat armis contendere.
⁴Sed ubi res ad certamen uenit, uictus ex proelio profugit
in prouinciam ac deinde Romam contendit. ⁵Tum
Iugurtha, patratis consiliis, postquam omnis Numidiae potiebatur, in otio facinus suum cum animo repu-
tans, timere populum Romanum neque aduorsus iram
eius usquam nisi in auaritia nobilitatis et pecunia sua
spem habere. ⁶Itaque paucis diebus cum auro et argento
multo Romam legatos mittit quis praecipit primum uti
ueteres amicos muneribus expleant, deinde nouos adqui-
rant, postremo quaecumque possint largiundo parare ne
cunctentur. ⁷Sed ubi Romam legati uenere, et ex praecepto regis hospitibus aliisque quorum ea tempestate in
senatu auctoritas pollebat magna munera misere, tanta
conmutatio incessit ut ex maxuma inuidia in gratiam
et fauorem nobilitatis Iugurtha ueniret. ⁸Quorum pars
spe, alii praemio inducti singulos ex senatu ambiundo

semant partout le tumulte et le désordre. On finit par
découvrir Hiempsal, caché dans la case d'une esclave,
où la peur et l'ignorance des lieux l'avaient fait d'abord
se réfugier. Les Numides, comme ils en avaient reçu
l'ordre, rapportent sa tête à Jugurtha.

XIII. Mais le bruit d'un tel attentat se répand bientôt
par toute l'Afrique[43]. Adherbal et tous les anciens sujets
de Micipsa sont saisis de terreur. Les Numides se divi-
sent en deux partis : le plus grand nombre se range
autour d'Adherbal, mais les meilleurs soldats, autour de
l'autre. Jugurtha arme donc le plus de troupes qu'il peut,
se rend maître des villes de gré ou de force, et s'apprête
à régner sur toute la Numidie. Bien qu'Adherbal eût
envoyé à Rome des députés pour instruire le Sénat du
meurtre de son frère et de sa propre situation[44], néanmoins, fort de la supériorité du nombre, il se préparait à
lutter par les armes. Mais lors du premier engagement, il
s'enfuit vaincu du champ de bataille, et se réfugia dans
la Province[45] romaine d'Afrique, pour de là gagner
Rome. Alors Jugurtha, après ce succès, devenu maître
de toute la Numidie, réfléchit à loisir sur l'acte qu'il
avait commis. Il redoutait le peuple romain, et pour se
défendre contre sa colère il n'avait d'espoir que dans la
cupidité de la noblesse[46] et dans ses propres trésors.
Aussi, quelques jours plus tard, il envoie à Rome des
députés chargés d'or et d'argent ; il leur donne ordre de
combler d'abord de présents ses anciens amis, de lui en
acquérir de nouveaux, bref de ne pas ménager les
largesses pour obtenir tous les concours possibles.
Lorsque ces députés, une fois arrivés à Rome, eurent
envoyé, selon les ordres du roi, de grands présents aux
hôtes[47] de Jugurtha et aux sénateurs les plus influents de
cette époque, il se produisit un tel revirement que l'élan
d'indignation contre Jugurtha se transforma parmi les
nobles en sentiments amicaux et favorables. Séduits les
uns par des promesses, les autres par de l'argent, ils
intriguaient auprès de chaque sénateur pour les décider à

nitebantur ne grauius in eum consuleretur. **⁹**Igitur ubi
legati satis confidunt, die constituto senatus utrisque
datur. Tum Adherbalem hoc modo locutum accepimus :

XIV. « ¹Patres conscripti, Micipsa pater meus moriens
mihi praecepit uti regni Numidiae tantummodo procu-
rationem existumarem meam, ceterum ius et imperium
eius penes uos esse; simul eniterer domi militiaeque quam
maxumo usui esse populo Romano ; uos mihi cognato-
rum, uos affinium locum ducerem : si ea fecissem, in uostra amicitia exercitum, diuitias, munimenta regni me
habiturum. ²Quae cum praecepta parentis mei agitarem,
Iugurtha, homo omnium quos terra sustinet sceleratis-
sumus, contempto imperio uostro, Masinissae me nepotem et iam ab stirpe socium atque amicum populi Roma-
ui, regno fortunisque omnibus expulit.

³Atque ego, patres conscripti, quoniam eo miseriarum
uenturus eram, uellem potius ob mea quam ob maiorum
meorum beneficia posse me a uobis auxilium petere, ac
maxume deberi mihi beneficia a populo Romano, quibus
non egerem ; secundum ea, si desideranda erant, uti
debitis uterer. ⁴Sed quoniam parum tuta per se ipsa
probitas est, neque mihi in manu fuit Iugurtha qualis
foret, ad uos confugi, patres conscripti, quibus, quod
mihi miserrumum est, cogor prius oneri quam usui esse.
⁵Ceteri reges, aut bello uicti in amicitiam a uobis recepti
sunt, aut in suis dubiis rebus societatem uostram adpe-
tiuerunt ; familia nostra cum populo Romano bello Car-
thaginiensi amicitiam instituit, quo tempore magis fides
eius quam fortuna petenda erat. ⁶Quorum progeniem uos,

ne pas se montrer trop sévères envers leur protégé. Quand les députés se crurent sûrs du succès, on fixa le jour où le Sénat entendrait les deux parties. Et voici, nous dit-on, comment Adherbal s'exprima[48] :

XIV. « Pères conscrits[49], au moment de sa mort mon père Micipsa me prescrivit de me considérer seulement comme l'intendant[50] du royaume de Numidie, dont vous étiez les maîtres légitimes et les véritables souverains ; de m'efforcer aussi, dans la paix comme dans la guerre, de rendre le plus de services possible au peuple romain[51] ; de vous traiter comme des parents par le sang ou des parents par alliance ; à cette condition votre amitié me tiendrait lieu d'armée, de richesses, et autres soutiens du trône. J'appliquais fidèlement ces préceptes paternels lorsque, au mépris de votre autorité, Jugurtha, le plus scélérat des hommes que la terre ait jamais portés, m'a dépouillé de mon royaume et de tous mes biens, moi le petit-fils de Masinissa, moi l'allié et l'ami héréditaire du peuple romain.

Et puisque je devais, P. C., en arriver à ce degré d'infortune, j'aurais voulu en demandant votre secours pouvoir invoquer mes services personnels plutôt que ceux de mes ancêtres, j'aurais voulu surtout avoir droit à l'appui du peuple romain sans en avoir besoin ; ou du moins, s'il me fallait le réclamer, que ce fût à titre de dette. Mais puisque la loyauté n'est pas à elle seule une protection suffisante, puisqu'il n'a pas dépendu de moi que Jugurtha ne fût pas tel qu'il est, je me suis réfugié auprès de vous, P. C., et, ô comble de misère ! je suis réduit à vous être à charge avant de vous être utile.

Les autres rois[52] ou bien ont été reçus dans votre amitié après leur défaite à la guerre, ou bien ont sollicité votre alliance[53] à l'heure du danger ; notre famille, elle, a fait amitié avec le peuple romain pendant la guerre de Carthage, à une époque où c'était moins à sa fortune qu'à sa parole qu'on pouvait s'attacher. Ne souffrez pas,

patres conscripti, nolite pati me nepotem Masinissae
frustra a uobis auxilium petere. ⁷Si ad impetrandum nihil
causae haberem praeter miserandam fortunam, quod
paulo ante rex genere, fama atque copiis potens, nunc
deformatus aerumnis, inops, alienas opes exspecto, tamen
erat maiestatis populi Romani prohibere iniuriam neque
pati cuiusquam regnum per scelus crescere. ⁸Verum ego
eis finibus eiectus sum quos maioribus meis populus
Romanus dedit, unde pater et auos meus una uobiscum
expulere Syphacem et Carthaginiensis ; uostra beneficia
mihi erepta sunt, patres conscripti ; uos in mea iniuria
despecti estis.

⁹Eheu me miserum ! Hucine, Micipsa pater, beneficia
tua euasere ut, quem tu parem cum liberis tuis regnique
participem fecisti, is potissumum stirpis tuae exstinctor
sit ? Nunquamne ergo familia nostra quieta erit ? sem-
perne in sanguine, ferro, fuga uorsabitur ? ¹⁰Dum Carthaginienses incolumes fuere, iure omnia saeua patiebamur ;
hostes ab latere, uos amici procul, spes omnis in armis
erat. Postquam illa pestis ex Africa eiecta est, laeti pacem
agitabamus, quippe quis hostis nullus erat, nisi forte
quem uos iussissetis. ¹¹Ecce autem ex inprouiso Iugurtha,
intoleranda audacia, scelere atque superbia sese ecferens,
fratre meo atque eodem propinquo suo interfecto, primum regnum eius sceleris sui praedam fecit ; post, ubi me
eisdem dolis nequit capere, nihil minus quam uim aut
bellum exspectantem in imperio uostro, sicuti uidetis,
extorrem patria domo, inopem et coopertum miseriis
effecit ut ubiuis tutius quam in meo regno essem.

P. C., que le descendant de cette race, que le petit-fils de Masinissa demande en vain votre secours. N'aurais-je d'autre titre à l'obtenir que ma déplorable fortune, moi qui, hier encore roi puissant par ma naissance, par ma renommée et mes ressources, aujourd'hui défiguré par le malheur, réduit à l'indigence, n'espère plus qu'en un secours étranger, qu'il serait[54] de la dignité romaine d'empêcher l'injustice, et de ne pas permettre à un roi, quel qu'il soit, de s'agrandir par le crime. Mais le royaume dont j'ai été chassé, c'est celui que le peuple romain donna à mes ancêtres, celui dont mon père et mon aïeul[55] ont, avec votre aide, expulsé Syphax et les Carthaginois ; ce sont vos bienfaits, P. C., que l'on m'arrache, c'est vous que l'on outrage dans l'injure qui m'est faite.

Hélas ! malheur à moi ! Est-ce là, ô mon père Micipsa, le fruit de tes bienfaits ? Fallait-il que celui dont tu avais fait l'égal de tes fils et l'associé de leur trône, fût précisément le destructeur de ta race ? Notre famille ne connaîtra-t-elle donc jamais le repos ? Vivra-t-elle toujours dans le sang, dans les combats, dans l'exil ? Tant que les Carthaginois furent debout, nous trouvions naturels les maux que nous avions à supporter : l'ennemi était sur nos flancs, vous, nos amis, vous étiez loin ; tout notre espoir était dans nos armes. Lorsque ce fléau eut été chassé d'Afrique, nous vivions heureux et tranquilles, n'ayant pas d'ennemis, sauf ceux que vous auriez pu nous prescrire. Mais voici que soudain[56] Jugurtha, se poussant avec une intolérable audace par le crime et l'insolence, assassine mon frère, son proche parent, et commence par prendre son royaume[57] pour butin de ce meurtre ; puis, voyant qu'il ne pouvait me faire tomber dans le même piège, et que, sous la protection de votre empire, je n'appréhendais rien moins que la violence et la guerre, il m'a contraint, comme vous le voyez, à fuir loin de ma patrie, du foyer de mes pères ; et dépouillé de mes biens, accablé de malheurs, il n'est pas, grâce à lui, d'endroit où je sois moins en sûreté que dans mon royaume.

¹²Ego sic existumabam, patres conscripti, uti praedican-
tem audiueram patrem meum, qui uostram amicitiam dili-
genter colerent, eos multum laborem suscipere, ceterum
ex omnibus maxume tutos esse. ¹³Quod in familia nostra
fuit, praestitit uti in omnibus bellis adesset uobis : nos uti
per otium tuti simus, in uostra manu est, patres conscripti. ¹⁴Pater nos duos fratres reliquit, tertium Iugurtham
beneficiis suis ratus est coniunctum nobis fore. Alter
eorum necatus est, alterius ipse ego manus impias uix
effugi. ¹⁵Quid agam ? aut quo potissumum infelix acce-
dam ? Generis praesidia omnia extincta sunt : pater, uti
necesse erat, naturae concessit ; fratri, quem minime
decuit, propinquos per scelus uitam eripuit ; adfinis,
amicos, propinquos ceteros meos alium alia clades oppres-
sit ; capti ab Iugurtha, pars in crucem acti, pars bestiis
obiecti sunt ; pauci, quibus relicta est anima, clausi in
tenebris, cum maerore et luctu morte grauiorem uitam
exigunt. ¹⁶Si omnia quae aut amisi aut ex necessariis
aduorsa facta sunt incolumia manerent, tamen, si quid
ex improuiso mali accidisset, uos implorarem, patres conscripti, quibus, pro magnitudine imperi, ius et iniurias
omnis curae esse decet. ¹⁷Nunc uero exul patria domo,
solus atque omnium honestarum rerum egens, quo acce-
dam, aut quos appellem ? Nationesne an reges, qui omnes
familiae nostrae ob uostram amicitiam infesti sunt ? An
quoquam mihi adire licet, ubi non maiorum meorum hostilia monumenta pluruma sint ? Aut quisquam nostri
misereri potest, qui aliquando uobis hostis fuit ? ¹⁸Pos-
tremo Masinissa nos ita instituit, patres conscripti, ne

Je croyais, P. C., pour l'avoir entendu dire à mon
père, que ceux qui cultivaient fidèlement votre amitié
assumaient une lourde tâche, mais qu'en revanche ils
étaient mieux protégés que personne contre les violences
d'autrui. Notre famille, pour autant qu'il a dépendu
d'elle, vous a prêté son assistance dans toutes les
guerres ; il dépend maintenant de vous, P. C., qu'à notre
tour nous soyons en sécurité pendant la paix. Notre père
a laissé deux fils, Hiempsal et moi ; il en avait adopté un
troisième, Jugurtha, espérant nous l'attacher par des
bienfaits. De mes deux frères, l'un a été tué ; et j'ai moi-
même échappé à grand-peine aux mains impies de
l'autre. Que faire ? À qui recourir, infortuné ? Tous les
soutiens de ma race ont disparu ; mon père, suivant l'in-
évitable loi, a payé son tribut à la nature ; mon frère,
l'homme dont il aurait dû se défier le moins, son propre
parent lui a criminellement arraché la vie ; alliés, amis, le
reste des miens, ont tous disparu sous divers coups du
sort. Tombés entre les mains de Jugurtha, les uns ont été
mis en croix[58], les autres jetés aux bêtes[59] ; un petit
nombre, auxquels on a laissé la vie, enfermés dans la
nuit des cachots, traînent dans la douleur et l'affliction
une existence pire que la mort. Si j'avais encore intacts
tous les secours que j'ai perdus, tous les appuis naturels
qui se sont tournés contre moi, pourtant, sous l'attaque
imprévue d'un malheur soudain, c'est encore vous que
j'implorerais, P. C., vous à qui la majesté de votre empire
commande de faire régner le droit et punir l'injustice.
Mais aujourd'hui, chassé de ma patrie, de mes foyers,
seul et privé des honneurs qui me sont dus, où aller, à qui
recourir ? Est-ce aux peuples ou aux rois[60] dont notre
amitié pour vous a fait sans exception des ennemis de
notre famille ? Où puis-je porter mes pas, sans trouver
d'innombrables souvenirs des luttes soutenues par mes
aïeux ? Et quel peuple au monde pourrait avoir pitié de
nous, s'il a jamais été votre ennemi ? Enfin, P. C.,
Masinissa nous a élevés dans les principes que voici : ne

quem coleremus nisi populum Romanum, ne societates,
ne foedera noua acciperemus ; abunde magna praesidia
nobis in uostra amicitia fore ; si huic imperio fortuna
mutaretur, una occidendum nobis esse. [19]Virtute ac dis
uolentibus magni estis et opulenti ; omnia secunda et
oboedientia sunt : quo facilius sociorum iniurias curare
licet.

[20]Tantum illud uereor, ne quos priuata amicitia Iugurthae parum cognita transuorsos agat. Quos ego audio
maxuma ope niti, ambire, fatigare uos singulos ne quid
de absente incognita causa statuatis ; fingere me uerba
et fugam simulare, cui licuerit in regno manere. [21]Quod
utinam illum, cuius inpio facinore in has miserias proiec-
tus sum, eadem haec simulantem uideam, et aliquando
aut apud uos aut apud deos inmortalis rerum humanarum
cura oriatur : ne ille qui nunc sceleribus suis ferox atque
praeclarus est, omnibus malis excruciatus, inpietatis in
parentem nostrum, fratris mei necis mearumque miseriarum grauis poenas reddat. [22]Iam iam, frater animo meo
carissume, quanquam tibi inmaturo et unde minime
decuit uita erepta est, tamen laetandum magis quam
dolendum puto casum tuum. [23]Non enim regnum, sed
fugam, exilium, egestatem et omnis has quae me pre-
munt aerumnas cum anima simul amisisti. At ego infelix,
in tanta mala praecipitatus ex patrio regno, rerum humanarum spectaculum praebeo, incertus quid agam, tuasne
iniurias persequar ipse auxili egens, an regno consulam,
cuius uitae necisque potestas ex opibus alienis pendet.

cultiver l'amitié que du peuple romain, n'accepter ni
alliance, ni traités nouveaux ; votre amitié nous procure-
rait tous les secours dont nous aurions besoin ; et si
jamais la fortune modifiait son attitude à l'égard de votre
empire, il faudrait tomber avec vous. Grâce à votre
valeur[61] et à la bienveillance des dieux, vous êtes grands
et puissants ; tout vous réussit, tout vous obéit : vous
pouvez facilement venger les injures faites à vos alliés.

Je n'ai qu'une crainte, c'est que certains d'entre vous
ne se laissent égarer par l'amitié privée que, faute de le
bien connaître, ils portent à Jugurtha. Ils déploient, m'a-
t-on dit, tous leurs efforts, ils intriguent, ils persécutent
chacun de vous, ils vous implorent de ne rien décider en
l'absence de l'accusé, et sans l'avoir entendu. À les en
croire, mes accusations sont mensongères, et mon exil
simulé, puisqu'il m'était loisible de rester dans mon
royaume. Puissé-je voir celui dont le crime impie m'a
plongé dans une pareille infortune, réduit à simuler
comme moi ! Fasse le ciel qu'un jour, soit chez vous,
soit chez les dieux immortels, naisse le souci des affaires
humaines : alors ce scélérat, aujourd'hui si fier et si
glorieux de ses crimes, expiera lourdement, torturé par
tous les maux, son ingratitude envers notre père, le
meurtre de mon frère, et les malheurs dont je suis
accablé.

Ô mon frère bien-aimé, le jour te fut ravi avant
l'heure, et par celui dont tu aurais dû te défier le moins,
et pourtant, ton sort désormais me semble plus digne
d'envie que de pitié. Ce n'est pas un royaume que tu as
perdu avec la vie, c'est à la fuite, à l'exil, au dénûment,
à tous les maux qui m'accablent, que tu as échappé. Et
moi, infortuné, précipité du trône paternel dans un
abîme de malheurs, j'offre le spectacle des vicissitudes
humaines, ne sachant que faire : si je dois te venger,
quand je cherche du secours pour moi-même, ou
défendre ma couronne, quand mon arrêt de vie ou de
mort est entre des mains étrangères. Plût aux dieux que

²⁴Vtinam emori fortunis meis honestus exitus esset, neu
iure contemptus uiderer, si defessus malis iniuriae con-
cessissem ! Nunc neque uiuere lubet neque mori licet sine
dedecore.

²⁵Patres conscripti, per uos, per liberos atque parentes
uostros, per maiestatem populi Romani, subuenite mihi
misero, ite obuiam iniuriae, nolite pati regnum Numidiae,
quod uostrum est, per scelus et sanguinem familiae nostrae tabescere. »

XV. ¹Postquam rex finem loquendi fecit, legati
Iugurthae, largitione magis quam causa freti, paucis
respondent : Hiempsalem ob saeuitiam suam ab Numidis interfectum, Adherbalem ultro bellum inferentem,
postquam superatus sit, queri quod iniuriam facere
nequiuisset ; Iugurtham ab senatu petere ne se alium
putarent ac Numantiae cognitus esset, neu uerba inimici
ante facta sua ponerent. ²Deinde utrique curia egre-
diuntur. Senatus statim consulitur. Fautores legatorum,
praeterea senatus magna pars, gratia deprauata, Adherbalis dicta contemnere, Iugurthae uirtutem extollere
laudibus ; gratia, uoce, denique omnibus modis pro
alieno scelere et flagitio sua quasi pro gloria nitebantur.
³At contra pauci, quibus bonum et aequom diuitiis carius
erat, subueniundum Adherbali et Hiempsalis mortem
seuere uindicandam censebant ; ⁴sed ex omnibus maxume
Aemilius Scaurus, homo nobilis, inpiger, factiosus, auidus
potentiae, honoris, diuitiarum, ceterum uitia sua callide
occultans. ⁵Is postquam uidet regis largitionem famosam

mon trépas mît une fin honorable à mon infortune, et qu'on n'eût pas le droit de me mépriser pour avoir sous l'accablement des maux capitulé devant l'injustice ! Aujourd'hui je ne puis avoir ni le goût de vivre, ni le droit de mourir sans me déshonorer. P. C., je vous en conjure, par vous-même, par vos enfants et vos parents, par la majesté du peuple romain, secourez-moi dans mon malheur, marchez contre l'injustice ; ne souffrez pas que ce trône de Numidie, qui vous appartient, s'effondre par le meurtre et dans le sang de notre famille. »

XV. Quand le roi eut terminé son discours, les envoyés de Jugurtha, comptant plus sur leurs largesses que sur la justesse de leur cause, répliquent brièvement : « Hiempsal avait été mis à mort par les Numides en punition de sa cruauté ; Adherbal dans cette guerre était l'agresseur, et c'est seulement après sa défaite qu'il venait se plaindre d'avoir échoué dans son attentat criminel ; Jugurtha demandait au Sénat de ne pas le croire différent de ce qu'il s'était montré à Numance ; de le juger sur ses actes, non sur les propos de son ennemi. » Puis, les deux parties sortent de la curie. Le Sénat délibère séance tenante. Les partisans[62] des envoyés, comme aussi une grande partie du Sénat, corrompue par de puissantes influences, commentaient dédaigneusement le discours d'Adherbal, portaient aux nues le mérite de Jugurtha : crédit, éloquence, bref tous les moyens étaient par eux mis en œuvre pour défendre le crime et l'infamie d'un autre, comme s'il se fût agi de leur propre gloire. Quelques hommes pourtant, moins attachés à l'argent qu'à l'honneur et à la justice, étaient d'avis qu'il fallait secourir Adherbal et venger sévèrement la mort de Hiempsal : plus intransigeant était M. Aemilius Scaurus[63], personnage de naissance noble, laborieux, influent, avide de pouvoir, d'honneur, de richesses, du reste habile à cacher ses vices. Voyant les commentaires provoqués par ces impudentes distribu-

inpudentemque, ueritus, quod in tali re solet, ne polluta
licentia inuidiam accenderet, animum a consueta lubidine continuit.

XVI. [1]Vicit tamen in senatu pars illa quae uero
pretium aut gratiam anteferebat. [2]Decretum fit uti decem
legati regnum, quod Micipsa optinuerat, inter Iugurtham
et Adherbalem diuiderent. Cuius legationis princeps fuit
L. Opimius, homo clarus et tum in senatu potens, quia
consul, C. Graccho et M. Fuluio Flacco interfectis, acerrume uictoriam nobilitatis in plebem exercuerat. [3]Eum
Iugurtha, tametsi Romae in < in > imicis habuerat, tamen
accuratissume recepit, dando et pollicendo multa perfecit
uti famae, fide, postremo omnibus suis rebus commodum
regis anteferret. [4]Relicuos legatos eadem uia aggressus
plerosque capit ; paucis carior fides quam pecunia fuit.
In diuisione, quae pars Numidiae Mauretaniam attingit,
agro uirisque opulentior, Iugurthae traditur ; illam alteram, specie quam usu potiorem, quae portuosior et aedi-
ficiis magis exornata erat, Adherbal possedit.

XVII. [1]Res postulare uidetur Africae situm paucis
exponere et eas gentis, quibuscum nobis bellum aut
amicitia fuit, attingere. [2]Sed quae loca et nationes ob calo-
rem aut asperitatem, item solitudines minus frequentata
sunt, de iis haud facile conpertum narrauerim ; cetera
quam paucissumis absoluam.

[3]In diuisione orbis terrae plerique in parte tertia Africam posuere, pauci tantummodo Asiam et Europam
esse, sed Africam in Europa. [4]Ea finis habet ab occi-
dente fretum nostri maris et Oceani, ab ortu solis decli-

tions d'argent, et craignant à bon droit les explosions de
haine que pourraient provoquer ces excès scandaleux, il
se garda des abus de pouvoir qui lui étaient habituels.

XVI. La victoire revint pourtant dans le Sénat au
parti qui sacrifiait la vérité à l'argent ou à l'influence. On
décréta que dix députés partageraient entre Jugurtha et
Adherbal l'ancien royaume de Micipsa. Le chef de cette
délégation était L. Opimius, personnage célèbre et
influent alors au Sénat pour avoir, pendant son consulat
et après le meurtre de C. Gracchus et de M. Fulvius
Flaccus, exploité cruellement la victoire de la noblesse
sur la plèbe[64]. Bien qu'à Rome Jugurtha le comptât
parmi ses adversaires, il l'accueillit pourtant avec les
plus grands égards, et à force de dons et de promesses,
l'amena à sacrifier sa réputation, son honneur, enfin tous
ses intérêts à ceux du roi. Usant de la même méthode
avec les autres délégués, il réussit à gagner la plupart
d'entre eux ; bien peu firent passer l'honneur avant l'argent. Dans le partage des terres, la partie de la Numidie
qui touche à la Maurétanie, plus riche et plus peuplée[65],
fut attribuée à Jugurtha ; l'autre, de plus d'apparence
que de valeur réelle, mais plus abondante en ports et en
monuments, devint la propriété d'Adherbal.

XVII. Mon sujet exige, semble-t-il, que j'expose
brièvement la géographie de l'Afrique, et que je touche
un mot des nations que nous y avons eues comme enne-
mies ou comme amies. Quant aux contrées et aux
peuples que la chaleur, le relief du sol ou les déserts font
moins fréquenter, il me serait difficile d'en rien dire de
certain ; des autres, je traiterai aussi brièvement que
possible.

Dans la division du globe terrestre[66], on fait généralement de l'Afrique la troisième partie du monde ;
quelques auteurs n'en comptent que deux, l'Asie et
l'Europe, et rattachent l'Afrique à cette dernière. Elle a
pour limites à l'ouest le détroit qui unit notre mer à

uem latitudinem, quem locum Catabathmon incolae
appellant. [5]Mare saeuom, inportuosum ; ager frugum
fertilis, bonus pecori, arbori infecundus; caelo terraque
penuria aquarum. [6]Genus hominum salubri corpore, uelox,
patiens laborum. Plerosque senectus dissoluit, nisi qui
ferro aut bestiis interiere ; nam morbus haud saepe
quemquam superat. Ad hoc malefici generis pluruma
animalia.

[7]Sed qui mortales initio Africam habuerint, quique
postea adcesserint, aut quomodo inter se permixti sint,
quamquam ab ea fama quae plerosque obtinet diuorsum
est, tamen uti ex libris Punicis, qui regis Hiempsalis
dicebantur, interpretatum nobis est, utique rem sese
habere cultores eius terrae putant, quam paucissumis
dicam. Ceterum fides eius rei penes auctores erit.

XVIII. [1]Africam initio habuere Gaetuli et Libyes,
asperi incultique, quis cibus erat caro ferina atque humi
pabulum uti pecoribus. [2]Ei neque moribus neque lege
aut imperio cuiusquam regebantur; uagi, palantes, quas
nox coegerat sedes habebant. [3]Sed postquam in Hispania
Hercules, sicuti Afri putant, interiit, exercitus eius, con-
positus ex uariis gentibus, amisso duce ac passim multis
sibi quisque imperium petentibus, breui dilabitur. [4]Ex eo
numero Medi, Persae et Armenii, nauibus in Africam
transuecti, proxumos nostro mari locos occupauere. [5]Sed
Persae intra Oceanum magis, eique alueos nauium inuer-
sos pro tuguriis habuere, quia neque materia in agris
neque ab Hispanis emendi aut mutandi copia erat : [6]mare

l'Océan[67], à l'est un large plateau incliné que les habitants nomment Catabathmos[68]. La mer y est mauvaise, sans mouillages ; le sol, fertile en céréales, bon pour l'élevage, stérile en arbres ; l'eau, tant de pluie que de sources, fort rare. Les hommes y sont sains de corps, agiles, durs au travail ; presque tous meurent de vieillesse, sauf ceux qui tombent sous le fer, ou sous la dent des fauves ; car il est rare que la maladie les emporte. Ajoutez à cela le grand nombre des animaux malfaisants.

Quant aux premiers habitants de l'Afrique, à ceux qui vinrent s'y joindre, aux croisements qui en sont résultés, bien que cette opinion diffère de la tradition généralement adoptée, je vais résumer très brièvement l'exposé qu'on m'a traduit de livres puniques, attribués au roi Hiempsal, et qui concorde du reste avec ce que pensent les indigènes eux-mêmes, en laissant aux auteurs la responsabilité de leurs dires[69].

XVIII. Les premiers habitants de l'Afrique[70] furent les Gétules et les Libyens, gens grossiers et barbares, qui se nourrissaient de la chair des bêtes sauvages, ou de l'herbe des prés, à la façon des troupeaux. Ils n'étaient gouvernés ni par la coutume, ni par la loi, ni par un maître ; errant à l'aventure, dispersés, ils s'arrêtaient seulement où les surprenait la nuit. Mais après la mort d'Hercule en Espagne – c'est du moins l'opinion des Africains – son armée, composée de peuples divers, privée de son chef, et tiraillée entre plusieurs rivaux qui tous voulaient le commandement, ne tarda pas à se débander. Dans le nombre, les Mèdes, les Perses, et les Arméniens passèrent en Afrique sur des vaisseaux et occupèrent des contrées voisines de notre mer. Les Perses toutefois tirèrent plus vers l'Océan, et ils se firent des cabanes en retournant la coque de leurs barques, car il n'y avait pas de bois de construction dans le pays, et ils ne pouvaient s'en procurer en Espagne par achat ou par échange : l'étendue de la mer et l'ignorance de la

magnum et ignara lingua commercio prohibebant. [7]Ei
paulatim per conubia Gaetulos secum miscuere et, quia
saepe temptantes agros alia, deinde alia loca petiuerant,
semet ipsi Nomadas appellauere. [8]Ceterum adhuc aedificia
Numidarum agrestium, quae mapalia illi uocant, oblonga,
incuruis lateribus tecta quasi nauium carinae sunt. [9]Medis
autem et Armeniis accessere Libyes — nam ei propius mare Africum agitabant, Gaetuli sub sole magis,
haud procul ab ardoribus —, eique mature oppida habuere ; nam freto diuisi ab Hispania mutare res inter se
instituerant. [10]Nomen eorum paulatim Libyes corru-
pere, barbara lingua Mauros pro Medis appellantes.
[11]Sed res Persarum breui adoleuit, ac postea nomine
Numidae, propter multitudinem a parentibus digressi,
possedere ea loca quae proxume Carthaginem Numidia
appellatur. [12]Dein, utrique alteris freti, finitumos armis
aut metu sub imperium suum coegere, nomen gloriam-
que sibi addidere, magis ei qui ad nostrum mare processerant, quia Libyes quam Gaetuli minus bellicosi.
Denique Africae pars inferior pleraque ab Numidis pos-
sessa est, uicti omnes in gentem nomenque imperantium
concessere.

XIX. [1]Postea Phoenices, alii multitudinis domi mi-
nuendae gratia, pars imperi cupidine, sollicitata plebe et
aliis nouarum rerum auidis, Hipponem, Hadrumetum,
Leptim aliasque urbis in ora marituma condidere, eaeque
breui multum auctae, pars originibus suis praesidio, aliae

langue interdisaient tout commerce. Peu à peu ils se
mêlèrent aux Gétules par voie de mariage ; et comme
dans leurs différentes tentatives pour trouver un territoire convenable, ils s'étaient souvent déplacés, ils se
donnèrent eux-mêmes[71] le nom de Nomades. Du reste,
aujourd'hui encore, les habitations des paysans numides,
qu'ils appellent *mapalia*[72], avec leur forme allongée, les
flancs recourbés qui leur servent de toit, ressemblent à
des carènes de navires. Aux Mèdes et aux Arméniens se
joignirent les Libyens – car ils habitaient plus près de la
mer d'Afrique, les Gétules étant plus près du soleil, non
loin de la zone torride – et ils eurent de bonne heure des
villes fortes ; car n'étant séparés de l'Espagne que par un
détroit, ils avaient établi avec ce pays un commerce
d'échanges. Le nom des Mèdes fut peu à peu altéré par
les Libyens, qui dans leur langue barbare y substituèrent
la forme Maures. La puissance des Perses s'accrut rapidement ; et plus tard, sous le nom de Numides, une
colonie de jeunes gens, que le surpeuplement contraignit
d'abandonner le foyer paternel, prit possession du pays
voisin de Carthage qu'on appelle Numidie. Puis l'ancien
et le nouveau peuple, se prêtant un mutuel[73] appui,
soumirent par les armes ou par la crainte les pays limi-
trophes, et se procurèrent renom et gloire, surtout ceux
qui s'étaient avancés du côté de notre mer, car les
Libyens étaient moins belliqueux que les Gétules.
Finalement, presque toute la partie inférieure[74] de
l'Afrique tomba en possession des Numides ; les
vaincus prirent le nom du vainqueur, avec lequel ils se
confondirent.

XIX. Plus tard, les Phéniciens[75], les uns pour
décharger leur pays d'un excès de population, d'autres
par esprit de conquête, rangeant de leur côté la plèbe et
les gens avides d'aventures, allèrent fonder sur la côte
Hippone[76], Hadrumète[77], Leptis[78], d'autres villes encore,
et celles-ci, bientôt prospères, devinrent l'appui ou la

decori fuere. [2]Nam de Carthagine silere melius puto quam
parum dicere, quoniam alio properare tempus monet.
[3]Igitur ad Catabathmon, qui locus Aegyptum ab
Africa diuidit, secundo mari prima Cyrene est, colonia
Theraeon, ac deinceps duae Syrtes interque eas Leptis,
deinde Philaenon Arae, quem locum Aegyptum uorsus
finem imperi habuere Carthaginienses, post aliae Punicae
urbes. [4]Cetera loca usque ad Mauretaniam Numidae
tenent ; proxumi Hispanias Mauri sunt. [5]Super Numidiam Gaetulos accepimus partim in tuguriis, alios
incultius uagos agitare; [6]post eos Aethiopas esse, dehinc
loca exusta solis ardoribus.

[7]Igitur bello Iugurthino pleraque ex Punicis oppida et
finis Carthaginiensium, quos nouissume habuerant, populus Romanus per magistratus administrabat ; Gaetulo-
rum magna pars et Numidae usque ad flumen Muluccham sub Iugurtha erant ; Mauris omnibus rex Bocchus
imperitabat, praeter nomen cetera ignarus populi Romani
itemque nobis neque bello neque pace antea cognitus.
[8]De Africa et eius incolis ad necessitudinem rei satis
dictum.

XX. [1]Postquam diuiso regno legati Africa deces-
sere, et Iugurtha contra timorem animi praemia sceleris
adeptum sese uidet, certum esse ratus, quod ex amicis
apud Numantiam acceperat, omnia Romae uenalia esse,
simul et illorum pollicitationibus accensus quos paulo
ante muneribus expleuerat, in regnum Adherbalis animum intendit. [2]Ipse acer, bellicosus ; at is quem petebat,
quietus, inbellis, placido ingenio, opportunus iniuriae,
metuens magis quam metuendus. [3]Igitur ex impro-

gloire de leurs métropoles. Pour Carthage, j'aime mieux n'en rien dire que d'en dire trop peu, puisque mon sujet m'entraîne ailleurs.

Donc, attenant au Catabathmos, qui sépare l'Égypte de l'Afrique, en suivant la mer se trouvent d'abord Cyrène[79], colonie de Théra, ensuite les deux Syrtes[80], avec Leptis entre deux, puis les autels des Philènes[81], jadis limite de l'empire carthaginois dans la direction de l'Égypte, puis d'autres villes puniques. Les autres régions jusqu'à la Maurétanie sont occupées par les Numides ; les plus près de l'Espagne sont les Maures. Au-dessus de la Numidie[82] se trouvent, dit-on, les Gétules, qui vivent les uns dans des huttes, les autres, plus barbares, en nomades ; derrière eux, les Éthiopiens[83], enfin des régions embrasées par les ardeurs du soleil.

Au moment donc de la guerre contre Jugurtha, le peuple romain administrait par ses magistrats la plupart des villes puniques, et les territoires occupés en dernier lieu par Carthage ; une grande partie des Gétules, et la Numidie jusqu'au fleuve Muluccha[84] obéissaient à Jugurtha ; tous les Maures étaient sous l'autorité du roi Bocchus, qui, sauf le nom, ignorait[85] tout du peuple romain, et avec qui nous n'avions pas davantage de relations, pacifiques ou hostiles. Ces quelques notes sur l'Afrique et ses habitants suffisent aux exigences de mon sujet.

XX. Lorsque, après le partage[86] du royaume, les députés eurent quitté l'Afrique, et que Jugurtha se vit, contrairement à ses craintes, en possession du fruit de ses crimes, convaincu que ses amis de Numance[87] ne l'avaient pas trompé en lui affirmant qu'à Rome tout était à vendre, enflammé d'autre part par les promesses de ceux qu'il venait[88] de combler de présents, il jeta ses vues sur le royaume d'Adherbal. Il était hardi, belliqueux ; celui qu'il visait au contraire était ami du repos, pacifique, débonnaire, tout désigné pour les coups, trop craintif pour être craint. Aussi Jugurtha envahit-il à l'im-

uiso finis eius cum magna manu inuadit, multos mortalis cum pecore atque alia praeda capit, aedificia incen-
dit, pleraque loca hostiliter cum equitatu adcedit ;
⁴deinde cum omni multitudine in regnum suum conuortit, existumans Adherbalem dolore permotum iniurias
suas manu uindicaturum eamque rem belli causam
fore. ⁵At ille, quod neque se parem armis existumabat
et amicitia populi Romani magis quam Numidis fretus
erat, legatos ad Iugurtham de iniuriis questum misit.
Qui tametsi contumeliosa dicta rettulerant, prius tamen
omnia pati decreuit quam bellum sumere, quia tempta-
tum antea secus cesserat. ⁶Neque eo magis cupido
Iugurthae minuebatur, quippe qui totum eius regnum
animo iam inuaserat. ⁷Itaque non uti antea cum praeda-
toria manu, sed magno exercitu conparato, bellum
gerere coepit et aperte totius Numidiae imperium
petere. ⁸Ceterum, qua pergebat, urbis, agros uastare,
praedas agere, suis animum, terrorem hostibus augere.

XXI. ¹Adherbal uti intellegit eo processum uti regnum
aut relinquendum esset aut armis retinendum, neces-
sario copias parat et Iugurthae obuius procedit. ²Interim
haud longe a mari prope Cirtam oppidum utriusque
exercitus consedit, et quia diei extremum erat, proelium non inceptum. Sed ubi plerumque noctis processit,
obscuro etiam tum lumine milites Iugurthini signo dato
castra hostium inuadunt ; semisomnos partim, alios arma
sumentis fugant funduntque. Adherbal cum paucis equitibus Cirtam profugit et, ni multitudo togatorum fuisset
quae Numidas insequentis moenibus prohibuit, uno
die inter duos reges coeptum atque patratum bellum

proviste[89] le royaume d'Adherbal avec une troupe nombreuse ; il enlève beaucoup d'hommes avec des troupeaux et d'autre butin, il brûle les habitations, ravage avec sa cavalerie la plus grande partie du territoire, puis retourne avec tout son monde dans son royaume, convaincu qu'Adherbal, sous le coup de l'indignation, vengerait par les armes l'injure reçue, et qu'il aurait là un motif de guerre. Mais Adherbal, ne se jugeant pas de force égale, et comptant moins sur les Numides que sur l'amitié du peuple romain, envoya des députés à Jugurtha pour se plaindre des violences commises. Malgré la réponse injurieuse qu'ils lui rapportèrent, il résolut de tout souffrir plutôt que d'entamer une guerre, quand ce qu'il avait auparavant tenté lui avait si mal réussi. Cette attitude ne ralentit point l'ambition de Jugurtha, qui se voyait déjà maître en pensée de tout le royaume d'Adherbal. Aussi n'est-ce plus, comme précédemment, avec une bande de pillards, mais avec une grande armée qu'il se met en campagne, dans le dessein déclaré de conquérir toute la Numidie. Partout où il passe, il dévaste les villes, les campagnes, il emmène du butin, redouble la confiance de ses hommes, et la terreur des ennemis.

XXI. Se voyant réduit à quitter son royaume ou à le défendre par les armes, Adherbal cède à la nécessité ; il lève des troupes et marche à la rencontre de Jugurtha. Chemin faisant, les deux armées firent halte non loin de la mer, près de Cirta[90], et, comme c'était la fin du jour, la bataille ne s'engagea point. Mais tout à la fin de la nuit, l'obscurité régnant encore, les soldats de Jugurtha, au signal donné, fondent sur le camp des ennemis ; ils les surprennent les uns à moitié endormis, les autres pendant qu'ils prennent leurs armes, les bousculent et les mettent en déroute. Adherbal, suivi de quelques cavaliers, s'enfuit à Cirta ; et sans la présence d'un grand nombre de citoyens italiens[91] qui interdirent à ses poursuivants l'entrée de la ville, la guerre entre les deux rois

foret. [3]Igitur Iugurtha oppidum circumsedit ; uineis turribusque et machinis omnium generum expugnare aggreditur, maxume festinans tempus legatorum antecapere,
quos ante proelium factum Romam ab Adherbale missos
audiuerat.

[4]Sed postquam senatus de bello eorum accepit, tres
adulescentes in Africam legantur, qui ambos reges adeant,
senatus populique Romani uerbis nuntient uelle et cen-
sere eos ab armis discedere [, de controuersiis suis iure
potius quam bello disceptare] : ita seque illisque
dignum esse.

XXII. [1]Legati in Africam maturantes ueniunt, eo
magis quod Romae, dum proficisci parant, de proelio
facto et oppugnatione Cirtae audiebatur ; sed is rumor
clemens erat. [2]Quorum Iugurtha accepta oratione respondit sibi neque maius quicquam neque carius auctoritate
senatus esse. Ab adulescentia ita se enisum ut ab optumo
quoque probaretur ; uirtute, non malitia P. Scipioni,
summo uiro, placuisse ; ob easdem artis a Micipsa, non
penuria liberorum, in regnum adoptatum esse. [3]Ceterum,
quo plura bene atque strenue fecisset, eo animum suum
iniuriam minus tolerare. [4]Adherbalem dolis uitae suae
insidiatum ; quod ubi comperisset, sceleri eius obuiam
isse ; populum Romanum neque recte neque pro bono
facturum si ab iure gentium sese prohibuerit. Postremo
de omnibus rebus legatos Romam breui missurum. [5]Ita
utrique digrediuntur. Adherbalis appellandi copia non
fuit.

XXIII. [1]Iugurtha ubi eos Africa decessisse ratus est,
neque propter loci naturam Cirtam armis expugnare

aurait pris fin le jour même qu'elle avait commencé. Jugurtha investit donc la place, et met en œuvre mantelets, tours, machines de toute espèce pour la prendre d'assaut ; il voulait aller très vite, afin d'aboutir avant le retour de l'ambassade qu'il savait qu'Adherbal avait envoyée à Rome avant le combat.

Or, lorsque le Sénat eut connaissance de cette guerre, il délègue en Afrique trois jeunes gens[92] avec ordre de rejoindre les deux rois, et de leur déclarer au nom du Sénat et du peuple romain que Rome voulait et entendait qu'ils missent bas les armes [et, qu'ils vidassent leur différend par les voies légales et non par la guerre] ; que l'honneur de Rome et le leur le demandaient ainsi.

XXII. Ces députés se rendent en Afrique avec d'autant plus de hâte[93] qu'à Rome, au moment de leur départ, on parlait du combat qui avait eu lieu et du siège de Cirta ; mais ce n'était qu'une faible rumeur. Après les avoir entendus, Jugurtha répondit : « que rien n'était plus sacré ni plus cher à ses yeux que l'autorité du Sénat ; que dès son adolescence il s'était appliqué à mériter l'estime des meilleurs citoyens ; que c'était par sa valeur, non par ses vices, qu'il avait su plaire à un aussi grand homme que Scipion ; que c'était en considération de ces qualités, non faute de fils, que Micipsa l'avait adopté pour lui faire partager son trône ; qu'au reste, s'étant toujours comporté en homme de bien et de cœur, il était d'autant moins disposé à subir l'injustice ; qu'Adherbal avait traîtreusement attenté à sa vie ; qu'une fois au courant de ce projet criminel, il avait voulu en prévenir l'exécution ; que le peuple romain manquerait à la justice et à l'honneur en le mettant hors du droit des gens[94] ; qu'enfin il enverrait sous peu une ambassade à Rome pour traiter toutes ces questions ». Sur cette réponse les deux partis se séparent. Pour Adherbal, il ne fut pas possible d'avoir un entretien avec lui.

XXIII. Dès que Jugurtha les crut hors d'Afrique, voyant que la nature du terrain l'empêcherait de prendre potest, uallo atque fossa moenia circumdat, turris exstruit easque praesidiis firmat ; praeterea dies noctisque aut per uim aut dolis temptare ; defensoribus moenium praemia modo, modo formidinem ostentare ; suos hortando ad uirtutem arrigere ; prorsus intentus cuncta parare. ²Adherbal ubi intellegit omnis suas fortunas in extremo sitas, hostem infestum, auxili spem nullam, penuria rerum necessariarum bellum trahi non posse, ex eis qui una Cirtam profugerant duos maxume inpigros delegit ; eos multa pollicendo ac miserando casum suum confirmat uti per hostium munitiones noctu ad proxumum mare, dein Romam pergerent.

XXIV. ¹Numidae paucis diebus iussa efficiunt. Litterae Adherbalis in senatu recitatae, quarum sententia haec fuit :

« ²Non mea culpa saepe ad uos oratum mitto, patres conscripti, sed uis Iugurthae subigit, quem tanta lubido exstinguendi me inuasit ut neque uos neque deos inmortalis in animo habeat, sanguinem meum quam omnia malit. ³Itaque quintum iam mensem socius et amicus populi Romani armis obsessus teneor, neque mihi Micipsae patris mei beneficia neque uostra decreta auxiliantur ; ferro an fame acrius urgear incertus sum.⁴Plura de Iugurtha scribere dehortatur me fortuna mea ; et iam antea expertus sum parum fidei miseris esse. ⁵Nisi tamen intellego illum supra quam ego sum petere, neque simul amicitiam uostram et regnum meum sperare : utrum grauius existumet nemini occultum est. ⁶Nam initio occidit Hiempsalem fratrem meum, deinde patrio regno me expulit. Quae sane fuerint nostrae iniuriae, nihil ad uos. ⁷Verum nunc uostrum regnum armis tenet ; me, quem

la place de force, il entoure ses murailles d'un fossé et
d'une palissade, élève des tours qu'il garnit de corps de
garde[95] ; en outre, jour et nuit, il essaie la force ou la
ruse, il s'efforce de gagner les défenseurs de la ville par
la corruption ou par la terreur ; par ses harangues il
enflamme le moral de ses hommes, bref son activité
veille à tout. Adherbal, se sentant réduit à la dernière
extrémité, pressé par un ennemi acharné à sa perte, sans
espoir de secours, et hors d'état, faute d'approvisionnements[96], de faire durer le siège, choisit, parmi ceux qui
l'avaient suivi dans Cirta, deux des plus braves ; à force
de promesses et d'appels à la pitié, il obtient d'eux qu'ils
traversent de nuit les ouvrages ennemis pour gagner la
mer la plus proche, et de là Rome.

XXIV. Les Numides exécutent ces ordres en
quelques jours. On lut dans le Sénat la lettre[97]
d'Adherbal, dont voici le sens :

« Il n'y a pas de ma faute, P. C., si je vous adresse de
si fréquentes prières[98] ; seule m'y contraint la violence
de Jugurtha, qui, dans sa fureur de me perdre, n'a égard
ni pour vous ni pour les dieux immortels, et veut avant
tout voir couler mon sang. Voici donc le cinquième mois
que moi, l'allié et l'ami du peuple romain je suis tenu
assiégé par ses armes ; et ni les bienfaits dont l'a comblé
mon père Micipsa, ni vos décrets ne servent en ma
faveur ; et je ne sais ce qui me presse plus cruellement,
du fer ou de la faim. Je ne veux pas vous en écrire
davantage de Jugurtha ; l'état de ma fortune m'en
dissuade, et je sais par une longue expérience qu'on
n'ajoute guère foi aux malheureux. Mais je sens bien
qu'il vise plus haut que moi, et qu'il n'espère pas
conserver en même temps mon royaume et votre amitié.
Qu'est-ce qui l'emporte dans son esprit, il n'est
personne qui ne le voie. Il a d'abord assassiné mon frère
Hiempsal, puis il m'a chassé du trône de mes pères.
j'admets que ces violences, ne visant que nous seuls, ne
vous touchaient en rien[99]. Mais maintenant le royaume
qu'il occupe par les armes, c'est le vôtre ; le prince qu'il

uos imperatorem Numidis posuistis, clausum obsidet ,
legatorum ucrba quanti fecerit, pericula mea decla-
rant. ⁸Quid est relicuom, nisi uis uostra, quo moueri
possit ? ⁹Nam ego quidem uellem, et haec quae scribo, et
illa quae antea in senatu questus sum, uana forent potius
quam miseria mea fidem uerbis faceret. ¹⁰Sed quoniam
eo natus sum ut Iugurthae scelerum ostentui essem,
non iam mortem neque aerumnas, tantummodo inimici
imperium et cruciatus corporis deprecor. Regno Numidiae, quod uostrum est, uti lubet consulite ; me manibus
inpiis eripite, per maiestatem imperi, per amicitiae fidem,
si ulla apud uos memoria remanet aui mei Masinissae. »

XXV. ¹His litteris recitatis, fuere qui exercitum in
Africam mittendum censerent, et quam primum Adherbali subueniundum ; de Iugurtha interim uti consuleretur, quoniam legatis non paruisset. ²Sed ab eisdem
illis regis fautoribus summa ope enisum ne tale decretum fieret. ³Ita bonum publicum, uti in plerisque negotiis solet, priuata gratia deuictum. ⁴Legantur tamen in
Africam maiores natu nobiles, amplis honoribus usi ; in
quis fuit M. Scaurus, de quo supra memorauimus, con-
sularis et tum senatus princeps. ⁵Ei, quod res in inuidia
erat, simul et ab Numidis obsecrati, triduo nauem
ascendere ; dein breui Vticam adpulsi litteras ad Iugurtham mittunt quam ocissume ad prouinciam adcedat,
seque ad eum ab senatu missos. ⁶Ille ubi accepit homines

tient assiégé, c'est moi, que vous-mêmes avez placé sur
le trône de Numidie ; le péril où je suis montre assez le
cas qu'il fait des paroles de vos ambassadeurs. Que
reste-t-il pour l'émouvoir, sinon la force de vos armes ?
Pour moi, combien je voudrais que cette lettre fût sans
objet, que mes premières plaintes devant le Sénat
fussent sans fondement, et que je n'eusse point, pour
donner créance à mes dires, le témoignage de mes
malheurs ! Mais puisque je suis né pour être la preuve
vivante des crimes de Jugurtha, ce n'est plus à la mort ni
aux infortunes, mais seulement à la tyrannie de mon
ennemi, aux tortures physiques que je vous conjure de
me soustraire. Disposez à votre gré du royaume de
Numidie, puisqu'il est à vous ; mais arrachez-moi à des
mains parricides : je vous en conjure par la majesté[100] de
votre Empire, par les droits sacrés de l'amitié, s'il
demeure encore en vous quelque souvenir de mon aïeul
Masinissa. »

XXV. Après la lecture de cette lettre, certains sénateurs exprimèrent l'avis qu'on envoyât aussi tôt que
possible une armée en Afrique au secours d'Adherbal ;
qu'en attendant on statuât sur le châtiment que méritait
Jugurtha pour n'avoir pas obéi à nos ambassadeurs.
Mais les partisans ordinaires du roi déployèrent encore
une fois tous leurs efforts pour empêcher un tel décret
d'être rendu. C'est ainsi que l'intérêt public, comme il
arrive dans la plupart des cas, fut sacrifié au crédit de
quelques particuliers. On députe cependant en Afrique
des personnes d'âge[101] et de naissance, ayant rempli les
plus hautes charges ; de ce nombre était M. Scaurus,
dont nous avons parlé plus haut, personnage consulaire
et pour lors prince du Sénat[102]. Les délégués, étant donné
l'indignation soulevée par l'affaire, et sur les prières
instantes des Numides, s'embarquèrent dès le troisième
jour, puis ayant bientôt abordé à Utique[103], ils écrivent à
Jugurtha qu'il ait à se rendre en toute diligence dans la
province, que c'est le Sénat qui les envoie. À la nouvelle

claros, quorum auctoritatém Romae pollere audiuerat,
contra inceptum suum uenisse, primo commotus, metu
atque lubidine diuorsus agitabatur. ⁷Timebat iram senatus, ni paruisset legatis ; porro animus cupidine caecus
ad inceptum scelus rapiebat. ⁸Vicit tamen in auido
ingenio prauom consilium. ⁹Igitur exercitu circumdato,
summa ui Cirtam inrumpere nititur, maxume sperans
diducta manu hostium aut ui aut dolis sese casum
uictoriae inuenturum. ¹⁰Quod ubi secus procedit neque
quod intenderat efficere potest ut prius quam legatos
conueniret Adherbalis potiretur, ne amplius morando
Scaurum, quem plurumum metuebat, incenderet, cum
paucis equitibus in prouinciam uenit. ¹¹Ac tametsi senati
uerbis graues minae nuntiabantur, quod ab oppugnatione non desisteret, multa tamen oratione consumpta
legati frustra discessere.

XXVI. ¹Ea postquam Cirtae audita sunt, Italici,
quorum uirtute moenia defensabantur, confisi deditione
facta propter magnitudinem populi Romani inuiolatos
sese fore, Adherbali suadent uti seque et oppidum Iugurthae tradat, tantum ab eo uitam paciscatur : de ceteris
senatui curae fore. ²At ille, tametsi omnia potiora fide
Iugurthae rebatur, tamen quia penes eosdem, si aduor-
saretur, cogendi potestas erat, ita uti censuerant Italici
deditionem facit. ³Iugurtha in primis Adherbalem excruciatum necat ; dein omnis puberes Numidas et negotiatores promiscue, uti quisque armatus obuius fuerat,
interficit.

XXVII. ¹Quod postquam Romae cognitum est et res
in senatu agitari coepta, idem illi ministri regis inter-

que des hommes illustres, dont l'autorité, lui avait-on dit, était toute-puissante à Rome, étaient venus pour s'opposer à ses desseins, il fut d'abord bouleversé, partagé qu'il était entre la peur et la convoitise. Il craignait, en désobéissant aux délégués, la colère du Sénat ; d'autre part, la passion qui l'aveuglait l'entraînait à consommer son crime. Pourtant, dans ce cœur ambitieux, ce fut le mauvais parti qui triompha. Disposant donc son armée tout autour de Cirta, il lance toutes ses forces à l'assaut de la place, espérant bien qu'en obligeant ses adversaires à diviser leurs troupes, il trouverait par force ou par ruse une occasion de s'assurer la victoire. N'ayant pu réussir dans sa tentative, ni exécuter son projet de s'emparer d'Adherbal avant de rejoindre les députés, de peur qu'un plus long délai n'indisposât Scaurus qu'il redoutait par-dessus tous, il se rendit dans la province avec quelques cavaliers. Là, malgré les graves sanctions dont ils le menaçaient au nom du Sénat pour son refus de lever le siège, les délégués, après avoir épuisé leur éloquence, se retirèrent sans avoir rien obtenu.

XXVI. Quand on en eut appris la nouvelle à Cirta, les Italiens[104], sur la valeur desquels reposait la défense des remparts, convaincus que, si l'on capitulait, la grandeur du nom romain les ferait respecter, conseillent à Adherbal de rendre sa personne et la place à Jugurtha, en stipulant seulement qu'il aurait la vie sauve ; quant au reste, le Sénat y aviserait. Le roi pensait bien que tout valait mieux que de rien remettre à la bonne foi de Jugurtha ; mais comme les Italiens étaient, s'il refusait, en mesure de le contraindre, il suit leur conseil et capitule. Jugurtha commence par faire périr Adherbal par la torture, puis il massacre indistinctement tous les adultes, Numides ou négociants romains, qu'on avait trouvés porteurs d'armes.

XXVII. Quand ces faits furent connus à Rome, et que l'affaire fut mise en discussion devant le Sénat, pellando ac saepe gratia, interdum iurgiis trahendo tempus, atrocitatem facti leniebant. ²Ac ni C. Memmius, tribunus plebis designatus, uir acer et infestus potentiae nobilitatis, populum Romanum edocuisset id agi ut per paucos factiosos Iugurthae scelus condonaretur, profecto omnis inuidia prolatandis consultationibus dilapsa foret : tanta uis gratiae atque pecuniae regis erat. ³Sed ubi senatus delicti conscientia populum timet, lege Sempronia prouinciae futuris consulibus Numidia atque Italia decretae ; ⁴consules declarati P. Scipio Nasica, L. Bestia Calpurnius ; Calpurnio Numidia, Scipioni Italia obuenit. ⁵Deinde exercitus qui in Africam portaretur scribitur ; stipendium aliaque quae bello usui forent decernuntur.

XXVIII. ¹At Iugurtha, contra spem nuntio accepto, quippe cui Romae omnia uenire in animo haeserat, filium et cum eo duos familiaris ad senatum legatos mittit eisque, uti illis quos Hiempsale interfecto miserat, praecipit omnis mortalis pecunia adgrediantur. ²Qui postquam Romam aduentabant, senatus a Bestia consultus est placeretne legatos Iugurthae recipi moenibus ; eique decreuere, nisi regnum ipsumque deditum uenissent, uti in diebus proxumis decem Italia decederent. ³Consul Numidis ex senatus decreto nuntiari iubet ; ita infectis rebus illi domum discedunt. ⁴Interim Calpurnius, parato exercitu, legat sibi homines nobilis, factiosos, quorum auctoritate quae deliquisset munita fore sperabat ; in quis fuit Scaurus, cuius de natura et habitu supra memorauimus. ⁵Nam in consule nostro toujours les mêmes créatures du roi, à force d'entraver les débats et de traîner les choses en longueur soit par le jeu de leur influence, parfois par leurs chicanes, essayaient d'atténuer l'horreur du forfait. Et si C. Memmius, tribun de la plèbe désigné, homme énergique et ennemi déclaré des privilèges de la noblesse, n'eût instruit le peuple romain que cette cabale était montée par quelques hommes d'influence afin d'assurer à Jugurtha le pardon de son crime, il n'est pas douteux qu'à force de prolonger les délibérations l'indignation eût finit par s'évanouir : tant le crédit et l'argent du roi avaient de pouvoir. Mais le Sénat, conscient de sa faute, redoutait l'indignation populaire ; en vertu de la loi Sempronia[105], les provinces de Numidie et d'Italie furent attribuées aux futurs consuls[106] ; furent désignés pour cette charge P. Scipion Nasica, et L. Bestia ; à Calpurnius échut la Numidie, à Scipion, l'Italie. On lève ensuite une armée[107] destinée à l'Afrique ; on vote les crédits pour la solde et pour tout le matériel de guerre.

XXVIII. À cette nouvelle qui ruinait ses espérances, car il était intimement convaincu que tout était vénal à Rome, Jugurtha délègue auprès du Sénat son fils et deux de ses confidents, avec ordre, comme il l'avait fait après le meurtre de Hiempsal, d'essayer sur tout le monde la puissance de son argent. Comme ils approchaient de Rome, Bestia demanda au Sénat[108] s'il était d'avis de recevoir les envoyés de Jugurtha dans les murs de la ville : le Sénat décréta que, s'ils ne venaient pas pour remettre le royaume et le roi à la discrétion du peuple romain, ils eussent à quitter l'Italie dans les dix jours. Le consul fait notifier aux Numides cette décision du Sénat ; et ils s'en retournent chez eux sur cet échec. Cependant Calpurnius, dont l'armée était prête, choisit pour ses lieutenants des hommes nobles[109], influents, sur le crédit desquels il espérait pouvoir s'appuyer pour couvrir ses malversations ; de ce nombre était Scaurus, dont nous avons rappelé plus haut le caractère et la conduite. Car

multae bonaeque artes < et > animi et corporis erant,
quas omnis auaritia praepediebat : patiens laborum, acri
ingenio, satis prouidens, belli haud ignarus, firmissumus
contra pericula et inuidias. ⁶Sed legiones per Italiam
Regium atque inde Siciliam, porro ex Sicilia in Africam
transuectae. ⁷Igitur Calpurnius, initio paratis commea-
tibus, acriter Numidiam ingressus est, multosque mortalis et urbis aliquot pugnando cepit.

XXIX. ¹Sed ubi Iugurtha per legatos pecunia temptare, bellique quod administrabat asperitatem ostendere coepit, animus aeger auaritia facile conuorsus est.
²Ceterum socius et administer omnium consiliorum adsu-
mitur Scaurus ; qui, tametsi a principio, plerisque ex
factione eius conruptis, acerrume regem inpugnauerat,
tamen magnitudine pecuniae a bono honestoque in prauom abstractus est. ³Sed Iugurtha primum tantummodo
belli moram redimebat, existumans sese aliquid interim
Romae pretio aut gratia effecturum. Postea uero quam
participem negoti Scaurum accepit, in maxumam spem
adductus recuperandae pacis, statuit cum eis de omnibus
pactionibus praesens agere. ⁴Ceterum interea fidei causa
mittitur a consule Sextius quaestor in oppidum Iugurthae
Vagam ; cuius rei species erat acceptio frumenti quod
Calpurnius palam legatis imperauerat, quoniam deditionis mora indutiae agitabantur. ⁵Igitur rex, uti cons-
tituerat, in castra uenit ac pauca praesenti consilio
locutus de inuidia facti sui atque uti in deditionem
acciperetur, relicua cum Bestia et Scauro secreta tran-

notre consul possédait nombre de qualités physiques et morales[110], mais toutes étouffées par l'amour de l'argent : dur à la fatigue, d'esprit pénétrant, ne manquant pas de prévoyance, assez versé dans l'art de la guerre, d'une fermeté à toute épreuve devant les périls ou les haines. Nos légions ayant gagné Regium[111] par terre, s'embarquèrent pour la Sicile, et de là passèrent en Afrique. Calpurnius, après avoir assuré ses approvisionnements, commença par fondre vigoureusement sur la Numidie ; il fit de nombreux prisonniers et prit quelques villes d'assaut.

XXIX. Mais, sitôt que Jugurtha eut entrepris par des émissaires[112] de le corrompre à prix d'argent, et de lui démontrer la difficulté de la guerre dont il avait la charge, le consul, dont le cœur était rongé par la cupidité, changea vite de sentiments. Il prend comme complice et comme agent de tous ses projets Scaurus ; ce Scaurus qui au début, bien que presque tous les gens de son parti se fussent laissé gagner, s'était déclaré l'adversaire acharné du roi, mais qui, devant les sommes énormes qu'on lui offrait, avait abandonné pour la voie du mal la voie du bien et de l'honneur. Jugurtha tout d'abord ne voulait acheter qu'une suspension d'armes, dans la pensée qu'entre-temps son argent ou l'influence de ses amis feraient avancer ses affaires à Rome ; mais quand il sut que Scaurus était dans l'affaire, ne doutant plus d'obtenir la paix, il résolut d'aller débattre sur place avec eux toutes les conditions. Cependant, pour mettre le roi en confiance, le consul envoie son questeur Sextius[113] dans la place de Jugurtha, Vaga[114] ; le prétexte de cette mission était la livraison du blé que Calpurnius avait exigé publiquement des agents de Jugurtha ; car en attendant la reddition, les hostilités étaient suspendues. Ainsi donc le roi, comme il l'avait résolu, vint dans notre camp, et après avoir dit quelques mots en présence du conseil[115] pour se disculper, et faire accepter sa soumission, il traita secrètement de tout le reste avec Bestia et

sigit ; dein postero die, quasi per saturam sententiis
exquisitis in deditionem accipitur. ⁶Sed, uti pro consilio
imperatum erat, elephanti triginta, pecus atque equi
multi cum paruo argenti pondere quaestori traduntur.
⁷Calpurnius Romam ad magistratus rogandos proficiscitur. In Numidia et exercitu nostro pax agitabatur.

XXX. ¹Postquam res in Africa gestas quoque modo
actae forent fama diuolgauit, Romae per omnis locos et
conuentus de facto consulis agitari. Apud plebem grauis
inuidia ; patres solliciti erant. Probarentne tantum flagitium an decretum consulis subuorterent parum cons-
tabat ; ²ac maxume eos potentia Scauri, quod is auctor
et socius Bestiae ferebatur, a uero bonoque impediebat.

³At C. Memmius, cuius de libertate ingeni et odio
potentiae nobilitatis supra diximus, inter dubitationem
et moras senatus, contionibus populum ad uindicandum
hortari ; monere ne rem publicam, ne libertatem suam
descrerent ; multa superba et crudelia facinora nobilitatis
ostendere : prorsus intentus omni modo plebis animum
accendebat. ⁴Sed, quoniam ea tempestate Romae Memmi
facundia clara pollensque fuit, decere existumaui unam
ex tam multis orationem perscribere, ac potissumum ea
dicam quae in contione post reditum Bestiae huiuscemodi uerbis disseruit :

XXXI. « ¹Multa me dehortantur a uobis, Quirites,
ni studium rei publicae omnia superet : opes factionis,
uostra patientia, ius nullum, ac maxume quod innocentiae plus periculi quam honoris est. ²Nam illa quidem piget

Scaurus ; puis, le lendemain, après avoir fait voter sur les articles en bloc et sans discussion[116], on accepte la soumission. Mais suivant l'ordre donné en présence du conseil, trente éléphants, du bétail, un grand nombre de chevaux sont remis au questeur, ainsi qu'une petite somme d'argent. Calpurnius part pour Rome où il devait présider les élections[117]. Dans la Numidie comme dans notre armée, on vivait sur le pied de paix[118].

XXX. Lorsque la renommée eut fait connaître à Rome les affaires d'Afrique et la façon dont elles avaient été menées, en tous lieux, dans tous les groupes il n'était question que de la conduite du consul. La plèbe était indignée ; les sénateurs, inquiets. Approuveraient-ils une telle honte ou casseraient-ils le décret du consul ? Ils hésitaient. C'était surtout la puissance de Scaurus, qui passait pour être l'instigateur et le complice de Bestia, qui les détournait du devoir et de la vérité. Cependant C. Memmius, dont nous avons dit plus haut l'indépendance de caractère et la haine des privilèges de la noblesse, au milieu des hésitations et des lenteurs du Sénat, ne cessait, dans les assemblées, d'exhorter le peuple à la vengeance, lui conseillant de ne pas déserter la cause de la République, de la liberté, lui étalant toutes les insolences et toutes les cruautés de la noblesse ; en un mot ne négligeant rien de ce qui pouvait enflammer la plèbe. Comme, à cette époque, l'éloquence de Memmius eut de l'éclat et de l'influence à Rome, j'ai cru bon de transcrire un de ses nombreux discours[120], et je rapporterai de préférence celui qu'il prononça dans l'assemblée populaire, après le retour de Bestia. En voici à peu près les termes[121] :

XXXI. « Bien[122] des raisons me déconseillent de prendre vos intérêts, citoyens, si mon amour de la République ne l'emportait sur toute autre considération : la puissance du parti noble, votre passivité, l'injustice triomphante, et surtout le fait que la vertu est plus en péril qu'en honneur. Car j'ai regret de vous rappeler le

dicere his annis quindecim quam ludibrio fueritis superbiae paucorum, quam foede quamque inulti perierint
uostri defensores ; ut uobis animus ab ignauia atque
socordia corruptus sit, ³qui ne nunc quidem obnoxiis
inimicis exsurgitis atque etiam nunc timetis eos quibus
decet terrori esse. ⁴Sed quamquam haec talia sunt, tamen
obuiam ire factionis potentiae animus subigit. ⁵Certe ego
libertatem, quae mihi a parente meo tradita est, experiar;
uerum id frustra an ob rem faciam, in uostra manu
situm est, Quirites. ⁶Neque ego uos hortor, quod saepe
maiores uostri fecere, uti contra iniurias armati eatis.
Nihil ui, nihil secessione opus est : necesse est suomet
ipsi more praecipites eant. ⁷Occiso Ti. Graccho, quem
regnum parare aiebant, in plebem Romanam quaestiones
habitae sunt. Post C. Gracchi et M. Fului caedem, item
uostri ordinis multi mortales in carcere necati sunt ;
utriusque cladis non lex, uerum lubido eorum finem fecit.
⁸Sed sane fuerit regni paratio plebi sua restituere ;
quicquid sine sanguine ciuium ulcisci nequitur, iure
factum sit. ⁹Superioribus annis taciti indignabamini aerarium expilari, reges et populos liberos paucis nobilibus
uectigal pendere, penes eosdem et summam gloriam et
maxumas diuitias esse ; tamen haec talia facinora inpune
suscepisse parum habuere; itaque postremo leges, maiestas uostra, diuina et humana omnia hostibus tradita
sunt. ¹⁰Neque eos qui ea fecere pudet aut paenitet, sed
incedunt per ora uostra magnifici, sacerdotia et consula-

passé, de vous dire à quel point, dans ces quinze[123] dernières années, vous avez été le jouet d'une oligarchie orgueilleuse, comment ont péri vos défenseurs, indignement et sans vengeance, comment votre âme s'est laissé corrompre par l'inaction et la lâcheté, vous qui, même en ces jours où vos adversaires sont à votre merci, ne songez pas à vous redresser, et qui continuez à craindre[124] ceux dont vous devriez être la terreur. Mais les choses ont beau être telles, mon cœur me porte à battre en brèche la puissance de ce parti. Pour moi, en tout cas, j'userai de la liberté que mon père m'a transmise ; que ce soit avec succès ou non, la chose est entre vos mains, citoyens. Et, du reste, je ne prétends pas vous exhorter, comme l'ont souvent[125] fait vos ancêtres, à marcher contre l'injustice les armes à la main : nul besoin de force, nul besoin de sécession : ce sont eux-mêmes qui inévitablement fourniront les moyens de précipiter leur ruine. Après l'assassinat de Ti. Gracchus qu'ils accusaient d'aspirer à la royauté[126], des poursuites furent exercées contre la plèbe de Rome ; après le meurtre de C. Gracchus et de M. Fulvius, beaucoup d'hommes de votre ordre furent de même égorgés en prison. À l'un comme à l'autre de ces massacres, ce n'est pas la loi, mais leur bon plaisir qui a mis fin. Mais soit : c'était aspirer à la royauté que de restituer la plèbe dans ses droits ; tenons pour légitime toute vengeance qui ne peut s'exercer que dans le sang des citoyens. Ces dernières années, vous vous indigniez sans mot dire de voir le trésor public mis au pillage, les rois et les peuples libres, tributaires de quelques nobles, aux mains des mêmes hommes, la plus grande gloire et les plus grandes richesses ; et pourtant il ne leur a pas suffi d'avoir impunément pu commettre tous ces crimes ; aussi ont-ils fini par livrer aux ennemis les lois, la majesté de votre nom, tous les droits des dieux et des hommes. Et les auteurs de ces excès n'ont ni honte, ni remords ; ils défilent insolemment devant vos yeux, étalant leurs sacerdoces et leurs consulats, quelques-uns

tus, pars triumphos suos ostentantes, proinde quasi ea
honori, non praedae habeant. [11]Serui aere parati iniusta
imperia dominorum non perferunt ; uos, Quirites, in
imperio nati, aequo animo seruitutem toleratis ?

[12]At qui sunt ei qui rem publicam occupauere ? Homines sceleratissumi, cruentis manibus, immani auaritia,
nocentissumi et idem superbissumi, quibus fides, decus,
pietas, postremo honesta atque inhonesta omnia quaes-
tui sunt. [13]Pars eorum occidisse tribunos plebis, alii
quaestiones iniustas, plerique caedem in uos fecisse pro
munimento habent. [14]Ita, quam quisque pessume fecit
tam maxume tutus est ; metum ab scelere suo ad ignauiam
uostram transtulere, quos omnis eadem cupere, eadem
odisse, eadem metuere in unum coegit. [15]Sed haec inter
bonos amicitia, inter malos factio est. [16]Quod si tam uos
libertatis curam haberetis quam illi ad dominationem
accensi sunt, profecto neque res publica sicuti nunc
uastaretur, et beneficia uostra penes optumos, non auda-
cissumos, forent. [17]Maiores uostri, parandi iuris et maiestatis constituendae gratia, bis per secessionem armati
Auentinum occupauere ; uos pro libertate quam ab
illis accepistis, nonne summa ope nitemini, atque eo
uehementius quo maius dedecus est parta amittere
quam omnino non parauisse ?

[18]Dicet aliquis : « Quid igitur censes ? Vindicandum in
eos qui hosti prodidere rem publicam ? Non manu neque
ui, quod magis uos fecisse quam illis accidisse indignum
est, uerum quaestionibus et indicio ipsius Iugurthae.
[19]Qui si dediticius est, profecto iussis uostris oboediens

même, leurs triomphes ; comme s'ils avaient ces charges
à titre d'honneur, et non de butin. Des esclaves[127], acquis
à prix d'argent, ne tolèrent pas une injuste domination de
leurs maîtres ; vous citoyens, vous nés pour commander
au monde, vous souffrez tranquillement l'esclavage ?

Mais quels sont ces hommes qui se sont emparés de
la République ? Des gens couverts de crimes, aux mains
sanglantes, d'une cupidité sans bornes, se faisant orgueil
de leurs forfaits, pour qui loyauté, honneur, piété, bref
tout ce qui est vertu ou vice est une occasion de profits[128].
Ils fondent leur sécurité, les uns, sur le meurtre de vos
tribuns[129], les autres, sur leurs poursuites contraires au
droit, presque tous, sur le carnage qu'ils ont fait du
peuple. Aussi, plus ils sont coupables, plus ils sont à
l'abri ; la crainte que devraient leur inspirer leurs crimes,
c'est à vous qu'ils l'inspirent, par votre lâcheté. La
conformité de leurs désirs, de leurs haines, de leurs
craintes les a fondus en un seul bloc. Cette union qui
serait amitié entre gens de bien, n'est que complicité[130]
entre scélérats. Si vous aviez autant souci de la liberté
qu'ils ont de rage pour la tyrannie, la République ne
serait pas livrée au pillage, comme elle l'est, et vos bienfaits[131] iraient aux meilleurs, non aux plus effrontés. Vos
ancêtres, pour conquérir leurs droits et pour établir la
dignité de leur ordre, par deux fois[132] se sont retirés en
armes pour occuper l'Aventin ; et vous, vous ne ferez
pas les derniers efforts pour défendre cette liberté qu'ils
vous ont léguée ? Mais si, et avec d'autant plus d'ardeur,
qu'il y a plus de déshonneur à perdre ce que l'on
possède, qu'à ne l'avoir jamais possédé.

On me dira : « Que proposes-tu donc ? De sévir
contre ceux qui ont livré la République à l'ennemi ? »
Mais non par la force et la violence – un tel châtiment,
s'il est digne de leur crime, est indigne de vous – mais
après une enquête en règle, et sur la dénonciation de
Jugurtha lui-même. Si sa capitulation est sincère, il ne
manquera pas d'obéir à vos ordres ; s'il les méprise,

erit ; sin ea contemnit, scilicet existumabitis qualis illa
pax aut deditio sit, ex qua ad Iugurtham scelerum inpu-
nitas, ad paucos potentis maxumae diuitiae, ad rem
publicam damna atque dedecora peruenerint. ²⁰Nisi
forte nondum etiam uos dominationis eorum satietas
tenet, et illa quam haec tempora magis placent, cum
regna, prouinciae, leges, iura, iudicia, bella atque paces,
postremo diuina et humana omnia penes paucos erant,
uos autem, hoc est populus Romanus, inuicti ab hostibus, imperatores omnium gentium, satis habebatis ani-
mam retinere ; nam seruitutem quidem quis uostrum
recusare audebat ?

²¹Atque ego, tametsi uiro flagitiosissumum existumo
impune iniuriam accepisse, tamen uos hominibus scele-
ratissumis ignoscere, quoniam ciues sunt, aequo animo
paterer ni misericordia in perniciem casura esset. ²²Nam
et illis, quantum inportunitatis habent, parum est inpune
male fecisse, nisi deinde faciundi licentia eripitur, et
uobis aeterna sollicitudo remanebit, cum intellegetis
aut seruiundum esse aut per manus libertatem retinen-
dam. ²³Nam fidei quidem aut concordiae quae spes est ?
Dominari illi uolunt, uos liberi esse ; facere illi iniurias,
uos prohibere ; postremo sociis nostris ueluti hostibus,
hostibus pro sociis utuntur. ²⁴Potestne in tam diuorsis
mentibus pax aut amicitia esse ?

²⁵Quare moneo hortorque uos ne tantum scelus inpu-
nitum omittatis. Non peculatus aerari factus est neque
per uim sociis ereptae pecuniae. Quae quamquam grauia
sunt, tamen consuetudine iam pro nihilo habentur. Hosti
acerrumo prodita senatus auctoritas, proditum imperium uostrum est : domi militiaeqᵛe res publica uenalis

vous jugerez quelle est cette paix et cette prétendue
soumission qui aura procuré à Jugurtha l'impunité de ses
crimes, à quelques grands personnages, d'immenses
richesses, à la République, la ruine et la honte. Mais
peut-être n'êtes-vous pas encore las de leur tyrannie, et
peut-être regrettez-vous les temps où les royaumes, les
provinces, les lois, les droits, la justice, la guerre et la
paix, bref toutes les choses divines et humaines étaient
aux mains de quelques hommes, tandis que vous, vous
peuple romain, ce peuple invincible et maître de toute la
terre, vous vous contentiez de conserver la vie ; car pour
ce qui est de la servitude, lequel d'entre vous osait s'y
refuser ? Quant à moi, quoique à mes yeux la suprême
honte pour un homme de cœur soit de recevoir un
affront sans le punir, je souffrirais aisément qu'en raison
de leur qualité de citoyens vous fissiez grâce à ces criminels, si cette compassion[133] ne devait pas aboutir à votre
perte. Car eux, avec leur impudence ordinaire, ils ne se
contenteront pas de l'impunité pour le passé, si on ne
leur enlève pas la liberté de mal faire pour l'avenir ; et
vous vivrez dans une éternelle inquiétude, quand vous
vous apercevrez qu'il vous faut ou accepter la servitude,
ou défendre votre liberté par les armes. Quelle espérance
pouvez-vous avoir d'entente loyale et d'union entre eux
et vous ? Ils veulent dominer ; vous voulez être libres ;
commettre l'injustice, vous, l'empêcher ; enfin ils trai-
tent nos alliés en ennemis, et nos ennemis en alliés. Dans
une telle opposition de sentiments y a-t-il place pour la
paix et l'amitié ?

Aussi je vous en avertis, je vous y exhorte, ne laissez
pas impuni un aussi grand attentat. Il ne s'agit ni de dila-
pidation des deniers publics, ni d'argent extorqué par la
force aux alliés – ces crimes, si graves soient-ils, sont
devenus si communs qu'ils ne comptent plus ; au plus
acharné de nos ennemis on a livré l'autorité du Sénat,
livré la majesté de votre Empire ; dans Rome comme
aux armées, la République a été vendue. Si l'on n'in-

fuit. ²⁶Quae nisi quaesita erunt, nisi uindicatum in noxios, quid erit relicuom, nisi ut illis qui ea fecere oboedientes uiuamus ? Nam inpune quae lubet facere, id est regem esse.

²⁷Neque ego uos, Quirites, hortor ut malitis ciuis uostros perperam quam recte fecisse, sed ne ignoscundo malis bonos perditum eatis. ²⁸Ad hoc in re publica multo praestat benefici quam malefici inmemorem esse. Bonus tantummodo segnior fit, ubi neglegas ; at malus inprobior. ²⁹Ad hoc si iniuriae non sint, haud saepe auxili egeas. »

XXXII. ¹Haec atque alia huiuscemodi saepe dicendo, Memmius populo persuadet uti L. Cassius, qui tum praetor erat, ad Iugurtham mitteretur eumque interposita fide publica Romam duceret, quo facilius indicio regis Scauri et relicuorum, quos pecuniae captae arcessebat, delicta patefierent. ²Dum haec Romae geruntur, qui in Numidia relicti a Bestia exercitui praeerant, secuti morem imperatoris sui, pluruma et flagitiosissuma facinora fecere.³Fuere qui auro conrupti elephantos Iugurthae traderent ; alii perfugas uendere ; pars ex pacatis praedas agebant : ⁴tanta uis auaritiae [in] animos eorum ueluti tabes inuaserat.

⁵At Cassius praetor, perlata rogatione a C. Memmio ac perculsa omni nobilitate, ad Iugurtham proficiscitur ; eique timido et ex conscientia diffidenti rebus suis persuadet, quoniam se populo Romano dedisset, ne uim

forme sur ces faits, si l'on ne punit les coupables, que nous restera-t-il que de vivre asservis aux auteurs de ces crimes ? Car n'est-ce pas être un tyran que de faire impunément tout ce que l'on veut ?

Ce n'est pas, citoyens, que je vous exhorte à vouloir, en des hommes qui sont vos concitoyens, trouver des coupables plutôt que des innocents ; mais n'allez pas, en épargnant les criminels, perdre les honnêtes gens. Mieux vaut dans la vie politique laisser un bienfait sans récompense qu'un méfait sans punition : la vertu mal récompensée n'en devient qu'un peu plus paresseuse ; la méchanceté, elle, en devient plus audacieuse[134]. J'ajoute que, s'il n'y avait pas d'injustices, on aurait rarement besoin de recourir à l'aide tribunitienne. »

XXXII. À force de tenir de semblables discours, Memmius persuade au peuple d'envoyer auprès de Jugurtha le préteur L. Cassius, avec mandat de le ramener à Rome avec un sauf-conduit, afin que la déposition du roi permît de découvrir plus aisément les fautes de Scaurus et de ses complices, que Memmius voulait poursuivre pour prévarication. Tandis que ceci se passe à Rome, les officiers que Bestia avait laissés en Numidie pour commander les troupes, suivant l'exemple de leur général, ne cessaient de commettre les abus les plus scandaleux. Quelques-uns, gagnés à prix d'argent, rendaient au roi ses éléphants ; d'autres lui vendaient les transfuges ; certains pillaient les pays avec lesquels nous n'étions pas en guerre : c'était comme une épidémie de cupidité qui avait envahi les âmes.

Cependant, la proposition de C. Memmius fut adoptée à la grande consternation de la noblesse[135] : le préteur Cassius se rend auprès de Jugurtha, et profitant de la crainte et du découragement où le jetait la conscience[136] de ses crimes, il lui persuade, puisqu'il s'était rendu au peuple romain, de s'en remettre à sa

quam misericordiam eius experiri mallet. Priuatim praeterea fidem suam interponit, quam ille non minoris
quam publicam ducebat : talis ea tempestate fama de
Cassio erat.

XXXIII. [1]Igitur Iugurtha contra decus regium cultu
quam maxume miserabili cum Cassio Romam uenit.
[2]Ac tametsi in ipso magna uis animi erat, confirmatus
ab omnibus quorum potentia aut scelere cuncta ea
gesserat quae supra diximus, C. Baebium tribunum
plebis magna mercede parat, cuius inpudentia contra
ius et iniurias omnis munitus foret. [3]At C. Memmius,
aduocata contione, quamquam regi infesta plebes erat
et pars in uincula duci iubebat, pars, nisi socios sceleris
sui aperiret, more maiorum de hoste supplicium sumi,
dignitati quam irae magis consulens, sedare motus et
animos eorum mollire, postremo confirmare fidem publicam per sese inuiolatam fore. [4]Post, ubi silentium coepit,
producto Iugurtha uerba facit, Romae Numidiaeque
facinora eius memorat, scelera in patrem fratresque
ostendit. Quibus iuuantibus quibusque ministris ea egerit
quamquam intellegat populus Romanus, tamen uelle
manifesta magis ex illo habere. Si uerum aperiat, in fide
et clementia populi Romani magnam spem illi sitam ;
sin reticeat, non sociis saluti fore, sed se suasque spes
conrupturum.

XXXIV. [1]Deinde ubi Memmius dicundi finem fecit
et Iugurtha respondere iussus est, C. Baebius, tribunus
plebis, quem pecunia conruptum supra diximus, regem

clémence plutôt que de vouloir éprouver sa force. En
outre il lui promet personnellement sa sauvegarde, assu-
rance qui, aux yeux de Jugurtha, ne valait pas moins que
la garantie de l'État : tant était grande alors la réputation
de Cassius.

XXXIII. Jugurtha donc, contrairement à la dignité
royale, suivit Cassius à Rome dans la tenue[137] la plus
misérable. Il avait en lui-même assez d'énergie pour se
défendre ; néanmoins, sur les encouragements de tous
ceux dont l'influence ou la scélératesse lui avait permis
d'accomplir tout ce que nous avons relaté, il achète à
force d'argent le tribun de la plèbe C. Baebius[138], dont
l'impudence, croyait-il, le protégerait contre toute
violence, légale ou illégale[139] : cependant C. Memmius
convoque l'assemblée ; et malgré l'hostilité de la plèbe
contre le roi, les uns voulant qu'on le menât en prison,
les autres demandant, s'il refusait de dénoncer ses
complices, qu'on le mît au supplice comme ennemi
public[140] suivant l'usage des ancêtres[141], le tribun, sans
écouter la voix de la colère, et soucieux avant tout de la
dignité romaine, apaise le tumulte, calme les esprits,
proteste enfin que pour sa part il ne laisserait pas violer
la parole donnée par Rome. Puis, quand on eut fait
silence, ayant introduit Jugurtha, il prend la parole,
rappelle la conduite du prince à Rome et en Numidie ; il
expose les crimes qu'il a commis sur son père et ses
frères : bien que le peuple romain[142] sache, ajoute-t-il,
avec quels concours et quels aides il a pu commettre ces
forfaits, il veut néanmoins en tenir de lui la preuve manifeste ; s'il dit toute la vérité, il a tout à espérer de la
loyauté et de la clémence du peuple romain ; si au
contraire il se tait, il devra renoncer à tout espoir pour
lui-même, sans pour cela sauver ses complices.

XXXIV. Dès que Memmius eut fini de parler,
Jugurtha fut invité à lui répondre ; mais le tribun de la
plèbe, C. Baebius, que le roi avait acheté, comme nous
l'avons dit plus haut, ordonne à l'accusé de se taire, et

tacere iubet ; ac tametsi multitudo quae in contione aderat uehementer accensa terrebat eum clamore, uoltu,
saepe inpetu atque aliis omnibus quae ira fieri amat,
uicit tamen inpudentia. ²Ita populus ludibrio habitus
ex contione discedit, Iugurthae Bestiaeque et ceteris
quos illa quaestio exagitabat animi augescunt.

XXXV. ¹Erat ea tempestate Romae Numida quidam
nomine Massiua, Gulussae filius, Masinissae nepos, qui,
quia in dissensione regum Iugurthae aduorsus fuerat,
dedita Cirta et Adherbale interfecto profugus ex patria
abierat. ²Huic Sp. Albinus, qui proxumo anno post Bestiam cum Q. Minucio Rufo consulatum gerebat, persuadet, quoniam ex stirpe Masinissae sit Iugurthamque
ob scelera inuidia cum metu urgeat, regnum Numidiae
ab senatu petat. ³Auidus consul belli gerundi mouere
quam senescere omnia malebat. Ipsi prouincia Numidia,
Minucio Macedonia euenerat.

⁴Quae postquam Massiua agitare coepit, neque Iugurthae in amicis satis praesidi est, quod eorum alium conscientia, alium mala fama et timor inpediebat, Bomilcari,
proxumo ac maxume fido sibi, imperat pretio, sicuti
multa confecerat, insidiatores Massiuae paret, ac maxume
occulte ; sin id parum procedat, quouis modo Numidam
interficiat. ⁵Bomilcar mature regis mandata exsequitur,
et per homines talis negoti artifices itinera egressusque
eius, postremo loca atque tempora cuncta explorat;
deinde, ubi res postulabat, insidias tendit. ⁶Igitur unus
ex eo numero qui ad caedem parati erant paulo incon-
sultius Massiuam aggreditur; illum obtruncat, sed ipse
deprehensus, multis hortantibus et in primis Albino

malgré la fureur de la foule présente à l'assemblée qui voulait l'effrayer par ses clameurs, ses regards, même par ses gestes menaçants, et toutes les autres manifestations où se complaît la colère, ce fut l'impudence qui l'emporta. Le peuple ainsi berné quitte l'assemblée ; Jugurtha, Bestia, et tous les autres que ces poursuites inquiétaient fort, sentent leur audace renaître.

XXXV. Il y avait alors[143] à Rome un Numide nommé Massiva, fils de Gulussa[144], petit-fils de Masinissa, qui, ayant pris parti contre Jugurtha dans la querelle des rois, avait dû, après la reddition de Cirta et le meurtre d'Adherbal, s'enfuir et s'exiler de sa patrie. Sp. Albinus, qui, l'année après Bestia, exerçait le consulat avec Q. Minucius Rufus[145], lui persuade, puisqu'il descend de Masinissa, et que d'autre part les crimes de Jugurtha en ont fait pour tous un objet de haine et de crainte, de demander au Sénat le royaume de Numidie. Dans son désir de faire la guerre, il préférait mettre tout en œuvre plutôt que de laisser les choses languir dans l'inaction : c'est à lui en effet qu'avait échu la province de Numidie, la Macédoine revenant à Minucius. Dès que Massiva eut commencé ses démarches, Jugurtha sentant lui échapper le concours de ses amis, retenus, les uns par le remords, les autres par la crainte et l'infamie où ils vivaient, persuade à Bomilcar, son ami le plus intime et le plus dévoué, de soudoyer à prix d'argent, comme il l'avait fait, des hommes pour tendre une embuscade à Massiva, et cela dans le plus grand secret ; si l'affaire échoue, de le faire assassiner n'importe comment. Bomilcar exécute promptement les ordres du roi, il fait épier par des gens rompus à cette besogne les allées et venues de Massiva, enfin les endroits où il va, les heures où il sort ; puis il dresse son embuscade à l'endroit le plus favorable. Un des hommes qu'il avait engagés pour ce meurtre attaque donc Massiva, mais avec quelque imprudence ; il le tue bien, mais se fait arrêter, et sur les instances de plusieurs personnes et surtout du consul

consule, indicium profitetur. [7]Fit reus magis ex aequo bonoque quam ex iure gentium Bomilcar, comes eius qui
Romam fide publica uenerat. [8]At Iugurtha manufestus
tanti sceleris non prius omisit contra uerum niti quam
animaduortit supra gratiam atque pecuniam suam inuidiam facti esse. [9]Igitur quamquam in priore actione ex
amicis quinquaginta uades dederat, regno magis quam
uadibus consulens, clam in Numidiam Bomilcarem
dimittit, ueritus ne relicuos popularis metus inuaderet
parendi sibi, si de illo supplicium sumptum foret. Et
ipse paucis diebus eodem profectus est, iussus a senatu
Italia decedere. [10]Sed postquam Roma egressus est,
fertur saepe eo tacitus respiciens postremo dixisse :

« Vrbem uenalem et mature perituram si emptorem
inuenerit ! »

XXXVI. [1]Interim Albinus renouato bello commeatum, stipendium, aliaque quae militibus usui forent,
maturat in Africam portare ; ac statim ipse profectus
uti ante comitia, quod tempus haud longe aberat, armis
aut deditione aut quouis modo bellum conficeret. [2]At
contra Iugurtha trahere omnia et alias, deinde alias
morae causas facere, polliceri deditionem ac deinde
metum simulare, cedere instanti et paulo post ne sui diffiderent instare ; ita belli modo, modo pacis mora consulem ludificare. [3]Ac fuere qui tum Albinum haud ignarum
consili regis existumarent, neque ex tanta properantia
tam facile tractum bellum socordia magis quam dolo
crederent. [4]Sed postquam dilapso tempore comitiorum
dies aduentabat, Albinus, Aulo fratre in castris pro
practore relicto, Romam decessit.

Albinus, il fait des révélations. On met en accusation
Bomilcar, moins en vertu du droit des gens que de
l'équité et de la morale[146], Bomilcar, compagnon de
l'homme qui était venu à Rome sous la garantie solennelle de l'État romain. Quelque avéré que fût le crime,
Jugurtha pourtant ne cessa de nier l'évidence que lorsqu'il vit que son argent et son crédit étaient dépassés par
l'horreur que soulevait son acte. Aussi, bien qu'à la
première comparution[147] il eût offert[148] en caution
cinquante de ses amis, moins soucieux de ses garants
que de son trône, il renvoie secrètement Bomilcar en
Numidie, dans la crainte que, s'il était livré au supplice,
ses sujets n'appréhendassent ensuite de lui obéir ; lui-
même partit pour l'Afrique quelques jours après, sur
l'ordre du Sénat[149] d'avoir à quitter l'Italie. Quand il fut
hors de Rome, il tourna, dit-on, plusieurs fois ses
regards vers la ville en gardant le silence, et s'écria
enfin : « Ville vénale, et qui ne tardera pas à périr, si elle
trouve un acheteur[150] ! »

XXXVI. La guerre se ralluma donc, et Albinus se
hâta de faire transporter en Afrique les vivres, la solde,
et tout ce qui serait nécessaire aux soldats ; lui-même
partit aussitôt afin de pouvoir, avant les comices[151] dont
la date était peu éloignée, terminer la guerre à tout prix,
par les armes, la capitulation, ou quelque autre moyen.
Jugurtha, au contraire, traînait les choses en longueur,
inventant sans cesse de nouveaux atermoiements,
promettant de se rendre, et feignant ensuite la défiance ;
se dérobant aux attaques, et, pour ne pas décourager les
siens, attaquant peu après ; en un mot, il bernait le consul
en retardant tour à tour et la guerre et la paix. Quelques-
uns ont même estimé qu'Albinus n'ignorait rien du plan
de Jugurtha, et que ce passage si brusque de la rapidité à
la lenteur des opérations avait sa cause moins dans la
nonchalance que dans la trahison. Quoi qu'il en soit, le
temps avait passé, le jour des comices était proche :
Albinus laissa dans le camp son frère Aulus en qualité de
propréteur[152], et lui-même s'embarqua pour Rome.

XXXVII. ¹Ea tempestate, Romae seditionibus tri-
buniciis atrociter res publica agitabatur. ²P. Lucullus et
L. Annius tribuni plebis resistentibus conlegis conti-
nuare magistratum nitebantur, quae dissensio totius anni
comitia impediebat. ³Ea mora in spem adductus Aulus,
quem pro praetore in castris relictum supra diximus, aut
conficiundi belli, aut terrore exercitus ab rege pecuniae
capiundae, milites mense Ianuario ex hibernis in expeditionem euocat, magnisque itineribus hieme aspera peruenit ad oppidum Suthul, ubi regis thesauri erant.
⁴Quod quamquam et saeuitia temporis et opportunitate
loci neque capi neque obsideri poterat — nam circum
murum, situm in praerupti montis extremo, planities
limosa hiemalibus aquis paludem fecerat —, tamen aut
simulandi gratia, quo regi formidinem adderet, aut cupidine caecus ob thesauros oppidi potiundi, uineas agere,
aggerem iacere, alia quae incepto usui forent properare.
XXXVIII. ¹At Iugurtha, cognita uanitate atque
imperitia legati, subdole eius augere amentiam, missi-
tare supplicantes legatos ; ipse, quasi uitabundus, per
saltuosa loca et tramites exercitum ductare. ²Denique
Aulum spe pactionis perpulit uti relicto Suthule in
abditas regiones sese ueluti cedentem insequeretur ; ita
delicta occultiora fore. ³Interea per homines callidos diu
noctuque exercitum temptabat, centuriones ducesque
turmarum, partim uti transfugerent conrumpere, alii

XXXVII. C'était l'époque où à Rome la République était atrocement déchirée par les séditions que fomentaient les tribuns. Deux tribuns de la plèbe, P. Lucullus et L. Annius[153], malgré l'opposition de leurs collègues, tâchaient de se faire proroger dans leur charge, et ce conflit empêchait[154] les élections de toute l'année. Instruit de ce retard, Aulus, qui avait été laissé dans le camp en qualité de propréteur, comme nous l'avons dit plus haut, crut pouvoir en profiter soit pour terminer la guerre, soit pour tirer de l'argent du roi en l'intimidant par les armes. Au mois de janvier[155] il fait sortir ses troupes de leurs quartiers d'hiver pour les mettre en campagne, et, malgré la rigueur de la saison, il gagne à grandes étapes la place de Suthul[156], où se trouvaient les trésors royaux. Le mauvais temps, comme aussi l'avantage de la position ne permettaient ni d'en faire l'assaut, ni d'en faire le siège – car tout autour de ses murailles, qui s'élevaient sur le bord d'un mont escarpé, s'étendait une plaine boueuse transformée en marécage par les pluies d'hiver – néanmoins, soit qu'il voulût feindre pour intimider l'ennemi, soit qu'il fût aveuglé par le désir de prendre la ville pour s'emparer de ses trésors, il fait avancer des baraques d'approche, élever un retranchement, hâter tous les travaux qui pouvaient servir son entreprise.

XXXVIII. Jugurtha, voyant sa présomption et son incapacité, l'encourage habilement dans sa folie ; il lui dépêche envoyés sur envoyés pour demander quartier ; lui-même, feignant de le fuir, emmène son armée par des pays boisés et des chemins de traverse. Enfin, par l'espoir d'un arrangement, il le détermine à lever le siège de Suthul, et à le suivre dans des régions écartées, comme s'il le talonnait dans sa retraite ; ainsi la forfaiture serait-elle plus secrète. Cependant il faisait jour et nuit travailler l'armée par des hommes habiles à ce métier, il achetait les centurions et les officiers de cavalerie[157], pour décider les uns à passer dans son camp, les autres à

signo dato locum uti desererent. ⁴Quae postquam ex
sententia instruxit, intempesta nocte de inproviso᾿ multitudine Numidarum Auli castra circumuenit. ⁵Milites
Romani, perculsi tumultu insolito, arma capere alii,
alii se abdere, pars territos confirmare, trepidare omnibus
locis. Vis magna hostium ; caelum nocte atque nubibus
obscuratum, periculum anceps ; postremo fugere an
manere tutius foret in incerto erat. ⁶Sed ex eo numero
quos paulo ante corruptos diximus, cohors una Ligurum
cum duabus turmis Thracum et paucis gregariis militibus transiere ad regem ; et centurio primi pili tertiae
legionis per munitionem, quam uti defenderet acceperat,
locum hostibus introeundi dedit, eaque Numidae cuncti
inrupere. ⁷Nostri foeda fuga, plerique abiectis armis,
proxumum collem occupauerunt. ⁸Nox atque praeda castrorum hostis quo minus uictoria uterentur remorata
sunt. ⁹Dein Iugurtha postero die cum Aulo in colloquio
uerba facit : tametsi ipsum cum exercitu fame et ferro
clausum teneret, tamen se memorem humanarum
rerum, si secum foedus faceret, incolumis omnis sub
iugum missurum ; praeterea uti diebus decem Numidia
decederet. ¹⁰Quae quamquam grauia et flagiti plena
erant, tamen, quia mortis metu mutabantur, sicuti regi
lubuerat pax conuenit.

XXXIX. ¹Sed ubi ea Romae comperta sunt, metus
atque maeror ciuitatem inuasere. Pars dolere pro gloria
imperi, pars insolita rerum bellicarum timere libertati,
Aulo omnes infesti, ac maxume qui bello saepe praeclari
fuerant, quod armatus dedecore potius quam manu

quitter leur poste au signal donné. Quand il eut tout réglé à son gré, en pleine nuit, à l'improviste, il cerne le camp d'Aulus avec un fort contingent de Numides. Les soldats romains sont décontenancés par cette attaque soudaine – les uns prennent les armes, les autres se cachent, plusieurs rassurent leurs camarades effrayés ; le désordre est général : l'ennemi est en nombre, le ciel, obscurci par la nuit et les nuages, le danger, partout : bref, on ne savait s'il valait mieux fuir ou rester. Parmi les troupes qui s'étaient laissé corrompre, comme nous l'avons dit plus haut, une cohorte de Ligures avec deux escadrons de Thraces et quelques simples soldats passèrent du côté du roi ; et le centurion primipile[158] de la troisième légion[159] ouvrit un passage aux ennemis à travers le retranchement qu'il avait mission de défendre : c'est là que les Numides se ruèrent en masse. Les nôtres s'enfuirent honteusement, la plupart après avoir jeté leurs armes, et s'établirent sur une colline toute proche. La nuit et le pillage du camp empêchèrent l'ennemi de pousser plus avant sa victoire. Le lendemain Jugurtha eut un entretien avec Aulus : « Quoiqu'il le tînt enfermé, lui et son armée, et qu'il pût le réduire par le fer ou par la faim, pourtant, en considération des vicissitudes humaines, il voulait bien, si Aulus traitait avec lui, les renvoyer tous sains et saufs après les avoir fait passer sous le joug[160] ; de plus, Aulus devrait quitter la Numidie dans les dix jours. » Quelque dures et humiliantes que fussent ces conditions, comme il fallait choisir entre elles ou la mort, la paix fut conclue au gré du roi.

XXXIX. Lorsque ces faits furent connus à Rome, la peur et la douleur s'emparèrent de la ville. Les uns s'affligeaient pour la gloire de l'Empire, les autres, ignorants des choses de la guerre, craignaient pour leur liberté ; tous, et surtout ceux qui s'étaient illustrés mainte fois à la guerre, s'indignaient contre Aulus de ce que, ayant des armes en main, il avait recherché son salut dans le déshonneur et non dans la lutte. Aussi le

salutem quaesiuerat. [2]Ob ea consul Albinus ex delicto
fratris inuidiam ac deinde periculum timens, senatum de
foedere consulebat ; et tamen interim exercitui supplementum scribere, ab sociis et nomine Latino auxilia arcessere, denique omnibus modis festinare. [3]Senatus, ita uti
par fuerat, decernit suo atque populi iniussu nullum
potuisse foedus fieri. [4]Consul, inpeditus a tribunis plebis ne quas parauerat copias secum portaret, paucis
diebus in Africam proficiscitur ; nam omnis exercitus,
uti conuenerat, Numidia deductus, in prouincia hiemabat. [5]Postquam eo uenit, quamquam persequi Iugurtham
et mederi fraternae inuidiae animo ardebat, cognitis
militibus, quos praeter fugam soluto imperio licentia
atque lasciuia corruperat, ex copia rerum statuit sibi
nihil agitandum.

XL. [1]Interim Romae C. Mamilius Limetanus tribunus plebis rogationem ad populum promulgat uti quae-
reretur in eos quorum consilio Iugurtha senati decreta
neglegisset, quique ab eo in legationibus aut imperiis
pecunias accepissent ; qui elephantos quique perfugas
tradidissent ; item qui de pace aut bello cum hostibus
pactiones fecissent. [2]Huic rogationi partim conscii sibi,
alii ex partium inuidia pericula metuentes, quoniam
aperte resistere non poterant quin illa et alia talia placere sibi faterentur, occulte per amicos, ac maxume per
homines nominis Latini et socios Italicos, impedimenta
parabant. [3]Sed plebes incredibile memoratu est quam
intenta fuerit quantaque ui rogationem iusserit, magis

consul Albinus, craignant que la faute de son frère, en soulevant contre lui l'indignation de la foule, ne le mît par la suite en danger, soumettait le traité à l'examen du Sénat, et en attendant, il levait de nouvelles troupes, recrutait des auxiliaires chez les alliés et les peuples Latins[161], bref s'activait de toutes les manières. Le Sénat déclare, comme il était juste, qu'aucun traité n'avait pu être conclu sans son ordre et celui du peuple. Le consul, après s'être vu interdire par les tribuns de la plèbe d'emmener avec lui les troupes qu'il avait levées, s'embarque quelques jours plus tard pour l'Afrique ; car toute l'armée romaine, après avoir, suivant les conventions, évacué la Numidie, hivernait dans la province. Une fois sur place, et malgré son ardent désir de poursuivre Jugurtha et d'effacer la honte fraternelle, quand Albinus vit la mentalité des troupes qu'avaient gâtées, sans parler de la déroute, la licence et la débauche dues au manque de discipline, il jugea plus à propos de ne rien tenter pour le moment.

XL. Cependant à Rome le tribun de la plèbe C. Mamilius Limetanus soumet au peuple un projet de loi tendant à informer contre ceux qui avaient encouragé Jugurtha à mépriser les décrets du Sénat, contre ceux qui en avaient reçu de l'argent[162] dans leurs ambassades[163] ou leurs commandements, contre ceux qui avaient livré les éléphants et les transfuges, contre ceux enfin qui avaient à propos de la paix ou de la guerre pactisé avec l'ennemi. Cette proposition inquiétait beaucoup de gens, les uns parce qu'ils se sentaient coupables, les autres parce qu'ils craignaient d'être victimes de la haine du parti démocratique ; mais, ne pouvant s'y opposer ouvertement sans avouer par là qu'ils approuvaient les fautes qu'elle condamnait ou d'autres semblables, ils usaient de leurs amis et surtout des Latins et des alliés italiens pour susciter secrètement contre elle toute sorte d'empêchements[164]. Mais la plèbe montra une volonté et une ardeur incroyables à voter la proposition, moins par

odio nobilitatis, cui mala illa parabantur, quam cura
rei publicae : tanta lubido in partibus erat. [4]Igitur ceteris
metu perculsis, M. Scaurus, quem legatum Bestiae fuisse
supra docuimus, inter laetitiam plebis et suorum fugam,
trepida etiam tum ciuitate, cum ex Mamilia rogatione
tres quaesitores rogarentur, effecerat uti ipse in eo
numero crearetur. [5]Sed quaestio exercita aspere uiolen-
terque, ex rumore et lubidine plebis. Vti saepe nobilitatem, sic ea tempestate plebem ex secundis rebus insolentia ceperat.

XLI. [1]Ceterum mos partium et factionum, ac deinde
omnium malarum artium paucis ante annis Romae
ortus est otio atque abundantia earum rerum quae prima
mortales ducunt. [2]Nam ante Carthaginem deletam populus et senatus Romanus placide modesteque inter se rem
publicam tractabant, neque gloriae neque dominationis
certamen inter ciuis erat : metus hostilis in bonis artibus
ciuitatem retinebat. [3]Sed ubi illa formido mentibus decessit, scilicet ea quae res secundae amant, lasciuia atque
superbia, incessere. [4]Ita, quod in aduorsis rebus optaue-
rant otium, postquam adepti sunt, asperius acerbiusque
fuit. [5]Namque coepere nobilitas dignitatem, populus
libertatem in lubidinem uortere, sibi quisque ducere,
trahere, rapere. Ita omnia in duas partis abstracta
sunt ; res publica, quae media fuerat, dilacerata. [6]Cete-
rum nobilitas factione magis pollebat ; plebis uis soluta
atque dispersa in multitudine minus poterat. [7]Pau-

amour de la République que par haine de la noblesse,
contre qui ces mesures étaient dirigées : tant l'esprit de
parti était violent alors. Ainsi, pendant que ses amis
étaient frappés de terreur, M. Scaurus, l'ancien lieutenant de Bestia comme nous l'avons dit, au milieu de la
joie de la plèbe et de la déroute de son parti, profitant de
l'agitation[165] qui régnait encore dans la cité, réussit à se
faire désigner pour être un des trois enquêteurs qui
devaient être nommés en vertu de la loi Mamilia.
L'enquête[166] n'en fut pas moins menée avec une âpre
violence, et dominée par les ragots et les passions
plébéiennes ; car, suivant en cela l'exemple que lui avait
souvent donné la noblesse, la plèbe à cette époque jouis-
sait insolemment de sa victoire[167].

XLI. Au reste, l'habitude[168] des partis et des factions[169]
et, à la suite de cela, de toutes les pratiques déshonnêtes,
prit naissance à Rome quelques années auparavant[170], à la
faveur de la paix et de cette prospérité matérielle que les
hommes estiment avant tout. Car avant la destruction de
Carthage[171], le Sénat et le peuple romain se partageaient
le gouvernement sans passion ni violence ; ni la gloire, ni
le pouvoir n'allumaient de lutte entre les citoyens ; la
peur de l'ennemi maintenait la cité dans le devoir. Mais,
dès que cette crainte eut disparu des esprits, les maux[172]
amis de la prospérité, la licence et l'orgueil, apparurent à
leur tour. C'est ainsi que le repos, qu'ils avaient tant
souhaité dans l'adversité, leur fut, quand ils l'eurent
gagné, un mal plus pénible et plus cruel que l'adversité
même. La noblesse et le peuple mirent au service de
leurs passions, l'une, sa dignité, l'autre, sa liberté ; et
chacun de tirer à soi, de piller, de voler. Ainsi tout devint
une proie que se disputèrent les deux partis ; et la
République, qui jusque-là s'était trouvée entre les deux,
fut misérablement déchirée[173]. Du reste, l'esprit de corps
qui régnait dans la noblesse lui assurait l'avantage ; la
plèbe, disjointe et éparpillée, avait moins de pouvoir en
raison de son nombre. Dans la paix comme dans la

corum arbitrio belli domique agitabatur ; penes eosdem
aerarium, prouinciae, magistratus, gloriae triumphique
erant ; populus militia atque inopia urgebatur ; praedas
bellicas imperatores cum paucis diripiebant. [8]Interea
parentes aut parui liberi militum, ut quisque potentiori
confinis erat, sedibus pellebantur. [9]Ita, cum potentia
auaritia sine modo modestiaque inuadere, polluere et
uastare omnia, nihil pensi neque sancti habere, quoad
semet ipsa praecipitauit. [10]Nam ubi primum ex nobilitate
reperti sunt qui ueram gloriam iniustae potentiae antepo-
nerent, moueri ciuitas, et dissensio ciuilis, quasi per-
mixtio terrae, oriri coepit.

XLII. [1]Nam postquam Ti. et C. Gracchus, quorum maiores Punico atque aliis bellis multum rei
publicae addiderant, uindicare plebem in libertatem et
paucorum scelera patefacere coepere, nobilitas noxia
atque eo perculsa, modo per socios ac nomen Latinum,
interdum per equites Romanos, quos spes societatis a
plebe dimouerat, Gracchorum actionibus obuiam ierat,
et primo Tiberium, dein paucos post annos eadem ingre-
dientem Gaium, tribunum alterum, alterum triumuirum
coloniis deducendis, cum M. Fuluio Flacco ferro necauerat. [2]Et sane Gracchis cupidine uictoriae haud satis
moderatus animus fuit. [3]Sed bono uinci satius est quam
malo more iniuriam uincere. [4]Igitur ea uictoria nobilitas
ex lubidine sua usa multos mortalis ferro aut fuga extin-

guerre, c'est l'arbitraire d'une oligarchie qui décidait de tout ; les mêmes mains disposaient du trésor public, des provinces, des magistratures, des honneurs et des triomphes ; au peuple était réservé tout le poids du service militaire, et l'indigence ; quant au butin fait à la guerre, il était la proie des généraux et de quelques privilégiés. Pendant ce temps, les parents ou les jeunes enfants des soldats, s'ils avaient pour voisin quelque puissant personnage, se voyaient expulsés de leurs demeures. Ainsi la cupidité, servie par le pouvoir, ne connaissait ni modération ni mesure ; elle étendit partout ses rapines, ses profanations, ses ravages, et n'eut d'égard ni de respect pour rien, jusqu'au moment où elle causa elle-même sa propre chute. Car du jour où il se trouva dans la noblesse[174] des hommes pour préférer la vraie gloire à une injuste domination, l'État en fut tout secoué, et tel un tremblement qui bouleverse les terres, on vit poindre la discorde entre les citoyens.

XLII. C'est ainsi que lorsque Ti. et C. Gracchus, dont les ancêtres[175] avaient si bien servi la République dans la guerre de Carthage et dans mainte autre, voulurent revendiquer pour la plèbe le droit à la liberté, et dénoncer les crimes de l'oligarchie, la noblesse, se sentant coupable, et par là même alarmée, s'était servie tantôt des alliés et des Latins[176], tantôt des chevaliers romains qu'elle avait détachés de la plèbe par l'espoir d'une alliance avec elle, pour mettre obstacle à l'action des Gracques ; et elle avait fait assassiner d'abord Tibérius, puis quelques années après, Caïus, qui marchait sur les traces de son frère ; le premier était tribun[177] de la plèbe, l'autre, triumvir pour l'établissement des colonies[178] ; M. Fulvius Flaccus avait eu le même sort. Et sans doute, les Gracques, dans leur désir de vaincre, avaient manqué de modération ; mais l'honnête homme doit préférer la défaite à la victoire remportée, même sur l'injustice, par des moyens criminels[179]. La noblesse usa de son triomphe au gré de sa passion : elle fit disparaître nombre d'hommes par le fer

xit, plusque in relicuom sibi timoris quam potentiae
addidit. Quae res plerumque magnas ciuitates pessum
dedit, dum alteri alteros uincere quouis modo et uictos
acerbius ulcisci uolunt. [5]Sed de studiis partium et omnis
ciuitatis moribus si singillatim aut pro magnitudine
parem disserere, tempus quam res maturius me deseret.
Quam ob rem ad inceptum redeo.

XLIII. [1]Post Auli foedus exercitusque nostri foedam
fugam, Metellus et Silanus, consules designati, prouin-
cias inter se partiuerant, Metelloque Numidia euenerat,
acri uiro, et quamquam aduorso populi partium, fama
tamen aequabili et inuiolata. [2]Is ubi primum magistratum ingressus est, alia omnia sibi cum collega ratus,
ad bellum quod gesturus erat animum intendit. [3]Igitur
diffidens ueteri exercitui, milites scribere, praesidia undique arcessere, arma, tela, equos et cetera instrumenta
militiae parare, ad hoc commeatum adfatim, denique
omnia quae in bello uario et multarum rerum egenti usui
esse solent. [4]Ceterum ad ea patranda senatus auctoritate,
socii nomenque Latinum et reges ultro auxilia mittendo,
postremo omnis ciuitas summo studio adnitebatur. [5]Ita-
que ex sententia omnibus rebus paratis conpositisque, in
Numidiam proficiscitur, magna spe ciuium, cum propter
artis bonas, tum maxume quod aduorsum diuitias inuic-
tum animum gerebat, et auaritia magistratuum ante
id tempus in Numidia nostrae opes contusae, hostiumque
auctae erant.

XLIV. [1]Sed ubi in Africam uenit, exercitus ei traditur a Sp. Albino proconsule iners, inbellis, neque peri-

et par l'exil, se préparant ainsi pour l'avenir plus d'inquiétude que de puissance. Car c'est là ce qui d'ordinaire a ruiné les plus puissants États : les deux partis veulent vaincre à tout prix, et se venger sans pitié sur les vaincus. Mais si je voulais exposer en détail, et conformément à l'importance du sujet, les luttes entre les partis et les mœurs politiques de chaque État, le temps me manquerait plutôt que la matière. Je reviens donc à mon récit.

XLIII. Après le traité d'Aulus et la honteuse déroute de notre armée, les consuls désignés[180], Métellus et Silanus[181], s'étaient partagé les provinces ; la Numidie était échue à Métellus, homme énergique, et qui, bien qu'adversaire du parti populaire, avait constamment joui d'une réputation sans tache. Dès qu'il fut entré en charge, laissant à son collègue le soin des autres affaires, il se consacra tout entier à la guerre qu'il allait conduire. Aussi, se méfiant de l'ancienne armée, il lève des soldats, fait venir de tous côtés des troupes auxiliaires, réunit des armes offensives et défensives, des chevaux, et toute espèce de matériel de campagne, des vivres en abondance, bref tout ce qui peut servir dans une guerre aux aspects divers et aux besoins nombreux. Du reste, dans l'exécution de ces préparatifs, le Sénat le seconda par son autorité ; les alliés, les Latins et les rois[182], par l'envoi spontané de renforts, enfin toute la ville, par l'ardente sympathie qu'elle lui prodigua. Ainsi donc, tout étant préparé et mis en ordre à son gré, il part pour la Numidie[183], au grand espoir de ses concitoyens, qui le connaissaient comme un homme de valeur, et surtout comme une âme incorruptible aux séductions de l'argent ; et c'était la cupidité de nos représentants qui jusque-là avait en Numidie abattu nos forces et accru celles de l'ennemi.

XLIV. Mais à son arrivée en Afrique, il reçoit du proconsul Sp. Albinus une armée sans force, sans courage[184], aussi lâche devant la fatigue que devant le

culi neque laboris patiens, lingua quam manu promptior,
praedator ex sociis et ipse praeda hostium, sine imperio
et modestia habitus. ²Ita imperatori nouo plus ex malis
moribus sollicitudinis quam ex copia militum auxili
aut spei bonae accedebat. ³Statuit tamen Metellus,
quamquam et aestiuorum tempus comitiorum mora
inminuerat, et expectatione euentus ciuium animos intentos putabat, non prius bellum attingere quam maiorum
disciplina milites laborare coegisset. ⁴Nam Albinus, Auli
fratris exercitusque clade perculsus, postquam decreuerat
non egredi prouincia, quantum temporis aestiuorum
in imperio fuit, plerumque milites statiuis castris habebat, nisi cum odor aut pabuli egestas locum mutare
subegerat. ⁵Sed neque muniebantur < ea >, neque more
militari uigiliae deducebantur ; uti cuique lubebat, ab
signis aberat ; lixae permixti cum militibus diu noctuque uagabantur, et palantes agros uastare, uillas expugnare, pecoris et mancipiorum praedas certantes agere
eaque mutare cum mercatoribus uino aduecticio et
aliis talibus, praeterea frumentum publice datum uendere, panem in dies mercari ; postremo quaecumque
dici aut fingi queunt ignauiae luxuriaeque probra,
< ea > in illo exercitu cuncta fuere et alia amplius.

XLV. ¹Sed in ea difficultate Metellum non minus
quam in rebus hostilibus magnum et sapientem uirum
fuisse comperior, tanta temperantia inter ambitionem
saeuitiamque moderatum. ²Namque edicto primum adiu-
menta ignauiae sustulisse, ne quisquam in castris panem
aut quem alium cibum coctum uenderet, ne lixae exercitum sequerentur, ne miles < hastatus aut > gregarius

danger, plus hardie en paroles qu'en actes, pillant nos alliés et pillée elle-même par nos ennemis, sans commandement comme sans retenue. Ainsi le mauvais esprit des hommes causait au nouveau général plus d'inquiétude que leur nombre ne lui donnait de force et de confiance. Néanmoins, malgré le peu de temps que lui laissait pour la campagne d'été[185] le retard des élections, et bien qu'il devinât que Rome attendait avec impatience l'issue des événements, Métellus décida pourtant de ne pas entamer la guerre avant d'avoir remis l'armée sur le pied de l'ancienne discipline. Car Albinus, abattu par la défaite de son frère et de l'armée, avait résolu de ne pas sortir de la province ; et pendant toute la partie de l'été où il eut le commandement, il établit les soldats dans des camps permanents, dont il ne changeait qu'au moment où l'odeur ou le manque de fourrage l'y réduisait. Mais ces camps n'étaient ni fortifiés, ni munis de sentinelles comme l'exigeait la discipline ; chacun s'éloignait des enseignes, comme il lui plaisait ; les cantiniers, mêlés aux soldats, rôdaient nuit et jour, et dans leurs vagabondages, ravageaient les champs, prenaient les fermes d'assaut, enlevaient à l'envi les hommes et le bétail, qu'ils échangeaient à des marchands contre du vin d'importation et autres denrées de ce genre ; en outre, ils vendaient le blé donné par l'État[186], achetaient leur pain au jour le jour ; enfin, tous les vices engendrés par la paresse et la débauche que l'on peut dire ou imaginer se trouvaient réunis dans cette armée, et bien d'autres encore[187].

XLV. Aux prises avec ces difficultés, je vois[188] que Métellus se montra aussi grand et aussi sage[189] qu'au cours de la guerre elle-même, sachant garder la juste mesure entre une indulgence intéressée et une rigueur excessive[190]. Il commença par supprimer tout ce qui pouvait favoriser la mollesse, en interdisant la vente dans le camp du pain ou de quelque autre nourriture toute cuite ; en défendant aux cantiniers de suivre les troupes, aux hastats et aux simples soldats d'avoir, soit

in castris neue in agmine seruom aut iumentum haberet;
ceteris arte modum statuisse. Praeterea transuorsis itineribus cottidie castra mouere, iuxta ac si hostes adessent uallo atque fossa munire ; uigilias crebras ponere
et eas ipse cum legatis circumire: item in agmine in primis
modo, modo in postremis, saepe in medio adesse, ne
quispiam ordine egrederetur, ut cum signis frequentes
incederent, miles cibum et arma portaret. ³Ita prohi-
bendo a delictis magis quam uindicando exercitum
breui confirmauit.

XLVI. ¹Interea Iugurtha, ubi quae Metellus agebat
ex nuntiis accepit, simul de innocentia eius certior Roma
factus, diffidere suis rebus ac tum demum ueram deditionem facere conatus est. ²Igitur legatos ad consulem
cum suppliciis mittit, qui tantum modo ipsi liberisque
uitam peterent, alia omnia dederent populo Romano.
³Sed Metello iam antea experimentis cognitum erat genus
Numidarum infidum, ingenio mobili, nouarum rerum
auidum esse. ⁴Itaque legatos alium ab alio diuorsos
aggreditur, ac paulatim temptando, postquam opportunos sibi cognouit, multa pollicendo persuadet uti
Iugurtham maxume uiuom, sin id parum procedat, necatum sibi traderent. Ceterum palam quae ex uoluntate
forent regi nuntiari iubet. ⁵Deinde ipse paucis diebus
intento atque infesto exercitu in Numidiam procedit,
ubi contra belli faciem tuguria plena hominum, pecora
cultoresque in agris erant. Ex oppidis et mapalibus
praefecti regis obuii procedebant, parati frumentum
dare, commeatum portare, postremo omnia quae impe-

au camp, soit dans les marches, aucun esclave ou aucune
bête de somme ; les autres abus furent de même étroitement réprimés. En outre, il changeait chaque jour de
camp par des chemins de traverse, le retranchait et le
fortifiait comme si l'ennemi eût été proche, posait
partout des sentinelles qu'il allait inspecter lui-même[191]
avec ses officiers ; de même, pendant la marche, on le
voyait tantôt en tête, tantôt en queue, souvent au centre,
observant que personne ne sortît du rang, qu'on marchât
serré autour des enseignes, que le soldat portât ses armes
et ses vivres[192]. C'est ainsi qu'en prévenant les fautes
plutôt qu'en les punissant, il eut bientôt rétabli le moral
de l'armée.

XLVI. Jugurtha, instruit par ses espions de l'activité
de Métellus, dont l'intégrité[193] lui avait été d'autre part
confirmée de Rome même, sentit le découragement l'en-
vahir et songea enfin sérieusement à se rendre. Il envoya
donc au consul des députés dans la tenue de suppliants[194],
chargés de demander seulement la vie sauve pour lui-
même et ses enfants, d'abandonner tout le reste à la
discrétion du peuple romain. Mais Métellus avait appris
à connaître par l'exemple de ses prédécesseurs toute la
perfidie[195] des Numides, leur inconstance, leur amour du
changement. Il prend donc contact successivement et
séparément avec chaque député, les sonde petit à petit, et
quand il les trouve prêts à le servir, il les persuade, à
force de promesses, de lui remettre Jugurtha vivant, si
possible, ou mort, faute de mieux ; en même temps, dans
une audience publique, il les charge pour leur roi d'une
réponse favorable. Puis peu de jours après, il entre en
Numidie[196] avec son armée tenue en éveil et prête à
combattre. Rien n'y annonçait la guerre : les cases
étaient pleines de gens, les troupeaux et les cultivateurs
étaient dans les champs ; des places et des douars,
les officiers du roi s'avançaient à notre rencontre, s'of-
frant à nous donner du blé, à transporter nos convois,
enfin à faire tout ce que l'on commanderait. Néanmoins,

rarentur facere. ⁶Neque Metellus idcirco minus, sed pariter ac si hostes adessent, munito agmine incedere, late
explorare omnia, illa deditionis signa ostentui credere
et insidiis locum temptari. ⁷Itaque ipse cum expeditis
cohortibus, item funditorum et sagittariorum delecta
manu apud primos erat, in postremo C. Marius legatus
cum equitibus curabat, in utrumque latus auxiliarios
equites tribunis legionum et praefectis cohortium dis-
pertiuerat, ut cum is permixti uelites, quocumque
adcederent, equitatus hostium propulsarent. ⁸Nam in
Iugurtha tantus dolus tantaque peritia locorum et militiae erat ut absens an praesens, pacem an bellum gerens,
perniciosior esset in incerto haberetur.

XLVII. ¹Erat haud longe ab eo itinere quo Metellus
pergebat oppidum Numidarum, nomine Vaga, forum
rerum uenalium totius regni maxume celebratum, ubi
et incolere et mercari consueuerant Italici generis multi
mortales. ²Huc consul, simul temptandi gratia [et] si
paterentur *et* <ob> opportunitates loci, praesidium
inposuit ; praeterea imperauit frumentum et alia quae
bello usui forent conportare, ratus, id quod res monebat,
frequentiam negotiatorum et commeatu iuuaturam exercitum et iam paratis rebus munimento fore. ³Inter haec
negotia, Iugurtha inpensius modo legatos supplicis mittere, pacem orare, praeter suam liberorumque uitam
omnia Metello dedere. ⁴Quos item uti priores consul illec-
tos ad proditionem domum dimittebat ; regi pacem quam
postulabat neque abnuere neque polliceri, et inter eas
moras promissa legatorum expectare.

Métellus, sans rien relâcher de son attitude, et comme si l'ennemi était tout proche, ne marchait qu'avec une armée toujours sur ses gardes, envoyait au loin et partout des reconnaissances, dans la pensée que ces marques de soumission n'étaient qu'une feinte, et qu'on voulait l'attirer dans une embuscade. Aussi se tenait-il lui-même à l'avant-garde avec des troupes légères, et l'élite des frondeurs et des archers ; son lieutenant C. Marius[197], à la tête de la cavalerie, formait l'arrière-garde ; sur chaque flanc il avait réparti entre les tribuns des légions et les préfets des cohortes[198] les cavaliers auxiliaires, de façon que les vélites, en se mêlant à eux, pussent repousser les différents corps de cavalerie ennemie, partout où ils s'approcheraient. En effet, Jugurtha avait tant de ruse[199], tant d'expérience du terrain et de l'art militaire qu'on ne savait jamais, absent ou présent, en paix ou en guerre, quand il était le plus à redouter.

XLVII. Il y avait non loin de la route[200] que suivait Métellus une ville numide nommée Vaga[201] ; c'était le marché le plus important de tout le royaume ; aussi un grand nombre de nationaux italiens y avaient établi à la fois leurs résidences et leurs comptoirs. Le consul, tant pour sonder les habitants que pour avoir, au cas où ils accepteraient la chose, une position favorable, y établit une garnison ; en outre, il y fit transporter du blé et du matériel de guerre, car tout le portait à croire que le grand nombre de trafiquants faciliterait le ravitaillement futur de l'armée, et sauvegarderait ce dont il s'était déjà assuré. Pendant ces opérations, Jugurtha multipliait les démarches, envoyant des députés avec une supplique, implorant la paix, promettant de tout livrer à Métellus, sauf sa vie et celle de ses enfants. Le consul s'efforçait d'amener ces délégués, comme les précédents, à livrer Jugurtha, puis les renvoyait chez eux ; au roi il ne refusait ni ne promettait la paix sollicitée ; et durant ces pourparlers, il attendait l'effet des promesses que lui avaient faites les délégués.

XLVIII. ¹Iugurtha ubi Metelli dicta cum factis com-
posuit ac se suis artibus temptari animaduortit, quippe
cui uerbis pax nuntiabatur, ceterum re bellum asper-
rumum erat, urbs maxuma alienata, ager hostibus cognitus, animi popularium temptati, coactus rerum necessi-
tudine, statuit armis certare. ²Igitur explorato hostium
itinere in spem uictoriae adductus ex opportunitate loci,
quas maxumas copias potest omnium generum parat ac
per tramites occultos exercitum Metelli anteuenit. ³Erat
in ea parte Numidiae, quam Adherbal in diuisione
possederat, flumen oriens a meridie, nomine Muthul,
a quo aberat mons ferme milia passuum uiginti, tractu
pari, uastus ab natura et humano cultu. Sed ex eo medio
quasi collis oriebatur, in inmensum pertingens, uestitus
oleastro ac murtetis aliisque generibus arborum quae
humi arido atque harenoso gignuntur. ⁴Media autem
planities deserta penuria aquae praeter flumini propinqua loca ; ea consita arbustis pecore atque cultoribus
frequentabantur.

XLIX. ¹Igitur in eo colle, quem transuorso itinere
porrectum docuimus, Iugurtha extenuata suorum acie
consedit. Elephantis et parti copiarum pedestrium
Bomilcarem praefecit eumque edocet quae ageret ; ipse
propior montem cum omni equitatu et peditibus delectis
suos conlocat. ²Dein singulas turmas et manipulos circum-
iens monet atque obtestatur uti memores pristinae
uirtutis et uictoriae seque regnumque suum ab Romanorum auaritia defendant : cum is certamen fore quos
antea uictos sub iugum miserint ; ducem illis, non animum mutatum ; quae ab imperatore decuerint omnia

XLVIII. Venant à confronter les discours de Métellus avec ses actes, et se voyant combattu par ses propres armes – car en paroles on lui annonçait la paix, en fait on lui faisait une guerre acharnée, une ville très importante lui avait été enlevée, l'ennemi avait pris connaissance du terrain, tenté de corrompre ses sujets – Jugurtha, cédant à la nécessité, résolut de recourir aux armes. Il fait reconnaître la marche de l'ennemi, et, l'avantage du terrain lui donnant l'espoir de vaincre, il rassemble le plus qu'il peut de troupes de toute espèce, et par des chemins de traverse il devance secrètement l'armée de Métellus. Dans cette partie de la Numidie qu'Adherbal avait eue en partage, coule un fleuve appelé Muthul[202], dont la source est au midi ; à environ vingt mille[203] pas de là, se trouvait en ligne parallèle au fleuve une chaîne de montagnes naturellement stérile, et que les hommes ont laissée inculte ; du centre[204] se détachait une sorte d'éperon, s'étendant à perte de vue, et revêtu d'oliviers sauvages, de myrtes, et autres espèces qui poussent dans un terrain sec et sablonneux. Quant à la plaine située entre la montagne et le Muthul, elle était désertique faute d'eau, sauf dans la partie voisine du fleuve ; celle-ci, plantée d'arbustes, était fréquentée par les cultivateurs et le bétail.

XLIX. Sur le contrefort qui, comme nous l'avons dit, s'étend perpendiculairement au fleuve, Jugurtha s'établit avec ses troupes en ordre mince, il confie à Bomilcar les éléphants et une partie de l'infanterie, et l'instruit de ce qu'il devait faire ; lui-même se range plus près de la montagne avec toute sa cavalerie et l'élite de ses fantassins. Puis, passant en revue un à un escadrons et manipules[205], il les encourage, et les conjure de se rappeler leur antique valeur, leur victoire passée, et de défendre leur royaume et leur roi contre la cupidité des Romains ; ils vont lutter contre un adversaire qu'ils ont déjà vaincu et fait passer sous le joug ; il a changé de chef, mais non de cœur ; pour lui, toutes les précautions que doit prendre

suis prouisa : locum superiorem, ut prudentes cum impe-
ritis, ne pauciores cum pluribus aut rudes cum belli
melioribus manum consererent ; [3]proinde parati intentique essent signo dato Romanos inuadere ; illum diem
aut omnis labores et uictorias confirmaturum, aut
maxumarum aerumnarum initium fore. [4]Ad hoc uiritim,
uti quemque ob militare facinus pecunia aut honore
extulerat, conmonefacere benefici sui et eum ipsum
aliis ostentare ; postremo pro cuiusque ingenio pollicendo, minitando, obtestando, alium alio modo excitare ;
cum interim Metellus, ignarus hostium, monte degre-
diens cum exercitu conspicatur. [5]Primo dubius quidnam
insolita facies ostenderet — nam inter uirgulta equi
Numidaeque consederant, neque plane occultati humi-
litate arborum, et tamen incerti quidnam esset, cum
natura loci, tum dolo ipsi atque signa militaria obscu-
rati —, dein breui cognitis insidiis paulisper agmen constituit. [6]Ibi conmutatis ordinibus, in dextro latere quod
proxumum hostis erat, triplicibus subsidiis aciem instruxit ; inter manipulos funditores et sagittarios dispertit,
equitatum omnem in cornibus locat, ac pauca pro tempore milites hortatus, aciem, sicuti instruxerat, transuorsis principiis in planum deducit.

L. [1]Sed ubi Numidas quietos neque colle degredi animaduortit, ueritus ex anni tempore et inopia aquae ne

un général en faveur des siens, il les a prises : ils ont les
avantages du terrain ; ils savent qu'ils vont combattre,
l'ennemi ne s'en doute pas ; ils ne seront, en engageant
le combat, inférieurs ni en nombre, ni en expérience
militaire ; il faut donc qu'ils soient prêts et résolus à
fondre au premier signal sur les Romains ; ce jour doit
consacrer tous leurs efforts et leurs victoires, ou marquer
le commencement des plus grands revers. Puis, s'adres-
sant à chacun en particulier, à tous ceux qu'il avait pour
une belle action récompensés par des honneurs ou de
l'argent, il rappelait la distinction qu'il leur avait
accordée, et les montrait en exemple aux autres ; bref,
suivant le caractère de chacun, usant tour à tour de
promesses, de menaces, de prières, il les encourageait de
toutes les façons, cependant que Métellus, qui ignorait la
présence de l'ennemi, l'aperçoit tout d'un coup en
descendant de la montagne avec son armée ; il se
demande d'abord ce qu'annonçait cet étrange spectacle,
car les Numides avec leurs chevaux étaient postés parmi
les broussailles ; et quoique les arbres fussent trop bas
pour les cacher entièrement, ils n'étaient pas faciles à
reconnaître, la nature du terrain, aussi bien que la ruse
les dérobant aux regards, eux et leurs enseignes. Puis,
ayant vite découvert l'embuscade, il fait faire à ses
troupes une courte halte. Il en profite pour modifier son
ordre de bataille[206] ; sur son flanc droit, le plus proche de
l'ennemi, il établit trois lignes de réserve ; il répartit
parmi les manipules les frondeurs et les archers ; place
toute la cavalerie sur les ailes, et après avoir adressé à
ses hommes une courte allocution, pour autant que le
temps le lui permettait, il fait descendre son armée en
plaine, dans l'ordre où il l'avait rangée, les premiers
rangs en serre-files.

L. Mais lorsqu'il vit que les Numides restaient immo-
biles sans descendre de leur colline, craignant qu'en
raison de la chaleur[207] et du manque d'eau son armée

siti conficeretur exercitus, Rutilium legatum cum expeditis cohortibus et parte equitum praemisit ad flumen,
uti locum castris antecaperet, existumans hostis crebro
impetu et transuorsis proeliis iter suum remoraturos et,
quoniam armis diffiderent, lassitudinem et sitim militum
temptaturos. ²Deinde ipse pro re atque loco, sicuti monte
descenderat, paulatim procedere, Marium post principia
habere, ipse cum sinistrae alae equitibus esse qui in
agmine principes facti erant. ³At Iugurtha, ubi extremum agmen Metelli primos suos praetergress*um* uidet,
praesidio quasi duum milium peditum montem occupat
qua Metellus descenderat, ne forte cedentibus aduor-
sariis receptui ac post munimento foret ; dein repente
signo dato hostis inuadit. ⁴Numidae, alii postremos
caedere, pars a sinistra ac dextra temptare, infensi
adesse atque instare, omnibus locis Romanorum ordines
conturbare. Quorum etiam qui firmioribus animis obuii
hostibus fuerant, ludificati incerto proelio, ipsi modo
eminus sauciabantur, neque contra feriundi aut conse-
rendi manum copia erat. ⁵Ante iam docti ab Iugurtha
equites, ubi Romanorum turma insequi coeperat, non
confertim neque in unum sese recipiebant, sed alius
alio quam maxume diuorsi. ⁶Ita numero priores, si ab
persequendo hostis deterrere nequiuerant, disiectos ab
tergo aut lateribus circumueniebant ; sin opportunior
fugae collis quam campi fuerat, ea uero consueti Numidarum equi facile inter uirgulta euadere ; nostros aspe-
ritas et insolentia loci retinebat.

ne succombât à la soif, il détacha vers le fleuve son lieutenant Rutilius[208] avec les troupes légères et une partie
des cavaliers, afin d'y choisir avant Jugurtha un endroit
pour camper : il pensait en effet que l'ennemi s'efforce-
rait à force d'escarmouches et d'attaques sur le flanc de
retarder la marche des Romains, et qu'à défaut de ses
armes, dont il se méfiait, il essaierait de réduire leurs
hommes par la soif et par la fatigue. Ensuite, se réglant
sur les circonstances et sur le terrain, il s'avance lentement dans l'ordre où il était descendu, il place Marius
derrière les premières lignes[209], lui-même se tient avec
les cavaliers de l'aile gauche, qui, dans la marche étaient
passés en tête. Jugurtha, voyant que l'arrière-garde de
Métellus a dépassé ses premières lignes, fait occuper par
un corps d'environ deux mille fantassins le mont dont
Métellus venait de descendre, de peur qu'en cas de
retraite ses adversaires ne puissent s'y réfugier et ensuite
s'y retrancher ; puis, au signal donné, il fond brusquement sur l'ennemi. Les uns massacrent notre arrière-
garde, les autres essayent de nous entamer à droite et à
gauche[210] ; ils nous pressent, ils nous harcèlent sans répit,
jettent partout le désordre dans les rangs des Romains et
ceux mêmes des nôtres qui d'un cœur plus ferme
s'étaient portés au-devant de l'ennemi, déconcertés par
ce combat désordonné, étaient seuls frappés de loin, sans
pouvoir rendre les coups ou en venir aux mains. Suivant
les instructions de Jugurtha, les cavaliers numides, dès
qu'un escadron romain les chargeait, au lieu de se retirer
en pelotons et au même endroit, s'enfuyaient isolément
en s'égaillant de toutes parts[211]. De cette façon, s'ils ne
parvenaient pas à briser la poursuite des ennemis, ils
profitaient de leur supériorité numérique pour attaquer
de dos ou de flanc leurs formations dispersées ; si la
colline leur offrait une retraite plus favorable que la
plaine, leurs chevaux, habitués au terrain, s'échappaient
sans peine à travers les broussailles ; les nôtres étaient
arrêtés par les difficultés d'une région dont ils n'avaient
pas l'expérience.

LI. [1]Ceterum facies totius negoti uaria, incerta, foeda atque miserabilis ; dispersi a suis pars cedere, alii insequi ; neque signa neque ordines obseruare ; ubi quemque periculum ceperat, ibi resistere ac propulsare ; arma, tela, equi, uiri, hostes atque ciues permixti ; nihil consilio neque imperio agi ; fors omnia regere. [2]Itaque multum diei processerat, cum etiam tum euentus in incerto erat.[3]Denique omnibus labore et aestu languidis, Metellus, ubi uidet Numidas minus instare, paulatim milites in unum conducit, ordines restituit et cohortes legionarias quattuor aduorsum pedites hostium conlocat. Eorum magna pars superioribus locis fessa consederat. [4]Simul orare et hortari milites ne deficerent neu paterentur hostis fugientis uincere ; neque illis castra esse neque munimentum ullum quo cedentes tenderent ; in armis omnia sita. [5]Sed ne Iugurtha quidem interea quietus erat : circummire, hortari, renouare proelium et ipse cum delectis temptare omnia, subuenire suis, hostibus dubiis instare, quos firmos cognouerat eminus pugnando retinere.

LII. [1]Eo modo inter se duo imperatores summi uiri certabant, ipsi pares, ceterum opibus disparibus. [2]Nam Metello uirtus militum erat, locus aduorsus ; Iugurthae alia omnia praeter milites opportuna. [3]Denique Romani, ubi intellegunt neque sibi perfugium esse neque ab hoste copiam pugnandi fieri — et iam die uesper erat —, aduorso colle sicuti praeceptum fuerat euadunt. [4]Amisso

LI. Du reste, le visage de la bataille était tout entier changeant, indécis, digne d'horreur et de compassion à la fois ; séparés des leurs, ceux-ci fuyaient, ceux-là poursuivaient ; il n'était plus question ni d'enseignes, ni de rangs ; chacun résistait et repoussait l'ennemi là où le péril l'avait surpris ; armes, traits, hommes, chevaux, ennemis étaient confondus ; pas de plan, pas de commandement dans l'action, c'est le hasard qui réglait tout. Aussi le jour était-il déjà fort avancé que l'issue du combat était encore incertaine. Enfin, comme tous étaient accablés par la chaleur[212] et la fatigue, Métellus, voyant que l'ennemi est moins mordant, rassemble peu à peu ses soldats, rétablit ses lignes, et oppose quatre cohortes[213] de légionnaires à l'infanterie ennemie, dont une bonne part, rompue de fatigue, était allée se reposer sur la colline. En même temps, il exhorte les siens, il les supplie « de ne pas perdre courage, de ne pas laisser la victoire à un ennemi toujours en fuite. Du reste, vous n'avez, disait-il, ni camp, ni retranchement pour vous réfugier en cas de retraite ; tout votre salut est dans vos armes ». Cependant Jugurtha non plus ne restait pas inactif : il parcourait les rangs, encourageait ses hommes, rétablissait le combat, et lui-même, à la tête d'une troupe d'élite, attaquait de tous côtés, secourait les siens, pressait plus vivement les nôtres qu'il voyait ébranlés, et tenait en échec, en les combattant de loin, ceux dont il avait reconnu la solidité.

LII. Ainsi luttaient ensemble ces deux grands capitaines, égaux[214] en valeur, mais avec des ressources inégales. Métellus avait pour lui la valeur de ses soldats, contre lui, le désavantage du terrain ; pour Jugurtha, tout le favorisait, sauf la qualité de ses troupes. Enfin, voyant qu'ils n'ont pas de retraite possible, que l'ennemi refuse le combat, que le soir va tomber, les Romains s'échappent et vont s'établir, comme ils en avaient reçu l'ordre, sur la colline qui leur faisait face. Chassés de cette position, les Numides furent dispersés et mis en déroute ;

loco Numidae fusi fugatique ; pauci interiere ; plerosque
uelocitas et regio hostibus ignara tutata sunt.

⁵Interea Bomilcar, quem elephantis et parti copiarum
pedestrium praefectum ab Iugurtha supra diximus, ubi
eum Rutilius praetergressus est, paulatim suos in aequom
locum deducit, ac, dum legatus ad flumen, quo praemissus
erat, festinans pergit, quietus, uti res postulabat, aciem
exornat, neque remittit quid ubique hostis ageret explorare. ⁶Postquam Rutilium consedisse iam et animo
uacuom accepit, simulque ex Iugurthae proelio clamorem
augeri, ueritus ne legatus cognita re laborantibus suis
auxilio foret, aciem quam diffidens uirtuti militum
arte statuerat, quo hostium itineri officeret, latius porri-
git, eoque modo ad Rutili castra procedit.

LIII. ¹Romani ex improuiso pulueris uim magnam
animaduortunt ; nam prospectum ager arbustis consitus
prohibebat. Et primo rati humum aridam uento agitari,
post, ubi aequabilem manere et, sicuti acies mouebatur,
magis magisque adpropinquare uident, cognita re, properantes arma capiunt ac pro castris, sicuti imperabatur,
consistunt. ²Deinde ubi propius uentum est, utrimque
magno clamore concurritur. ³Numidae, tantummodo
remorati dum in elephantis auxilium putant, postquam eos inpeditos ramis arborum atque ita disiectos
circumueniri uident, fugam faciunt, ac plerique, abiectis
armis, collis aut noctis quae iam aderat auxilio integri
abeunt. ⁴Elephanti quattuor capti ; relicui omnes, numero

peu furent tués ; la plupart purent se sauver grâce à leur agilité et à l'ignorance du pays où étaient les nôtres.

Cependant Bomilcar qui, sur l'ordre de Jugurtha, comme nous l'avons dit, commandait aux éléphants et à une partie des troupes à pied, dès que Rutilius l'eut dépassé, fait descendre au petit pas ses troupes dans la plaine, et, tandis que ce dernier force la marche pour gagner le fleuve, où il avait l'ordre de se rendre, il dresse à loisir sa ligne de bataille, dans l'ordre voulu, sans cesser d'observer toutes les manœuvres de l'ennemi. Une fois informé que Rutilius avait installé son camp, sans nulle défiance, et qu'en même temps les cris augmentaient du côté où se battait Jugurtha, dans la crainte que le lieutenant de Métellus, ayant appris les événements, ne se portât au secours de ses compatriotes en danger, et afin de pouvoir, le cas échéant, barrer la route à son adversaire, il étend plus largement sa ligne de bataille que, dans sa médiocre confiance en la valeur de ses troupes, il avait d'abord fortement resserrée, et il marche dans cet ordre contre le camp de Rutilius.

LIII. Les Romains aperçoivent tout à coup un épais nuage de poussière, car les arbustes qui couvraient le terrain les empêchaient de voir au loin. Ils crurent d'abord à de la poussière soulevée par le vent ; mais le voyant demeurer toujours uniforme, et s'approcher toujours davantage à mesure que marchait l'ennemi, ils comprennent ce qui se passe, prennent en hâte leurs armes, et, conformément aux ordres, se rangent devant le camp. Puis, lorsqu'on fut assez près, des deux côtés on s'attaque en poussant de grands cris. Les Numides ne tinrent ferme que tant qu'ils comptèrent sur leurs éléphants ; mais quand ils les virent embarrassés dans les branches des arbres, et enveloppés par l'ennemi qui profitait de la dispersion ainsi causée, ils prennent la fuite, et la plupart, jetant bas leurs armes, s'échappent sains et saufs à la faveur de la colline et de la nuit qui tombait. Quatre éléphants furent pris ; le reste, au

quadraginta, interfecti. ⁵At Romani, quamquam itinere
atque opere castrorum et proelio fessi laetique erant,
tamen, quod Metellus amplius opinione morabatur, instructi intentique obuiam procedunt ; ⁶nam dolus Numidarum nihil languidi neque remissi patiebatur. ⁷Ac
primo obscura nocte postquam haud procul inter se
erant, strepitu, uelut hostes aduentarent, alteri apud
alteros formidinem simul et tumultum facere ; et paene
inprudentia admissum facinus miserabile, ni utrimque
praemissi equites rem explorauissent. ⁸Igitur pro metu
repente gaudium mutatur ; milites alius alium laeti
appellant, acta edocent atque audiunt, sua quisque
fortia facta ad caelum fert. Quippe res humanae ita sese
habent : in uictoria uel ignauis gloriari licet ; aduorsae
res etiam bonos detrectant.

LIV. ¹Metellus in isdem castris quatriduo moratus
saucios cum cura reficit, meritos in proeliis more militiae
donat, uniuorsos in contione laudat atque agit gratias ;
hortatur ad cetera, quae leuia sunt, parem animum
gerant ; pro uictoria satis iam pugnatum, relicuos labores
pro praeda fore. ²Tamen interim transfugas et alios
opportunos, Iugurtha ubi gentium aut quid agitaret,
cum paucisne esset an exercitum haberet, ut sese uictus
gereret, exploratum misit. ³At ille sese in loca saltuosa
et natura munita receperat, ibique cogebat exercitum
numero hominum ampliorem, sed hebetem infirmumque,
agri ac pecoris magis quam belli cultorem. ⁴Id ea gratia
eueniebat quod, praeter regios equites, nemo omnium
Numida ex fuga regem sequitur : quo cuiusque animus

nombre de quarante[215], fut tué. Les Romains, malgré les fatigues de l'étape, des travaux du camp, du combat, ne prirent pas le temps de goûter la joie de leur victoire ; mais inquiets du retard inexplicable de Métellus, ils marchent à sa rencontre en bon ordre, et sur leurs gardes ; car la ruse des Numides ne permettait ni négligence ni relâchement. Tout d'abord dans l'obscurité[216] de la nuit, lorsque les deux groupes furent l'un près de l'autre, le bruit des pas les faisant croire à l'approche de l'ennemi provoque des deux côtés la panique et l'alarme, et cette méprise aurait pu avoir de déplorables suites, si des cavaliers détachés de part et d'autre n'avaient reconnu ce qui en était. Alors la crainte soudain[217] fait place à la joie ; heureux, les soldats s'interpellent, se content mutuellement leurs aventures, chacun porte aux nues ses hauts faits. Car ainsi va le monde ; dans la victoire, même les lâches ont le droit de se vanter ; la défaite déconsidère même les braves[218].

LIV. Métellus demeura quatre jours dans le même camp : il fait soigneusement panser les blessés, décerne des récompenses militaires aux plus braves, adresse à l'ensemble des troupes dans l'assemblée ses éloges et ses remerciements ; il les exhorte à montrer le même courage devant les tâches qui leur restent à accomplir : elles sont, du reste, légères ; le combat pour la victoire est achevé, désormais c'est pour le butin qu'ils travailleront. Dans le même temps, néanmoins, il envoya des transfuges et d'autres gens qualifiés[219] pour reconnaître la position et les desseins de Jugurtha, s'il n'avait que peu d'hommes ou toute son armée, et comment il supportait sa défaite. Le roi s'était retiré dans une région boisée[220] et naturellement fortifiée ; et il y rassemblait une nouvelle armée plus forte en nombre que la précédente, mais sans mordant et sans résistance, moins faite pour la guerre que pour la culture et l'élevage. Il en était réduit là parce que, chez les Numides, le roi n'est suivi, dans une déroute, que des cavaliers composant sa garde ; les autres

fert eo discedunt, neque id flagitium militiae ducitur :
ita se mores habent.

⁵Igitur Metellus, ubi uidet etiam tum regis animum
ferocem esse, bellum renouari, quod nisi ex illius lubidine
geri non posset, praeterea iniquom certamen sibi cum
hostibus, minore detrimento illos uinci quam suos
uincere, statuit non proeliis neque in acie, sed alio
more bellum gerundum. ⁶Itaque in loca Numidiae opu-
lentissuma pergit, agros uastat, multa castella et oppida
temere munita aut sine praesidio capit incenditque,
puberes interfici iubet, alia omnia militum praedam
esse. Ea formidine multi mortales Romanis dediti
obsides, frumentum et alia quae usui forent adfatim
praebita, ubicumque res postulabat, praesidium impo-
situm.

⁷Quae negotia multo magis quam proelium male pugnatum ab suis regem terrebant; ⁸quippe cuius spes omnis in
fuga sita erat, sequi cogebatur ; et qui sua loca defendere
nequiuerat, in alienis bellum gerere. ⁹Tamen ex copia
quod optumum uidebatur consilium capit ; exercitum
plerumque in isdem locis opperiri iubet ; ipse cum delectis
equitibus Metellum sequitur, nocturnis et auiis itineribus
ignoratus Romanos palantis repente aggreditur. ¹⁰Eorum
plerique inermes cadunt, multi capiuntur, nemo omnium
intactus profugit ; et Numidae, priusquam ex castris sub-
ueniretur, sicuti iussi erant, in proxumos collis discedunt.

LV. ¹Interim Romae gaudium ingens ortum, cognitis
Metelli rebus, ut seque et exercitum more maiorum gereret, ut in aduorso loco uictor tamen uirtute fuisset, hos-

s'en vont où bon leur semble et personne n'y trouve à redire : les mœurs sont ainsi faites.

Donc, voyant que le roi conserve encore son orgueil indomptable, que la guerre va reprendre, sans qu'on puisse la faire autrement qu'à son gré, que d'ailleurs la lutte avec les ennemis n'est pas égale, et qu'une défaite leur coûte moins, à eux, qu'une victoire à ses hommes[221], Métellus, renonçant aux combats et aux batailles rangées, se décide à employer d'autres méthodes de guerre. Il pénètre dans les régions les plus riches[222] de la Numidie, ravage les campagnes, prend et brûle nombre de forteresses et de places mal fortifiées ou sans garnison, fait mettre à mort les adultes[223], et abandonne tout le reste au pillage. Sous l'épouvante de ce régime de terreur, de nombreux otages furent livrés aux Romains, le blé et tout le nécessaire, fournis en abondance ; partout où il en était besoin, Métellus mit une garnison.

Ces opérations inspiraient au roi plus de crainte qu'une défaite ; lui qui mettait tout son espoir dans la fuite, se voyait contraint à la poursuite ; et après n'avoir pas su défendre ses propres positions, à faire la guerre sur le terrain de l'ennemi. Il prend le parti qui dans les circonstances lui semblait le meilleur ; laissant la plus grande partie de son armée au repos dans la région, lui-même avec ses cavaliers d'élite se met à la suite de Métellus ; marchant de nuit et par des chemins détournés pour ne pas se faire voir, il attaque à l'improviste les Romains dispersés dans la campagne. La plupart étant sans armes sont tués ; beaucoup, faits prisonniers ; aucun d'eux ne s'échappe sain et sauf. Puis les Numides, suivant l'ordre reçu, se retirent sur les collines voisines, avant qu'on ait pu sortir du camp pour venir à la rescousse.

LV. Cependant à Rome, ce furent des transports de joie[224] dès qu'on sut les exploits de Métellus : il observait lui-même et avait rétabli dans son armée la discipline des ancêtres, il avait, sur un terrain défavorable,

tium agro potiretur, Iugurtham magnificum ex Albini
socordia spem salutis in solitudine aut fuga coegisset
habere. ²Itaque senatus ob ea feliciter acta dis inmorta-
libus supplicia decernere ; ciuitas trepida antea et solli-
cita de belli euentu laeta agere ; de Metello fama praeclara esse. ³Igitur eo intentior ad uictoriam niti, omnibus
modis festinare, cauere tamen necubi hosti opportunus
fieret, meminisse post gloriam inuidiam sequi. ⁴Ita, quo
clarior erat, eo magis anxius erat, neque post insidias
Iugurthae effuso exercitu praedari ; ubi frumento aut
pabulo opus erat, cohortes cum omni equitatu praesidium
agitabant ; exercitus partem ipse, relicuos Marius ducebat. ⁵Sed igni magis quam praeda ager uastabatur.
⁶Duobus locis haud longe inter se castra faciebant : ubi
ui opus erat, cuncti aderant ; ⁷ceterum, quo fuga atque
formido latius cresceret, diuorsi agebant. ⁸Eo tempore
Iugurtha per collis sequi, tempus aut locum pugnae
quaerere, qua uenturum hostem audierat, pabulum et
aquarum fontis, quorum penuria erat, corrumpere ;
modo se Metello, interdum Mario ostendere, postremos
in agmine temptare, ac statim in collis regredi, rursus
aliis, post aliis minitari, neque proelium facere, neque
otium pati, tantummodo hostem ab incepto retinere.

LVI. ¹Romanus imperator, ubi se dolis fatigari uidet
neque ab hoste copiam pugnandi fieri, urbem magnam
et in ea parte qua sita erat arcem regni, nomine Zamam,

remporté quand même la victoire à force de courage ; il était maître du territoire ennemi, et il avait contraint Jugurtha, si fier auparavant par la lâcheté d'Albinus, à ne plus espérer, pour se sauver, que dans la fuite ou dans le désert. Aussi, en raison de l'heureux succès de ces opérations, le Sénat vote des actions de grâces[225] aux dieux immortels ; la cité, naguère tremblante et inquiète sur la fin de la guerre, vit dans la joie ; on fait les plus brillants éloges de Métellus. Aussi redouble-t-il d'efforts pour s'assurer la victoire, mettant tout en œuvre pour en hâter l'avènement, prenant garde pourtant de donner aucune prise à l'ennemi, et se souvenant que l'envie suit de près la gloire. Plus il se sentait illustre, plus il se montrait circonspect[226] ; depuis l'embuscade tendue par Jugurtha, son armée n'avait plus le droit de piller à la débandade ; avait-on besoin de blé ou de fourrage, les cohortes et toute la cavalerie protégeaient les corvées ; il conduisait lui-même une partie de l'armée, et Marius, le restant. Du reste, c'est moins par le pillage que par le feu qu'on ravageait le pays. Les chefs établissaient leurs camps en deux endroits, mais non loin l'un de l'autre. Fallait-il se prêter main-forte, tous se trouvaient présents ; dans les autres cas, afin de répandre plus loin la terreur et la panique, ils opéraient séparément. Cependant Jugurtha les suivait en longeant les collines, épiant l'heure et le lieu de les combattre ; là où il savait que l'ennemi devait passer, il empoisonnait le fourrage et les sources, dont il y avait fort peu ; il se montrait tantôt à Métellus, tantôt à Marius, fondait sur l'arrière-garde en marche et regagnait aussitôt ses collines, faisant mine d'attaquer à nouveau l'un puis l'autre, ne livrant pas la bataille, mais ne nous laissant pas de répit, se contentant d'entraver tous nos projets.

LVI. Le général romain, voyant ses forces fondre par les ruses d'un ennemi qui lui refusait le combat, résolut d'assiéger une grande ville nommée Zama[227], citadelle du royaume dans la région où elle était située, dans la

statuit oppugnare, ratus, id quod negotium poscebat,
Iugurtham laborantibus suis auxilio uenturum, ibique
proelium fore. ²At ille, quae parabantur a perfugis edoctus, magnis itineribus Metellum anteuenit ; oppidanos
hortatur moenia defendant, additis auxilio perfugis,
quod genus ex copiis regis, quia fallere nequibat, firmis-
sumum erat ; praeterea pollicetur in tempore semet
cum exercitu adfore. ³Ita conpositis rebus, in loca quam
maxume occulta discedit, ac post paulo cognoscit Marium
ex itinere frumentatum cum paucis cohortibus Siccam
missum, quod oppidum primum omnium post malam
pugnam ab rege defecerat. ⁴Eo cum delectis equitibus
noctu pergit et iam egredientibus Romanis in porta
pugnam facit ; simul magna uoce Siccensis hortatur uti
cohortis ab tergo circumueniant : fortunam illis praeclari facinoris casum dare ; si id fecerint, postea sese in
regno, illos in libertate sine metu aetatem acturos. ⁵Ac
ni Marius signa inferre atque euadere oppido prope-
rauisset, profecto cuncti aut magna pars Siccensium
fidem mutauissent, tanta mobilitate . sese Numidae
gerunt. ⁶Sed milites Iugurthini, paulisper ab rege
sustentati, postquam maiore ui hostes urgent, paucis
amissis, profugi discedunt.

LVII. ¹Marius ad Zamam peruenit. Id oppidum in
campo situm magis opere quam natura munitum erat,
nullius idoneae rei egens, armis uirisque opulentum.
²Igitur Metellus, pro tempore atque loco paratis rebus,
cuncta moenia exercitu circumuenit, legatis imperat ubi
quisque curaret. ³Deinde signo dato undique simul cla-
mor ingens oritur, neque ea res Numidas terret ; infensi

pensée que, de toute nécessité, Jugurtha viendrait au
secours des assiégés, et que là il y aurait bataille. Mais
le roi, instruit de ce projet par des transfuges, devance
Métellus à marches forcées ; il exhorte les habitants à
défendre leurs remparts, et leur donne en renfort les
déserteurs romains, qui, toute nouvelle trahison leur
étant impossible, formaient la partie la plus sûre de ses
troupes ; il leur promet en outre d'être là en temps voulu
avec son armée. Ces dispositions prises, il va se cacher
dans les endroits les plus couverts, et peu après il
apprend que Marius, avec quelques cohortes, avait été
détaché du convoi pour aller chercher du blé à Sicca[228],
la première ville qui l'avait abandonné après sa défaite.
Il s'y rend de nuit avec l'élite de ses cavaliers, attaque
les Romains à la porte comme ils sortaient et en même
temps il crie aux habitants de Sicca de cerner les
cohortes par derrière : que la fortune leur donne l'occasion du plus glorieux exploit ; s'ils en profitent, ils
recouvreront, lui, son royaume, eux, leur indépendance
et la sécurité. Et si Marius n'avait en toute hâte donné
l'ordre de marcher en avant et de quitter la ville, nul
doute que tous ou presque tous les habitants de Sicca
n'eussent passé à l'ennemi ; tant les Numides sont chan-
geants ! Les soldats de Jugurtha, soutenus par leur roi,
tinrent bon quelque temps ; mais, quand l'ennemi devint
plus pressant et qu'ils eurent essuyé quelques pertes, ils
tournèrent bride et se dispersèrent.

LVII. Marius arrive devant Zama. Cette place, située
en plaine, était moins fortifiée par la nature que par
l'art[229], mais elle ne manquait pas de ressources, et elle
était riche en armes et en hommes. Métellus, après avoir
pris les dispositions que commandaient le lieu et les
circonstances, commence par cerner la place tout entière
avec son armée, et assigne à chacun de ses lieutenants
son poste de commandement. Puis, au signal donné, un
immense cri de guerre jaillit de toutes parts, sans que les
Numides en soient effrayés ; menaçants et résolus, ils

intentique sine tumultu manent. Proelium incipitur.
⁴Romani pro ingenio quisque, pars eminus glande aut
lapidibus pugnare, alii succedere ac murum modo subfo-
dere, modo scalis aggredi ; cupere proelium in manibus
facere. ⁵Contra ea oppidani in proxumos saxa uoluere,
sudis, pila, praeterea picem sulphure et taeda mixtam
ardentia mittere. ⁶Sed ne illos quidem qui procul manse-
rant timor animi satis muniuerat ; nam plerosque iacula
tormentis aut manu emissa uolnerabant, parique periculo sed fama impari boni atque ignaui erant.

LVIII. ¹Dum apud Zamam sic certatur, Iugurtha
ex improuiso castra hostium cum magna manu inuadit ;
remissis qui in praesidio erant, et omnia magis quam
proelium expectantibus, portam irrumpit. ²At nostri,
repentino metu perculsi, sibi quisque pro moribus consulunt : alii fugere, alii arma capere, magna pars uolne-
rati aut occisi. ³Ceterum ex omni multitudine non amplius
quadraginta, memores nominis Romani, grege facto
locum cepere paulo quam alii editiorem, neque inde
maxuma ui depelli quiuerunt, sed tela eminus missa
remittere, pauci in pluribus minus frustrari ; sin Numidae
propius accessissent, ibi uero uirtutem ostendere et eos
maxuma ui caedere, fundere atque fugare. ⁴Interim
Metellus, cum acerrume rem gereret, clamorem hostilem a tergo accepit, dein conuorso equo animaduortit
fugam ad se uorsum fieri ; quae res indicabat populáris
esse. ⁵Igitur equitatum omnem ad castra propere misit,
ac statim C. Marium cum cohortibus sociorum, eumque
lacrumans per amicitiam perque rem publicam obse-

demeurent en bon ordre. Le combat s'engage. Les Romains, chacun suivant ses aptitudes, combattent, les uns de loin avec des frondes[230] ou des pierres ; d'autres se glissent jusqu'au pied du rempart, soit pour le saper, soit pour l'escalader, ils cherchent le combat corps à corps. De leur côté, les assiégés font rouler des pierres sur les assaillants les plus proches, ou lancent des épieux, des javelots, ou même de la poix mêlée de soufre et de résine, le tout enflammé. Ceux-là même des nôtres, que la crainte tenait loin des murs, n'étaient pas hors de danger ; la plupart étaient blessés par des traits lancés à la main ou par les machines ; et pour tous, lâches comme braves, le péril était égal, sinon la gloire.

LVIII. Tandis qu'on se bat ainsi autour de Zama, Jugurtha, avec une forte troupe, fond à l'improviste sur le camp ennemi ; profitant du relâchement des sentinelles, qui s'attendaient à tout plutôt qu'à une attaque, il force la porte. Les nôtres, déconcertés par cette alarme soudaine, songent à leur sûreté chacun suivant son caractère ; les uns s'enfuient, les autres prennent leurs armes, beaucoup sont blessés ou tués. Mais dans tout ce nombre, quarante soldats au plus, se souvenant qu'ils étaient romains, formèrent un peloton, et s'emparèrent d'une petite hauteur d'où les Numides, malgré tous leurs efforts, ne purent les déloger : ils relançaient les traits qu'on leur lançait de loin, et manquaient moins leurs coups contre un ennemi bien supérieur en nombre ; les Numides approchaient-ils davantage, c'est là vraiment qu'ils montraient toute leur valeur, s'acharnant à les massacrer, à les culbuter, et à les mettre en déroute. Métellus en était au plus fort de l'action, quand il entendit par-derrière les clameurs de l'ennemi ; tournant bride aussitôt, il s'aperçut que les fuyards se dirigeaient vers lui ; à cet indice, il reconnut les siens. Il envoie donc en hâte vers le camp toute sa cavalerie, puis aussitôt après C. Marius avec les cohortes des alliés, et le conjure avec des larmes au nom de leur amitié[231] et de la République, de ne pas

erat ne quam contumeliam remanere in exercitu uictore
neue hostis inultos abire sinat. *Ille breui mandata
efficit. At Iugurtha munimento castrorum impeditus,
cum alii super uallum praecipitarentur, alii in angustiis
ipsi sibi properantes officerent, multis amissis in loca
munita sese recepit. ⁷Metellus, infecto negotio, postquam nox aderat, in castra cum exercitu reuortitur.

LIX. ¹Igitur postero die, prius quam ad oppugnan-
dum egrederetur, equitatum omnem in ea parte qua
regis aduentus erat pro castris agitare iubet ; portas et
proxuma loca tribunis dispertit ; deinde ipse pergit ad
oppidum, atque uti superiore die murum aggreditur.
²Interim Iugurtha ex occulto repente nostros inuadit.
Qui in proxumo locati fuerant, paulisper territi pertur-
bantur, relicui cito subueniunt. ³Neque diutius Numidae
resistere quiuissent, ni pedites cum equitibus permixti
magnam cladem in congressu facerent. Quibus illi freti,
non, uti equestri proelio solet, sequi, dein cedere, sed
aduorsis equis concurrere, inplicare ac perturbare aciem ;
ita expeditis peditibus suis hostis paene uictos dare.

LX. ¹Eodem tempore apud Zamam magna ui certa-
batur. Vbi quisque legatus aut tribunus curabat, eo
acerrume niti, neque alius in alio magis quam in sese
spem habere ; pariterque oppidani agere : oppugnare
aut parare omnibus locis ; auidius alteri alteros sauciare
quam semet tegere. ²Clamor permixtus hortatione, laetitia, gemitu, item strepitus armorum ad caelum ferri ;
tela utrimque uolare. ³Sed illi qui moenia defensabant,

laisser entacher l'honneur d'une armée victorieuse, et l'ennemi s'échapper impunément. Marius exécute promptement sa mission. Jugurtha, embarrassé dans nos retranchements, où ses hommes étaient précipités par-dessus la palissade, ou bien, dans leur hâte à fuir se gênaient mutuellement dans les boyaux, battit en retraite, non sans lourdes pertes, sur de fortes positions. La nuit approchant, Métellus ramène son armée au camp, sans avoir terminé l'affaire.

LIX. Aussi le lendemain, avant de sortir pour reprendre l'assaut, Métellus fait masser toute sa cavalerie devant le camp, du côté où l'on attendait le roi ; il répartit entre les tribuns la garde des portes et des environs, puis il marche contre la ville, et comme la veille, il attaque le rempart. Cependant Jugurtha, sortant de sa cachette, fond brusquement sur les nôtres ; les plus avancés, dans leur premier effroi, sont mis en désordre ; les autres viennent vite à la rescousse. Les Numides n'auraient pu résister plus longtemps, sans les grandes pertes que nous infligèrent les fantassins mêlés aux cavaliers ; soutenus par eux, ces derniers, au lieu de charger pour se replier ensuite, comme c'est l'habitude dans les combats de cavalerie, poussaient leurs chevaux toujours en avant, jetaient le désordre et le trouble dans nos rangs, et, par cette tactique, ils livraient à leur infanterie légère des adversaires à demi vaincus.

LX. Dans le même temps le combat[232] était acharné devant Zama. Les efforts se portaient surtout sur les points commandés par les lieutenants et les tribuns ; chacun comptait plus sur soi que sur les autres ; les assiégés montraient une même vigueur ; de tous côtés, ce n'étaient qu'attaques et contre-attaques ; les deux partis cherchaient plus à se porter des coups qu'à s'en garantir ; partout des clameurs où se mêlaient les exhortations, les cris de joie, les gémissements ; le cliquetis des armes montait jusqu'au ciel ; les traits volaient de part et d'autre. Cependant les défenseurs de la ville[233], dès

ubi hostes paulum modo pugnam remiserant, intenti
proelium equestre prospectabant. ⁴Eos, uti quaeque
Iugurthae res erant, laetos modo, modo pauidos animad-
uorteres; ac, sicuti audiri a suis aut cerni possent, monere
alii, alii hortari, aut manu significare, aut niti corpo-
ribus et ea huc et illuc quasi uitabundi aut iacientes tela
agitare. ⁵Quod ubi Mario oognitum est — nam is in ea
parte curabat — consulto lenius agere ac diffidentiam
rei simulare; pati Numidas sine tumultu regis proelium
uisere. ⁶Ita illis studio suorum adstrictis, repente magna
ui murum aggreditur; et iam scalis egressi milites prope
summa ceperant, cum oppidani concurrunt, lapides,
ignem, alia praeterea tela ingerunt. ⁷Nostri primo resistere; deinde, ubi unae atque alterae scalae conminutae,
qui superstcterant adflicti sunt; ceteri quoquo modo
potuere, pauci integri, magna pars uolneribus confecti,
abeunt. ⁸Denique utrimque proelium nox diremit.

LXI. ¹Metellus, postquam uidet frustra inceptum,
neque oppidum capi neque Iugurtham nisi ex insidiis
aut suo loco pugnam facere, et iam aestatem exactam
esse, ab Zama discedit, et in is urbibus quae ad se
defecerant satisque munitae loco aut moenibus erant,
praesidia inponit; ²ceterum exercitum in prouinciam
quae proxuma est Numidiae hiemandi gratia conlocat.
³Neque id tempus, ex aliorum more, quieti aut luxuriae
concedit; sed, quoniam armis bellum parum procedebat,
insidias regi per amicos tendere et eorum perfidia pro
armis uti parat. ⁴Igitur Bomilcarem, qui Romae cum
Iugurtha fuerat et inde uadibus datis clam de Massiuae
nece iudicium fugerat, quod ei per maxumam ami-

que l'ennemi leur donnait un peu de répit, regardaient
anxieusement le combat de cavalerie qui se déroulait au
loin ; on remarquait leur joie ou leur inquiétude, suivant
que l'affaire tournait bien ou mal pour Jugurtha ; et
comme si les leurs pouvaient les entendre ou les voir, ils
leur prodiguaient les conseils, les encouragements, leur
faisaient signe de la main, se penchaient en avant, s'agitaient en tous sens, comme pour éviter ou pour lancer des
traits. Quand Marius s'en aperçut – c'était lui qui
commandait de ce côté – il fit, à dessein, ralentir l'attaque, feignant de désespérer du succès, et laissa les
Numides regarder paisiblement le combat de leur roi.
Puis, quand il les voit absorbés par l'intérêt qu'ils portent
aux leurs, il entreprend vigoureusement l'assaut ; déjà
ses soldats, escaladant la muraille, avaient presque pris
pied sur le sommet, quand les assiégés accourent,
lançant des pierres, du feu, et toute sorte de traits. Les
nôtres commencent par résister ; mais, quelques échelles
s'étant rompues, ceux qui étaient dessus furent jetés à
bas ; les autres se sauvèrent du mieux qu'ils purent, bien
peu sains et saufs, et la plupart couverts de blessures.
Enfin, la nuit mit de part et d'autre fin au combat.

LXI. Voyant qu'il est tenu en échec, et qu'il ne peut
prendre la ville, que Jugurtha ne livre bataille que par
surprise et sur son terrain, que d'autre part l'été[234] était
déjà passé, Métellus abandonne Zama, et met garnison
dans les villes qui s'étaient rendues à lui et qui par leur
situation ou leurs remparts étaient en état de se défendre.
Quant au reste de l'armée, il lui donne ses quartiers
d'hiver[235] dans la partie de la province limitrophe de la
Numidie. Du reste, il ne consacre pas ce temps, comme
tant d'autres, au repos et à la mollesse ; mais comme la
guerre n'avançait point par les armes, il résolut d'y
substituer la ruse, et d'employer contre le roi la perfidie
de ses amis. Bomilcar, qui avait accompagné Jugurtha à
Rome, et qui, malgré les cautions fournies s'était soustrait aux poursuites concernant le meurtre de Massiva,

citiam maxuma copia fallendi erat, multis pollicitationibus aggreditur ; [5]ac primo efficit uti ad se conloquendi
gratia occultus ueniat ; deinde fide data, si Iugurtham
uiuom aut necatum sibi tradidisset, fore ut illi senatus
inpunitatem et sua omnia concederet, facile Numidae
persuadet, cum ingenio infido, tum metuenti ne, si pax
cum Romanis fieret, ipse per condiciones ad supplicium
traderetur.

LXII. [1]Is, ubi primum opportunum fuit, Iugurtham
anxium ac miserantem fortunas suas accedit. Monet
atque lacrumans obtestatur uti aliquando sibi liberisque et genti Numidarum optume meritae prouideat :
omnibus procliis sese uictos, agrum uastatum, multos
mortalis captos, occisos, regni opes conminutas esse ;
satis saepe iam et uirtutem militum et fortunam tempta-
tam ; caueat ne illo cunctante Numidae sibi consulant.
[2]His atque talibus aliis ad deditionem regis animum
inpellit. [3]Mittuntur ad imperatorem legati qui Iugurtham imperata facturum dicerent ac sine ulla pactione
sese regnumque suum in illius fidem tradere. [4]Metellus
propere cunctos senatorii ordinis ex hibernis accersi
iubet ; eorum et aliorum quos idoneos ducebat consilium
habet. [5]Ita more maiorum ex consili decreto per legatos
Iugurthae imperat argenti pondo ducenta milia, elephantos omnis, equorum et armorum aliquantum. [6]Quae
postquam sine mora facta sunt, iubet omnis perfugas
uinctos adduci. [7]Eorum magna pars, uti iussum erat,

lui parut plus que tout autre propre à trahir le roi, puisqu'il était plus que tout autre son ami. Il l'attaque donc
à force de promesses ; et il réussit tout d'abord à avoir
avec lui un entretien secret ; puis lui ayant juré que, s'il
lui livrait Jugurtha mort ou vif, le Sénat lui accorderait
l'impunité et la libre possession de tous ses biens, il n'a
pas de peine à persuader le Numide qui, outre sa perfidie
naturelle, craignait qu'en cas de paix avec les Romains,
sa reddition et sa mise à mort n'en fussent une des
conditions.

LXII. Saisissant la première occasion favorable,
Bomilcar va trouver Jugurtha. Le roi était inquiet et
déplorait sa mauvaise fortune. Il lui conseille et le
conjure en pleurant « de songer enfin à sa sûreté, à celle
de ses enfants, à celle du peuple numide qui l'a toujours
si bien servi : dans tous les combats ils ont été vaincus[236],
leur territoire, ravagé ; beaucoup d'hommes sont captifs,
tués ; les ressources du royaume, anéanties ; la valeur des
soldats et la fortune des armes ont été maintenant assez
mises à l'épreuve ; qu'il prenne garde, en temporisant,
que les Numides ne pourvoient eux-mêmes à leur sauvegarde ». Par des propos de cette sorte il décide le roi à se
rendre. On envoie au général romain des ambassadeurs
déclarer que Jugurtha exécuterait ses ordres, et qu'il
remettait sans condition[237] sa personne et son royaume à
sa merci. Métellus fait venir sans délai de leurs quartiers
d'hiver tous les membres de l'ordre sénatorial qui
servaient sous ses ordres ; il leur adjoint les personnes
qu'il jugeait compétentes, pour former son conseil de
guerre. C'est ainsi que suivant la coutume des ancêtres,
par décision du conseil, il enjoint à Jugurtha par ses
députés d'avoir à livrer deux cent mille livres pesant
d'argent, tous ses éléphants, et une certaine quantité
de chevaux et d'armes. Ces conditions une fois exécu-
tées sans délai, il ordonne qu'on lui amène enchaînés
tous les transfuges. La plupart d'entre eux furent
livrés[238], conformément à l'ordre ; un petit nombre,

adducti ; pauci, cum primum deditio coepit, ad regem
Bocchum in Mauretaniam abierant. ⁸Igitur Iugurtha,
ubi armis uirisque et pecunia spoliatus est, cum ipse
ad imperandum Tisidium uocaretur, rursus coepit flectere
animum suum et ex mala conscientia digna timere.
⁹Denique multis diebus per dubitationem consumptis,
cum modo taedio rerum aduorsarum omnia bello potiora
duceret, interdum secum ipse reputaret quam grauis casus
in seruitium ex regno foret, multis magnisque praesidiis
nequiquam perditis, de integro bellum sumit. ¹⁰Et Romae
senatus de prouinciis consultus Numidiam Metello decreuerat.

LXIII. ¹Per idem tempus Vticae forte C. Mario per
hostias dis supplicanti magna atque mirabilia portendi
haruspex dixerat : proinde quae animo agitabat fretus
dis ageret, fortunam quam saepissume experiretur ;
cuncta prospera euentura. ²At illum iam antea consulatus
ingens cupido exagitabat, ad quem capiundum, praeter
uetustatem familiae, alia omnia abunde erant : industria,
probitas, militiae magna scientia, animus belli ingens,
domi modicus, lubidinis et diuitiarum uictor, tantummodo gloriae auidus. ³Sed is natus et omnem pueritiam
Arpini altus, ubi primum aetas militiae patiens fuit,
stipendiis faciundis, non Graeca facundia neque urbanis
munditiis sese exercuit ; ita inter artis bonas integrum
ingenium breui adoleuit. ⁴Ergo, ubi primum tribunatum
militarem a populo petit, plerisque faciem eius ignoran-

dès que les pourparlers de capitulation avaient commencé, s'étaient réfugiés en Mauritanie auprès du roi Bocchus. Dépouillé de ses armes, de ses hommes, de son argent, quand il se vit appelé lui-même à Tisidium[239] pour y recevoir les ordres du consul, Jugurtha encore une fois changea de sentiments, et sa mauvaise conscience lui fit craindre le juste châtiment de ses crimes. Enfin, au bout de longs jours d'hésitation pendant lesquels tantôt l'amertume de la défaite lui faisait juger tout préférable à la guerre, tantôt la réflexion lui faisait apparaître quelle lourde chute c'était que de tomber du trône dans l'esclavage, après avoir inutilement abandonné tant de puissantes ressources, il se résolut à reprendre la guerre. À Rome, d'autre part, le Sénat, consulté sur le partage des provinces, avait attribué à Métellus la Numidie.

LXIII. Vers la même époque, il se trouva que Marius étant à Utique offrit un sacrifice aux dieux ; à cette occasion l'aruspice[240] lui annonça que « les entrailles des victimes lui présageaient une destinée aussi grande que surprenante ; qu'il pouvait, fort de l'appui des dieux, entreprendre ce qu'il projetait ; tenter la fortune aussi souvent qu'il le voudrait ; tout ne manquerait pas de lui réussir ». Or depuis longtemps déjà Marius brûlait d'obtenir le consulat[241] ; il avait d'ailleurs, pour y parvenir, toutes les qualités requises, sauf l'ancienneté de sa famille[242] : l'énergie, la probité, une grande science de l'art militaire, une âme indomptable à la guerre, modeste dans la paix, inaccessible à la passion et à l'argent, uniquement avide de gloire. Né à Arpinum[243] où il passa toute son enfance, dès qu'il fut en âge de porter les armes[244], c'est à la carrière militaire qu'il s'entraîna, et non à l'étude de l'éloquence grecque ou des élégances mondaines[245] : ainsi, grâce à ces saines occupations qui l'empêchèrent de se corrompre, son esprit se forma très vite. Aussi, quand il se présenta pour la première fois devant le peuple pour solliciter le tribunat militaire, bien

tibus, facile nqtus per omnis tribus declaratur. ⁵Deinde
ab eo magistratus alium post alium sibi peperit, sem-
perque in potestatibus eo modo agitabat ut ampliore
quam gerebat dignus haberetur. ⁶Tamen is ad id locorum
talis uir — nam postea ambitione praeceps datus est
— <consulatum> adpetere non audebat : etiam tum
alios magistratus plebes, consulatum nobilitas inter se
per manus tradebat. ⁷Nouos nemo tam clarus neque
tam egregiis factis erat, quin is indignus illo honore et
quasi pollutus haberetur.

LXIV. ¹Igitur ubi Marius haruspicis dicta eodem
intendere uidet quo cupido animi hortabatur, ab Metello
petundi gratia missionem rogat. Cui quamquam uirtus,
gloria atque alia optanda bonis superabant, tamen inerat
contemptor animus et superbia, commune nobilitatis
malum. ²Itaque primum commotus insolita re, mirari
eius consilium, et quasi per amicitiam monere ne tam
praua inciperet neu super fortunam animum gereret :
non omnia omnibus cupiunda esse ; debere illi res suas
satis placere ; postremo caueret id petere a populo Romano quod illi iure negaretur. ³Postquam haec atque
talia dixit, neque animus Mari flectitur, respondit, ubi
primum potuisset per negotia publica, facturum sese
quae peteret. ⁴Ac postea saepius eadem postulanti fertur
dixisse ne festinaret abire ; satis mature illum cum filio

que personne ou presque ne le connût de visage, sa seule
réputation lui valut sans peine le suffrage de toutes les
tribus. Au sortir de cette magistrature, il conquit successivement les autres, et dans toutes les charges qu'il exerçait, il se conduisait de façon telle qu'il apparaissait
comme digne d'en remplir une plus importante. Cependant, jusqu'à cette époque – car plus tard ce fut juste-
ment l'ambition[247] qui le perdit – un homme d'un tel
mérite n'osait porter ses vues sur le consulat; c'était
encore le temps où, si la plèbe avait accès aux autres
magistratures, la noblesse se réservait celle-là qu'elle se
passait de main en main. Il n'y avait pas d'homme
nouveau, si grand fût-il par sa gloire et ses exploits, qui
ne fût jugé indigne d'un tel honneur, et comme entaché
de quelque souillure.

LXIV. Marius voyant que les prédictions de l'aruspice s'accordaient avec ce que lui dictait son secret
désir, demande à Métellus un congé[248] pour aller poser sa
candidature. Bien qu'il possédât en abondance valeur
personnelle, gloire et autres qualités désirables pour les
gens de bien, Métellus avait ce défaut commun à la
noblesse, une âme hautaine et dédaigneuse. Déconcerté
tout d'abord par cette démarche inattendue, il témoigna
à Marius de son étonnement d'un pareil dessein, et, sur
le ton de l'amitié, il lui conseilla « de ne pas se lancer
dans une entreprise aussi déraisonnable, et de ne pas
vouloir s'élever au-dessus de sa condition : tout le
monde ne devait pas aspirer à tout ; il devait être satis-
fait de ce qu'il avait ; enfin, il ne lui fallait pas solliciter
du peuple romain un honneur que celui-ci lui refuserait
à juste titre ». Comme, malgré ces remontrances et
d'autres semblables, Marius demeurait inflexible dans
sa résolution, il finit par lui répondre « qu'il ferait droit
à sa demande, aussitôt que la situation générale le lui
permettrait ». Et comme par la suite Marius renouvelait
continuellement ses instances, on rapporte qu'il lui dit
« de ne pas se presser si fort ; qu'il serait encore assez tôt

suo consulatum petiturum. Is eo tempore contubernio
patris ibidem militabat, annos natus circiter uiginti.
Quae res Marium cum pro honore quem adfectabat,
tum contra Metellum uehementer accenderat. ⁵Ita cupidine atque ira, pessumis consultoribus, grassari ; neque
facto ullo neque dicto abstinere quod modo ambitiosum
foret : milites quibus in hibernis praeerat laxiore imperio
quam antea habere ; apud negotiatores, quorum magna
multitudo Vticae erat, criminose simul et magnifice de
bello loqui : dimidia pars exercitus si sibi permitteretur,
paucis diebus Iugurtham in catenis habiturum ; ab imperatore consulto trahi, quod homo inanis et regiae superbiae imperio nimis gauderet. ⁶Quae omnia illis eo firmiora
uidebantur quia diuturnitate belli res familiaris corru-
perant, et animo cupienti nihil satis festinatur.

LXV. ¹Erat praeterea in exercitu nostro Numida quidam, nomine Gauda, Mastanabalis filius, Masinissae
nepos, quem Micipsa testamento secundum heredem
scripserat, morbis confectus et ob eam causam mente
paulum inminuta. ²Cui Metellus petenti more regum ut
sellam iuxta poneret, item postea custodiae causa tur-
mam equitum Romanorum, utrumque negauerat : honorem, quod eorum modo foret quos populus Romanus
reges appellauisset ; praesidium, quod contumeliosum in
eos foret si equites Romani satellites Numidae trade-
rentur. ³Hunc Marius anxium aggreditur atque hortatur
ut contumeliarum in inperatorem cum suo auxilio poenas

pour lui de briguer le consulat en même temps que son fils[249]. » Or celui-ci, qui servait[250] en Afrique sous les ordres de son père, avait environ vingt ans[251]. Cette réponse n'avait fait qu'enflammer en Marius l'envie de l'honneur qu'il recherchait, comme aussi son ressentiment contre Métellus. Aussi n'écoute-t-il plus que les pires des conseillers, l'ambition et la colère ; il n'épargne aucun geste, aucun mot qui puisse servir sa candidature ; avec les soldats qu'il avait sous ses ordres dans les quartiers d'hiver, il use d'une discipline plus lâche qu'autrefois ; avec les trafiquants, qui étaient fort nombreux à Utique, il parle de la guerre en multipliant à la fois les critiques et les promesses orgueilleuses : « Si on lui donnait seulement la moitié de l'armée, il tiendrait dans quelques jours Jugurtha enchaîné ; c'est exprès que le général traînait la guerre en longueur, parce que, dans sa vanité et son orgueil tyrannique, il se complaisait à l'excès dans l'exercice du commandement. » Tous ces griefs leur paraissaient d'autant mieux fondés que la longue durée de la guerre leur avait fait perdre leur fortune, et que pour l'âme humaine rien ne marche assez vite au gré de ses désirs.

LXV. Il y avait en outre dans notre armée un Numide nommé Gauda, fils de Mastanabal, petit-fils de Masinissa, que Micipsa avait inscrit dans son testament comme son second héritier ; les maladies qui le rongeaient avaient quelque peu diminué son intelligence. Il avait demandé de placer, selon l'usage royal, son siège à côté du consul, et d'avoir, pour sa garde, un escadron de cavaliers romains ; et Métellus lui avait refusé l'un et l'autre : l'honneur, parce qu'il était l'apanage exclusif de ceux que le peuple romain avait reconnus pour rois[252], la garde, parce qu'il serait injurieux pour des cavaliers romains d'être remis à un Numide pour devenir ses gardes du corps. Marius va trouver Gauda, encore sous le coup du refus, et l'exhorte à profiter de son aide pour se venger de Métellus, et de ses

petat; hominem ob morbos animo parum ualido secunda
oratione extollit: illum regem, ingentem uirum, Masinissae nepotem esse; si Iugurtha captus aut occisus foret,
imperium Numidiae sine mora habiturum; id adeo mature posse euenire, si ipse consul ad id bellum missus
foret. ⁴Itaque et illum et equites Romanos, milites et
negotiatores, alios ipse, plerosque pacis spes inpellit uti
Romam ad suos necessarios aspere in Metellum de bello
scribant, Marium imperatorem poscant. ⁵Sic illi a multis
mortalibus honestissuma suffragatione consulatus pete-
batur. Simul ea tempestate plebs, nobilitate fusa per
legem Mamiliam, nouos extollebat. Ita Mario cuncta
procedere.

LXVI. ¹Interim Iugurtha postquam omissa deditione bellum incipit, cum magna cura parare omnia, festinare, cogere exercitum, ciuitatis quae ab se defecerant
formidine aut ostentando praemia adfectare, conmunire
suos locos, arma, tela, aliaque quae spe pacis amiserat
reficere aut commercari, seruitia Romanorum adlicere
et eos ipsos qui in praesidiis erant pecunia temptare,
prorsus nihil intactum neque quietum pati, cuncta agitare. ²Igitur Vagenses, quo Metellus initio Iugurtha paci-
ficante praesidium inposuerat, fatigati regis suppliciis
neque antea uoluntate alienati, principes ciuitatis inter
se coniurant; nam uolgus, uti plerumque solet, et maxume Numidarum, ingenio mobili, seditiosum atque discor-

affronts ; il exalte par un langage insinuant un homme dont la maladie affaiblissait l'esprit : n'est-il pas, lui dit-il, un roi, un très grand personnage, le petit-fils de Masinissa ? Si Jugurtha était pris ou tué, c'est à lui que reviendrait sans tarder le commandement de la Numidie ; et l'événement pouvait se produire vite si lui, Marius, était chargé de cette guerre au titre de consul. Grâce à ces manœuvres, il décide Gauda, les chevaliers romains, les soldats et les négociants, les uns pour lui plaire personnellement, la plupart dans l'espoir de la paix, à écrire à leurs amis de Rome des lettres très vives contre Métellus et sa façon de mener la guerre, et à réclamer Marius comme général[253]. C'est ainsi qu'un grand nombre de personnes faisaient campagne pour lui en lui apportant les témoignages les plus honorables ; d'autre part, c'était le temps où la plèbe, voyant la noblesse abattue par la loi Mamilia, élevait aux honneurs des hommes nouveaux. Tout concourait donc à favoriser Marius.

LXVI. Cependant Jugurtha, quand il eut résolu de ne plus capituler et de reprendre la guerre, en faisait tous les préparatifs avec autant de soin que de diligence, levant une armée, cherchant à regagner par la terreur ou l'appât des récompenses les cités qui l'avaient abandonné, fortifiant ses positions, réparant ou achetant les armes défensives ou offensives et tout le matériel que l'espoir de la paix lui avait fait céder, attirant à lui les esclaves romains, et tâchant de corrompre à prix d'argent même nos garnisons ; bref, son activité s'exerçait partout, essayait de tout, mettait tout en œuvre. Aussi à Vaga, ville où Métellus, au moment où Jugurtha commençait à parler de paix, avait mis une garnison, cédant aux prières du roi que du reste ils n'avaient pas abandonné volontairement, les citoyens les plus notables forment une conspiration[254] ; quant à la foule, suivant son ordinaire, surtout chez les Numides, elle était de caractère changeant, amie de la sédition et de la discorde, désireuse de

diosum erat, cupidum nouarum rerum, quieti et otio
aduorsum. Dein, conpositis inter se rebus, in diem tertium
constituunt, quod is festus celebratusque per omnem
Africam ludum et lasciuiam magis quam formidinem
ostentabat. [3]Sed ubi tempus fuit, centuriones tribunos-
que militaris et ipsum praefectum oppidi T. Turpilium
Silanum alius alium domos suas inuitant; eos omnis praeter Turpilium inter epulas obtruncant. Postea milites
palantis inermos, quippe in tali die ac sine imperio,
aggrediuntur. [4]Idem plebes facit, pars edocti ab nobilitate, alii studio talium rerum incitati, quis acta consi-
liumque ignorantibus tumultus ipse et res nouae satis
placebant.

LXVII. [1]Romani milites, improuiso metu incerti igna-
rique quid potissumum facerent, trepidare. Arce oppidi,
ubi signa et scuta erant, praesidium hostium, portae
ante clausae fuga prohibebant. Ad hoc mulieres pue-
rique pro tectis aedificiorum saxa et alia quae locus
praebebat certatim mittere. [2]Ita neque caueri anceps
malum, neque a fortissumis infirmissumo generi resisti
posse; iuxta boni malique, strenui et inbelles inulti
obtruncari. [3]In ea tanta asperitate, saeuissumis Numidis
et oppido undique clauso, Turpilius praefectus unus ex
omnibus Italicis profugit intactus. Id misericordiane
hospitis an pactione aut casu ita euenerit parum comperimus; nisi, quia illi in tanto malo turpis uita fama
integra potior fuit, inprobus intestabilisque uidetur.

nouveauté, ennemie de la paix et du repos. Après s'être concertés, ils fixent au surlendemain l'exécution de leur complot ; car c'était un jour de fête, célébré par toute l'Afrique, qui promettait plus de plaisir et de joie qu'il n'inspirait de défiance. Au temps marqué, les conjurés invitent chacun chez eux les centurions, les tribuns militaires, et même le gouverneur de la place, T. Turpilius Silanus ; ils les égorgent tous au milieu du festin, à l'exception de Turpilius ; puis s'en prennent aux soldats qui se promenaient, dispersés et sans armes, comme il était naturel en un pareil jour et en l'absence des chefs. La plèbe suit l'exemple, les uns, pour avoir appris le complot par la noblesse ; les autres, par goût instinctif pour de pareilles choses, parce que, sans savoir ce qui s'était fait et dans quel dessein, ils trouvaient un plaisir suffisant dans le désordre seul, et dans la nouveauté.

LXVII. Déconcertés par ce péril soudain, ne sachant quel parti prendre, les soldats romains[255] s'agitaient confusément : la citadelle, où étaient les enseignes et les boucliers, un poste ennemi en interdisait l'accès ; les portes, fermées avant l'agression, leur interdisaient la fuite ; de plus, les femmes et les enfants, du haut des maisons, leur jetaient à l'envi des pierres et tout ce qui leur tombait sous la main. Aussi leur était-il impossible de se garantir contre un double danger, comme aux plus vaillants de résister aux gens les plus faibles ; bons et mauvais soldats, braves et lâches, tous indistinctement étaient égorgés sans pouvoir se venger. Dans un tel désastre, alors que les Numides s'acharnaient contre nous, et que la ville était close de toutes parts, le préfet Turpilius fut le seul de tous les Italiens à s'enfuir sain et sauf. Fut-ce pitié de la part de son hôte, effet d'un accord secret, simplement un hasard, nous ne savons[256] ; en tout cas, l'homme qui, dans un tel malheur, préféra une vie sans honneur à une réputation sans tache, doit être tenu pour un misérable, et pour un infâme.

LXVIII. [1]Metellus, postquam de rebus Vagae actis
comperit, paulisper maestus ex conspectu abit. Deinde,
ubi ira et aegritudo permixta sunt, cum maxuma cura
ultum ire iniurias festinat. [2]Legionem cum qua hiemabat
et quam plurumos potest Numidas equites pariter cum
occasu solis expeditos educit, et postero die circiter horam
tertiam peruenit in quandam planitiem locis paulo
superioribus circumuentam. [3]Ibi milites fessos itineris
magnitudine et iam abnuentis omnia docet oppidum
Vagam non amplius mille passuum abesse ; decere illos
relicuom laborem aequo animo pati, dum pro ciuibus
suis, uiris fortissumis atque miserrumis, poenas caperent ;
praeterea praedam benigne ostentat. [4]Sic animis eorum
arrectis, equites in primo late, pedites quam artissume
ire et signa occultare iubet.

LXIX. [1]Vagenses ubi animum aduortere ad se uorsum exercitum pergere, primo, uti erat res, Metellum
esse rati, portas clausere ; deinde, ubi neque agros uastari et eos qui primi aderant Numidas equites uident,
rursum Iugurtham arbitrati, cum magno gaudio obuii
procedunt. [2]Equites peditesque repente signo dato alii
uolgum effusum oppido caedere, alii ad portas festinare,
pars turris capere ; ira atque praedae spes amplius quam
lassitudo posse. [3]Ita Vagenses biduom modo ex perfidia
laetati ; ciuitas magna et opulens cuncta poenae aut
praedae fuit. [4]Turpilius, quem praefectum oppidi unum
ex omnibus profugisse supra ostendimus, iussus a
Metello causam dicere, postquam sese parum expurgat,

LXVIII. La nouvelle des événements de Vaga affligea si fort Métellus qu'il se déroba quelque temps à tous les regards ; puis, la colère s'étant mêlée à sa douleur, il met tous ses soins à venger rapidement l'injure. Il part au coucher du soleil, emmenant la légion qui prenait ses quartiers d'hiver avec lui, et le plus qu'il peut de cavaliers numides, tous sans bagages ; et le lendemain, vers la troisième heure[257], il parvient dans une plaine entourée de légères hauteurs. Là, comme ses soldats fatigués par la longueur de l'étape[258] refusaient d'avancer, il les met au courant des faits : la place de Vaga n'est éloignée que d'un mille[259] au plus ; il est de leur honneur de supporter sans se plaindre les fatigues qui les attendent encore pour venger leurs concitoyens, dont la bravoure n'eut d'égale que le malheur ; enfin, il fait miroiter à leurs yeux un butin généreux. Ayant ainsi ranimé leur courage, il ordonne aux cavaliers de se déployer en tête, aux fantassins d'avancer en rangs aussi serrés que possible, et de cacher leurs enseignes.

LXIX. Les habitants de Vaga, à l'aspect d'une armée qui s'avançait vers eux, crurent d'abord, non sans raison, que c'était Métellus, et fermèrent les portes de la ville ; puis voyant qu'on ne dévastait pas les champs[260], et que les soldats marchant en tête étaient des cavaliers numides, ils s'imaginent au contraire que c'était Jugurtha, et s'avancent à sa rencontre avec de grands transports de joie. Soudain, au signal donné, cavaliers et fantassins s'élancent ; les uns massacrent la foule répandue hors de la ville, les autres courent aux portes, d'autres s'emparent des tours ; la colère et l'espoir du butin sont plus forts que la fatigue. Ainsi, les habitants de Vaga n'eurent que deux jours à se réjouir de leur perfidie ; cette cité grande et riche fut livrée tout entière à la vengeance ou au pillage. Turpilius, le commandant de la place, qui, nous l'avons dit plus haut, avait, seul de tous les nôtres, réussi à se sauver, fut mis en demeure par Métellus de présenter sa défense ; et, comme il ne put se

condemnatus uerberatusque capite poenas soluit : nam
is ciuis ex Latio erat.

LXX. [1]Per idem tempus Bomilcar, cuius inpulsu
Iugurtha deditionem quam metu deseruit inceperat,
suspectus regi et ipse eum suspiciens, nouas res cupere,
ad perniciem eius dolum quaerere, die noctuque fatigare
animum. [2]Denique omnia temptando socium sibi adiungit
Nabdalsam, hominem nobilem, magnis opibus, cla-
rum acceptumque popularibus suis, qui plerumque seor-
sum ab rege exercitum ductare et omnis res exsequi
solitus erat quae Iugurthae fesso aut maioribus adstricto
superauerant ; ex quo illi gloria opesque inuentae. [3]Igi-
tur utriusque consilio dies insidiis statuitur ; cetera,
uti res posceret, ex tempore parari placuit. [4]Nabdalsa ad
exercitum profectus quem inter hiberna Romanorum
iussus habebat, ne ager inultis hostibus uastaretur. [5]Is
postquam magnitudine facinoris perculsus ad tempus
non uenit metusque rem impediebat, Bomilcar, simul
cupidus incepta patrandi et timore socii anxius ne
omisso uetere consilio nouom quaereret, litteras ad eum
per homines fidelis mittit in quis mollitiam socordiam-
que uiri accusare, testari deos, per quos iurauisset,
monere ne praemia Metelli in pestem conuerteret :
Iugurthae exitium adesse, ceterum suane an Metelli
uirtute periret, id modo agitari ; proinde reputaret cum
animo suo praemia an cruciatum mallet.

LXXI. [1]Sed cum eae litterae adlatae, forte Nadbalsa
exercito corpore fessus in lecto quiescebat. [2]Vbi cognitis

justifier, sa condamnation fut prononcée : après avoir été
battu de verges, il eut la tête tranchée, car il n'était que
citoyen latin[261].

LXX. Au même moment, Bomilcar, qui avait inspiré
à Jugurtha le projet de capitulation que la crainte lui fit
ensuite abandonner, devenu suspect au roi et le suspec-
tant lui-même, souhaitait un changement dans la situation, cherchait quelque ruse pour perdre son maître, et
n'avait jour et nuit d'autre pensée en tête. En usant de
tous les moyens, il finit par s'adjoindre Nabdalsa,
personnage noble, riche, illustre et très aimé de ses
compatriotes ; c'est lui qui le plus souvent commandait
l'armée en l'absence du roi, et c'est sur lui que le roi se
reposait de toutes les tâches que la fatigue, ou des préoc-
cupations plus importantes ne lui permettaient pas d'accomplir ; confiance qui lui avait valu la gloire et la
richesse. Ils s'entendent donc l'un et l'autre pour fixer le
jour du complot ; pour le reste, il fut convenu qu'on l'im-
proviserait sur place, en prenant conseil des circonstances. Nabdalsa alla rejoindre l'armée qu'il avait ordre
de tenir non loin des quartiers d'hiver des Romains, pour
les empêcher de ravager impunément la campagne. Mais,
épouvanté par l'horreur du crime projeté, il ne vint pas
au rendez-vous, et le complot se trouvait arrêté par sa
timidité ; aussi Bomilcar, à la fois désireux de consommer son forfait, et tremblant que son complice, dans sa
terreur, n'abandonnât leur premier projet pour en former
un nouveau, lui envoie par des hommes sûrs une lettre où
il lui reprochait sa mollesse et sa lâcheté, il attestait les
dieux par lesquels il avait juré, il l'avertissait de ne pas
tourner à leur propre ruine les offres de Métellus :
Jugurtha, disait-il, touchait à sa perte ; la seule chose qui
fût en question, c'était de savoir si elle reviendrait à leur
propre mérite ou à celui de Métellus ; à lui donc de peser
ce qu'il préférait, des récompenses ou du châtiment.

LXXI. Or, lorsqu'on apporta cette lettre, Nabdalsa,
fatigué par l'exercice qu'il venait de prendre, se reposait

Bomilcaris uerbis primo cura, deinde, uti aegrum animum
solet, somnus cepit. [3]Erat ei Numida quidam negotiorum
curator, fidus acceptusque et omnium consiliorum nisi
nouissumi particeps. [4]Qui postquam adlatas litteras audi-
uit, et ex consuetudine ratus opera aut ingenio suo opus
esse, in tabernaculum introiit, dormiente illo epistulam
super caput in puluino temere positam sumit ac perlegit;
dein propere cognitis insidiis ad regem pergit. [5]Nabdalsa,
paulo post experrectus, ubi neque epistulam repperit et
rem omnem uti acta erat cognouit, primo indicem persequi conatus, postquam id frustra fuit, Iugurtham pla-
candi gratia adcedit ; dicit quae ipse parauisset facere
perfidia clientis sui praeuenta ; lacrumans obtestatur
per amicitiam perque sua antea fideliter acta ne super
tali scelere suspectum sese haberet.

LXXII. [1]Ad ea rex aliter atque animo gerebat placide respondit. Bomilcare aliisque multis quos socios
insidiarum cognouerat interfectis, iram obpresserat, ne
qua ex eo negotio seditio oreretur. [2]Neque post id locorum Iugurthae dies aut nox ulla quieta fuit : neque loco
neque mortali cuiquam aut tempori satis credere ; ciuis
hostisque iuxta metuere ; circumspectare omnia et omni
strepitu pauescere ; alio < atque alio > loco saepe contra
decus regium noctu requiescere ; interdum somno excitus
arreptis armis tumultum facere ; ita formidine quasi
uecordia exagitari.

LXXIII. [1]Igitur Metellus, ubi de casu Bomilcaris
et indicio patefacto ex perfugis cognouit, rursus tam-

sur son lit. Après avoir pris connaissance du message de Bomilcar, l'inquiétude le jeta dans un accablement, qui, comme il arrive fréquemment, fut suivi du sommeil. Il avait pour secrétaire un Numide, qui avait toute sa confiance et son affection, et qu'il tenait au courant de tous ses projets, sauf du dernier. Apprenant qu'on avait apporté une lettre, et pensant que, comme d'ordinaire, on aurait besoin de ses services ou de ses conseils, il entre dans la tente de Nabdalsa, prend, tandis qu'il dort, la lettre qu'il avait imprudemment laissée sur son chevet, la lit tout au long, et ainsi instruit du complot, il se rend chez le roi. Nabdalsa s'éveille peu après : ne trouvant pas la lettre, et apprenant ce qui s'était passé[262], il envoie d'abord à la poursuite du dénonciateur ; n'ayant pu le joindre, il va trouver Jugurtha pour l'apaiser, lui dit que, la perfidie de son protégé l'a prévenu dans ce qu'il avait lui-même l'intention de faire ; il le conjure en pleurant, par l'amitié qu'il lui a toujours témoignée, et par les preuves qu'il a eues jusqu'alors de sa fidélité, de ne pas le soupçonner d'un pareil crime.

LXXII. À ces protestations le roi répondit avec une douceur qui était loin de correspondre à ses véritables sentiments[263]. Une fois mis à mort Bomilcar et plusieurs autres dont il avait appris la complicité dans le complot, il avait étouffé sa colère, de peur de soulever une révolte. Mais, depuis ce moment, il n'y eut plus pour Jugurtha de repos ni le jour ni la nuit[264] ; tout lieu, tout homme, tout moment lui étaient suspects ; il craignait également ses ennemis et ses sujets ; toujours il avait l'œil au guet, s'épouvantait au moindre bruit, il changeait chaque nuit d'endroit pour dormir, souvent au mépris de la dignité royale ; parfois, s'éveillant en sursaut, il se jetait sur ses armes et provoquait une alerte : bref, il vivait dans une terreur voisine de l'égarement.

LXXIII. Métellus, ayant appris par des transfuges le sort de Bomilcar et la découverte du complot, recom-

quam ad integrum bellum cuncta parat festinatque. ²Ma-
rium fatigantem de profectione, simul et inuitum et
offensum sibi parum idoneum ratus, domum dimittit.
³Et Romae plebes, litteris quae de Metello ac Mario mis-
sae erant cognitis, uolenti animo de ambobus acceperant.
⁴Imperatori nobilitas, quae antea decori fuit, inuidiae
esse ; at illi alteri generis humilitas fauorem addiderat.
Ceterum in utroque magis studia partium quam bona
aut mala sua moderata. ⁵Praeterea seditiosi magistratus
uolgum exagitare, Metellum omnibus contionibus capitis
arcessere, Mari uirtutem in maius celebrare. ⁶Denique
plebes sic accensa uti opifices agrestesque omnes,
quorum res fidesque in manibus sitae erant, relictis
operibus frequentarent Marium et sua necessaria
post illius honorem ducerent. ⁷Ita perculsa nobilitate post multas tempestates nouo homini consulatus
mandatur. Et postea populus a tribuno plebis T. Manlio
Mancino rogatus quem uellet cum Iugurtha bellum
gerere, frequens Marium iussit. Sed paulo∗∗∗∗∗∗∗
decreuerat : ea res frustra fuit.

LXXIV. ¹Eodem tempore Iugurtha, amissis amicis,
quorum plerosque ipse necauerat, ceteri formidine, pars
ad Romanos, alii ad regem Bocchum profugerant, cum
neque bellum geri sine administris posset, et nouorum
fidem in tanta perfidia ueterum experiri periculosum
duceret, uarius incertusque agitabat. Neque illi res
neque consilium aut quisquam hominum satis placebat.

mence donc en hâte ses préparatifs, comme s'il s'agissait d'une guerre entièrement nouvelle[265]. Comme Marius le harcelait sans cesse à propos de son départ, et comme il jugeait peu utile de garder malgré lui un homme qui de plus lui en voulait, il lui accorde son congé[266]. À Rome la plèbe, ayant eu connaissance des rapports envoyés sur Métellus et Marius, avait accueilli avec satisfaction ce qu'on disait de tous les deux. La noblesse du général, naguère encore un titre de gloire, ne servait plus qu'à le faire haïr ; l'humble naissance de Marius au contraire le faisait aimer davantage. Du reste, à l'égard de l'un comme de l'autre, c'était plutôt l'esprit de parti qui faisait agir, que la considération de leurs bonnes ou mauvaises qualités. En outre, des magistrats séditieux[267] ne cessaient d'exciter la foule, réclamant dans toutes les assemblées la tête de Métellus, exagérant les mérites de Marius. Ils finirent par enflammer si bien la plèbe qu'artisans et paysans, qui n'avaient d'autre avoir et de crédit que dans leurs bras, quittaient tous leur travail pour escorter Marius, sacrifiant leur nécessaire à sa propre élévation. C'est ainsi qu'à la consternation de la noblesse, le consulat[268], après de longues années d'interruption, revient à un homme nouveau[269]. Ensuite, consulté[270] par le tribun de la plèbe T. Manlius Mancinus sur l'homme auquel il voulait confier la guerre contre Jugurtha, le peuple, d'une seule voix, désigna Marius.

Le Sénat, un peu avant, avait par décret ....; cette décision demeura sans effet.

LXXIV. En même temps Jugurtha, ayant perdu ses amis – le plus grand nombre ayant péri de sa propre main, les autres, effrayés, s'étant réfugiés auprès des Romains ou du roi Bocchus – sentant qu'il était impossible de faire la guerre sans lieutenants, et jugeant dangereux d'éprouver la fidélité de nouveaux serviteurs après tant de perfidie de la part des anciens, échafaudait les projets les plus divers sans pouvoir se résoudre[271]. Le présent, l'avenir, les hommes, tout le mécontentait, lui

Itinera praefectosque in dies mutare, modo aduorsum
hostis, interdum in solitudines pergere, saepe in fuga ac
post paulo in armis spem habere ; dubitare uirtuti an
fidei popularium minus crederet ; ita quocumque intenderat res aduorsae erant. ²Sed inter eas moras repente
sese Metellus cum exercitu ostendit. Numidae ab Iugurtha pro tempore parati instructique; dein proelium incipitur. ³Qua in parte rex pugnae adfuit, ibi aliquamdiu
certatum ; ceteri eius omnes milites primo congressu
pulsi fugatique. Romani signorum et armorum [et]
aliquanto numero, hostium paucorum potiti ; nam ferme
Numidis in omnibus proeliis magis pedes quam arma
tuta sunt.

LXXV. ¹Ea fuga Iugurtha inpensius modo rebus
suis diffidens, cum perfugis et parte equitatus in solitudines, dein Thalam peruenit, in oppidum magnum atque
opulentum, ubi plerique thesauri filiorumque eius multus pueritiae cultus erat. ²Quae postquam Metello comperta sunt, quamquam inter Thalam flumenque proxumum in spatio milium quinquaginta loca arida atque
uasta esse cognouerat, tamen spe patrandi belli si eius
oppidi potitus foret, omnis asperitates superuadere ac
naturam etiam uincere aggreditur. ³Igitur omnia iumenta
sarcinis leuari iubet nisi frumento dierum decem, ceterum
utris modo et alia aquae idonea portari. ⁴Praeterea
conquirit ex agris, quam plurumum potest domiti pecoris,
eoque imponit uasa cuiusque modi, sed pleraque lignea,
collecta ex tuguriis Numidarum. ⁵Ad hoc finitumis imperat qui se post regis fugam Metello dederant, quam plurumum quisque aquae portaret ; diem locumque ubi
praesto forent praedicit. ⁶Ipse ex flumine, quam proxu-

était odieux ; chaque jour il changeait de routes et d'officiers ; tantôt il marchait à l'ennemi, parfois il s'enfonçait dans le désert ; souvent il mettait son espoir dans la fuite, et peu après dans la lutte ; il se défiait également du courage et de la fidélité de ses sujets ; partout où il portait sa pensée, tout était contre lui. Au milieu de ces retards[272], tout à coup Métellus se montre avec son armée ; Jugurtha, surpris, arme et range ses Numides comme il peut ; puis la bataille s'engage. Là où se trouvait le roi, il y eut quelque résistance ; tous ses autres soldats, au premier choc, furent bousculés et mis en déroute. Les Romains s'emparèrent d'une certaine quantité d'armes et d'enseignes, mais firent peu de prisonniers ; car généralement les Numides, dans toutes les batailles, se fient plus à leurs jambes qu'à leurs armes.

LXXV. Après cette déroute, Jugurtha, désespérant plus que jamais de sa fortune, gagne le désert[273] avec les transfuges et une partie de sa cavalerie, et parvient ensuite à Thala[274], place grande et riche, où se trouvaient la plupart de ses trésors, et la somptueuse maison des jeunes princes, ses fils. Quand Métellus en fut informé, malgré la présence d'un grand désert qui s'étendait, lui avait-on dit, sur un espace de cinquante milles[275] entre Thala et le fleuve le plus proche, néanmoins, espérant mettre fin à la guerre par la prise de cette place, il entreprend de surmonter toutes les difficultés, et de triompher même de la nature[276]. Il fait décharger des bagages toutes les bêtes de somme, ne gardant sur elles qu'une provision de blé pour dix jours, des outres, et tous récipients propres au transport de l'eau. De plus, il réquisitionne dans la campagne le plus possible de bétail domestique, et place dessus des vases de toute sorte, mais surtout en bois, ramassés dans les tentes des Numides. En outre, il enjoint aux habitants des environs, qui s'étaient rendus à lui après la fuite du roi, d'apporter le plus d'eau qu'ils pourront ; il leur fixe le jour et l'endroit où ils devraient se présenter ; lui-même charge sur ses bêtes de somme

mam oppido aquam esse supra diximus, iumenta onerat.
Eo modo instructus, ad Thalam proficiscitur. [7]Deinde
ubi ad id loci uentum quo Numidis praeceperat, et
castra posita munitaque sunt, tanta repente caelo missa
uis aquae dicitur ut ea modo exercitui satis superque
foret.[8]Praeterea commeatus spe amplior, quia Numidae,
sicuti plerique in noua deditione, officia intenderant.
[9]Ceterum milites religione pluuia magis usi, eaque res
multum animis eorum addidit ; nam rati sese dis inmor-
talibus curae esse. Deinde postero die, contra opinionem
Iugurthae, ad Thalam perueniunt. [10]Oppidani, qui se
locorum asperitate munitos crediderant, magna atque
insolita re perculsi, nihilo segnius bellum parare ; idem
nostri facere.

LXXVI. [1]Sed rex nihil iam infectum Metello cre-
dens, quippe qui omnia, arma, tela, locos, tempora,
denique naturam ipsam ceteris imperitantem industria
uicerat, cum liberis et magna parte pecuniae ex oppido
noctu profugit. Neque postea in ullo loco amplius uno
die aut una nocte moratus simulabat sese negoti gratia
properare ; ceterum proditionem timebat, quam uitare
posse celeritate putabat ; nam talia consilia per otium et
ex opportunitate capi. [2]At Metellus, ubi oppidanos
proelio intentos, simul oppidum et operibus et loco
munitum uidet, uallo fossaque moenia circumuenit.
[3]Dein duobus locis ex copia maxume idoneis uineas
agere, [superque eas] aggerem iacere, et super aggerem

l'eau du fleuve qui était, nous l'avons dit, l'aiguade la plus proche de la ville. Ainsi pourvu, il part pour Thala. Quand on fut arrivé à l'endroit qu'il avait désigné aux Numides, et que le camp fut établi et retranché, on dit qu'il tomba tout à coup du ciel une telle quantité d'eau qu'elle seule eût été plus que suffisante pour les besoins de l'armée. De plus, la provision apportée dépassa les espérances, car les Numides s'étaient piqués de zèle comme il est fréquent après une récente soumission. Mais les soldats, par scrupule religieux, usèrent plutôt de l'eau de pluie, et cet incident accrut beaucoup leur courage, car ils étaient convaincus que les dieux les protégeaient. Le lendemain notre armée, contrairement à l'opinion de Jugurtha, arrive devant Thala. Les habitants, qui se croyaient protégés par les difficultés du terrain, et bien que déconcertés par la hardiesse sans précédent de notre manœuvre, ne laissent pas néanmoins de se préparer à bien combattre ; les nôtres font de même.

LXXVI. Mais, croyant que rien n'était désormais impossible à Métellus – n'avait-il pas triomphé par son énergie de tous les obstacles, armes défensives ou offensives, terrain, saison, enfin de la nature elle-même qui est maîtresse souveraine ? – le roi s'enfuit nuitamment de la place avec ses enfants et une grande partie de sa fortune ; et dès lors il ne séjourna dans aucun endroit plus d'un jour ou d'une nuit ; il prétextait que l'état de ses affaires exigeait cette hâte ; en réalité, il craignait la trahison et se flattait de pouvoir l'éviter à force de vitesse, dans la pensée que de tels desseins demandent pour être formés du temps et un concours de circonstances favorables. De son côté Métellus, voyant que les habitants étaient résolus à se défendre, que la place était aussi protégée par ses ouvrages comme par sa situation, fit entourer ses remparts d'un fossé surmonté d'une palissade. Puis, dans les deux endroits les plus favorables que présentait le terrain, il fait avancer des baraques, élever une terrasse, et poser sur celle-ci des

inpositis turribus opus et administros tutari. ⁴Contra
hacc oppidani festinare, parare ; prorsus ab utrisque
nihil relicuom fieri. ⁵Denique Romani, multo ante
labore prociiisque fatigati, post dies quadraginta quam
eo uentum erat, oppido modo potiti ; praeda omnis ab
perfugis conrupta. ⁶Ei postquam murum arietibus feriri
resque suas adflictas uident, aurum atque argentum
et alia quae prima ducuntur domum regiam compor-
tant. Ibi uino et epulis onerati illaque et domum et
semet igni corrumpunt, et quas uicti ab hostibus poenas
metuerant eas ipsi uolentes pependere.

LXXVII. ¹Sed pariter cum capta Thala legati ex
oppido Lepti ad Metellum uenerant orantes uti praesidium praefectumque eo mitteret : Hamilcarem quendam,
hominem nobilem, factiosum, nouis rebus studere, aduorsum quem neque imperia magistratuum neque leges uale-
rent : ni id festinaret, in summo periculo suam salutem,
illorum socios fore. ²Nam Leptitani iam inde a principio
belli Iugurthini ad Bestiam consulem et postea Romam
miserant amicitiam societatemque rogatum. ³Deinde, ubi
ea impetrata, semper boni fidelesque mansere et cuncta a
Bestia, Albino Metelloque imperata naue fecerant. ⁴Itaque ab imperatore facile quae petebant adepti : emissae
eo cohortes Ligurum quattuor et C. Annius praefectus.

LXXVIII. ¹Id oppidum ab Sidoniis conditum est,
quos accepimus profugos ob discordias ciuilis nauibus in
eos locos uenisse ; ceterum situm inter duas Syrtis, quibus nomen ex re inditum. ²Nam duo sunt sinus prope in

tours afin de protéger l'ouvrage et les travailleurs. De leur côté, les assiégés activent leurs préparatifs de défense ; bref, de part et d'autre on ne néglige rien. Enfin, après quarante jours[277] de travaux et de combats épuisants, les Romains s'emparèrent de la place, mais d'elle seule : tout le butin avait été détruit par les transfuges. Quand ils virent que le mur était battu en brèche par les béliers[278], et qu'ils étaient perdus sans ressources, ils emportèrent au palais royal l'or, l'argent, et tout ce que les hommes estiment au premier rang ; là, après s'être gorgés de vin et de viandes, ils livrèrent aux flammes tous ces biens, et le palais, et leurs personnes, s'infligeant volontairement le supplice qu'ils appréhendaient de la part du vainqueur.

LXXVII. Au moment de la prise de Thala, des députés de la place de Leptis étaient venus trouver Métellus pour le prier d'y envoyer une garnison et un commandant : « Un certain Hamilcar, homme noble et influent, travaillait à une révolution ; ni l'autorité des magistrats, ni les lois n'avaient de prise sur lui ; si Métellus ne se hâtait d'intervenir, eux, les alliés de Rome, verraient leur existence dans le plus grand péril. » Les habitants de Leptis en effet, dès le commencement de la guerre contre Jugurtha, avaient envoyé une ambassade d'abord au consul Bestia, puis à Rome, solliciter l'amitié et l'alliance romaine. Depuis qu'ils l'avaient obtenue, ils s'étaient toujours montrés bons et loyaux, et avaient exécuté fidèlement tous les ordres de Bestia, d'Albinus, et de Métellus. Aussi obtinrent-ils sans peine du général ce qu'ils demandaient. On leur envoya quatre cohortes de Ligures, avec C. Annius[279] pour commandant.

LXXVIII. La ville de Leptis[280] a été fondée par des Tyriens[281], qui, dit-on, chassés de leur patrie par des troubles civils, vinrent par mer s'établir en ces lieux. Elle est située entre les deux Syrtes, qui doivent leur nom[282] au caractère même de ces rivages. Il y a en effet,

extrema Africa, inpares magnitudine, pari natura. Quorum proxuma terrae praealta sunt ; cetera, uti fors tulit,
alta alia, alia in tempestate uadosa. ³Nam ubi mare magnum esse et saeuire uentis coepit, limum harenamque et
saxa ingentia fluctus trahunt : ita facies locorum cum
uentis simul mutatur ; Syrtes ab tractu nominatae.
⁴Eius ciuitatis lingua modo conuorsa conubio Numidarum ; legum cultusque pleraque Sidonica, quae eo facilius
retinebant quod procul ab imperio regis aetatem agebant. ⁵Inter illos et frequentem Numidiam multi uasti-
que loci erant.

LXXIX. ¹Sed quoniam in eas regiones per Lepti-
tanorum negotia uenimus, non indignum uidetur egre-
gium atque mirabile facinus duorum Carthaginiensium
memorare ; eam rem nos locus admonuit.

²Qua tempestate Carthaginienses pleraque Africa impe-
ritabant, Cyrenenses quoque magni atque opulenti fuere.
³Ager in medio harenosus, una specie ; neque flumen
neque mons erat, qui finis eorum discerneret ; quae res
eos in magno diuturnoque bello inter se habuit. ⁴Post-
quam utrimque legiones, item classes saepe fusae fuga-
taeque et alteri alteros aliquantum adtriuerant, ueriti ne
mox uictos uictoresque defessos alius aggrederetur, per
indutias sponsionem faciunt uti certo die legati domo
proficiscerentur : quo in loco inter se obuii fuissent, is
communis utriusque populi finis haberetur. ⁵Igitur Carthagine duo fratres missi, quibus nomen Philaenis erat,
maturauere iter pergere : Cyrenenses tardius iere. ⁶Id
socordiane an casu acciderit parum cognoui. Ceterum

presque à l'extrémité de l'Afrique[283], deux golfes, d'inégale grandeur, mais de même nature ; très profonds près du rivage, leurs autres parties, au hasard des circonstances et des tempêtes, présentent ici des gouffres, là des bas-fonds. En effet, lorsque la mer devient forte et mauvaise sous l'action des vents, les vagues traînent avec elle de la vase, du sable, même d'immenses rochers, et l'aspect des lieux change avec les vents ; le nom de Syrtes leur vient du verbe traîner (en grec σύρειν). Seule la langue des habitants de Leptis a changé, par suite des mariages avec les Numides ; les lois et les mœurs sont demeurées pour la plupart celles de Tyr[284] ; il leur était d'autant plus facile de les garder qu'ils vivaient loin de l'autorité royale : entre eux et la partie la plus peuplée de la Numidie c'étaient de grands déserts.

LXXIX. Puisque les événements de Leptis nous ont amené dans ces régions, il ne me paraît pas indigne de cette histoire de rappeler l'héroïsme[285] incroyable de deux Carthaginois, que ce lieu m'a remis en mémoire. Au temps où Carthage était maîtresse de la plus grande partie de l'Afrique, elle avait en Cyrène une rivale aussi riche que puissante. Entre les deux villes s'étendait une plaine sablonneuse et uniforme, sans fleuve ni montagne qui pût servir de limite ; ce fut la cause d'une guerre[286] longue et cruelle entre les deux pays. De part et d'autre, les armées, les flottes s'étaient réciproquement battues et mises en déroute, les adversaires s'étaient usés sensiblement l'un l'autre ; aussi craignant que le vainqueur et le vaincu, épuisés tous les deux, ne devinssent la proie d'un nouvel agresseur, ils profitent d'une trêve pour établir la convention suivante : à un jour fixé, des représentants de chaque ville partiraient de leur patrie respective ; et le point où ils se rencontreraient serait reconnu comme formant la frontière entre les deux peuples. Carthage délégua deux frères, du nom de Philènes[287], qui firent grande diligence ; les Cyrénéens allèrent plus lentement : fut-ce paresse de leur part ou accident, nous

solet in illis locis tempestas haud secus atque in mari
retinere : nam ubi per loca aequalia et nuda gignentium
uentus coortus harenam humo excitauit, ea, magna ui
agitata, ora oculosque implere solet ; ita prospectu
impedito morari iter. ⁷Postquam Cyrenenses aliquanto
posteriores se esse uident, et ob rem corruptam domi
poenas metuunt, criminari Carthaginiensis ante tempus
domo digressos, conturbare rem, denique omnia malle
quam uicti abire. ⁸Sed cum Poeni aliam condicionem,
tantummodo aequam, peterent, Graeci optionem Carthaginiensium faciunt ut uel illi, quos finis populo suo
peterent, ibi uiui obruerentur, uel eadem condicione
sese quem in locum uellent processuros. ⁹Philaeni, condicione probata, seque uitamque suam rei publicae condo-
nauere : ita uiui obruti. ¹⁰Carthaginienses in eo loco
Philaenis fratribus aras consecrauere, aliique illis domi
honores instituti. Nunc ad rem redeo.

LXXX. ¹Iugurtha postquam amissa Thala nihil
satis firmum contra Metellum putat, per magnas solitudines cum paucis profectus, peruenit ad Gaetulos,
genus hominum ferum incultumque et eo tempore ignarum nominis Romani. ²Eorum multitudinem in unum
cogit ac paulatim consuefacit ordines habere, signa sequi,
imperium obseruare, item alia militaria facere. ³Praeterea
regis Bocchi proxumos magnis muneribus et maioribus
promissis ad studium sui perducit ; quis adiutoribus
regem aggressus, inpellit uti aduersus Romanos bellum incipiat. ⁴Id ea gratia facilius proniusque fuit quod
Bocchus initio huiusce belli legatos Romam miserat

ne savons. Dans ces contrées, non moins qu'en pleine mer, la tempête empêche d'avancer. Lorsque le vent souffle sur cette plaine unie et sans végétation, il soulève des nuages de sable qui, chassés avec une grande force, emplissent la bouche et les yeux des voyageurs, masquent la vue, et retardent la marche. Lorsque les Cyrénéens se virent assez bien devancés[288], craignant d'être punis pour avoir trahi la cause de leur cité, ils accusent les Carthaginois d'être partis de chez eux avant le temps fixé ; ils contestent les résultats de l'épreuve ; bref, ils préfèrent tout à la honte de s'en aller vaincus. Les Carthaginois demandent alors qu'on fixe d'autres conditions, pourvu qu'elles soient équitables. Les Grecs leur donnent alors à choisir : soit d'être enterrés vifs à l'endroit où ils voulaient fixer les limites de leur pays, soit de les laisser s'avancer, à pareille condition, jusqu'à l'endroit qu'ils voudraient. La convention fut approuvée, et les Philènes firent à leur patrie le sacrifice de leurs personnes et de leur vie ; ils furent donc enterrés vifs. Les Carthaginois leur élevèrent sur place des autels[289] qui portent leur nom, et leur décernèrent d'autres honneurs dans la ville même. Je reviens maintenant à mon sujet.

LXXX. Jugurtha, persuadé, depuis la perte de Thala[290], que rien ne pouvait résister à Métellus, partit avec quelques hommes à travers de grands déserts, et parvint chez les Gétules[291], peuplade sauvage et barbare, et qui ignorait encore jusqu'au nom des Romains. Il groupe cette multitude, et peu à peu l'accoutume à garder les rangs, à suivre les enseignes, à observer les ordres, bref à toutes les obligations du métier militaire. En outre, par de grands présents et des promesses plus grandes encore, il rallie à sa cause les conseillers intimes du roi Bocchus ; avec leur aide il s'en prend au roi lui-même, et le détermine à déclarer la guerre aux Romains. Il y réussit d'autant plus aisément que Bocchus, au début des hostilités contre Jugurtha, avait envoyé une ambassade à

foedus et amicitiam petitum ; ⁵quam rem opportunissu-
mam incepto bello pauci impediuerant caeci auaritia,
quis omnia honesta atque inhonesta uendere mos erat.
⁶Et iam antea Iugurthae filia Bocchi nupserat. Verum
ea necessitudo apud Numidas Maurosque leuis ducitur,
quia singuli pro opibus quisque quam plurumas uxores,
denas alii, alii plures, habent, sed reges eo amplius. ⁷Ita
animus multitudine distrahitur ; nulla pro socia obtinet,
pariter omnes uiles sunt.

LXXXI. ¹Igitur in locum ambobus placitum exercitus conueniunt. Ibi fide data et accepta, Iugurtha
Bocchi animum oratione accendit : Romanos iniustos,
profunda auaritia, communis omnium ˙hostis esse ;
eandem illos causam belli cum Boccho habere quam
secum et cum aliis gentibus, lubidinem imperitandi, quis
omnia regna aduorsa sint : tum sese, paulo ante Carthaginiensis, item regem Persen, post, uti quisque opu-
lentissumus uideatur, ita Romanis hostem fore. ²His
atque aliis talibus dictis ad Cirtam oppidum iter constituunt, quod ibi Q. Metellus praedam captiuosque et
impedimenta locauerat. ³Ita Iugurtha ratus aut capta
urbe operae pretium fore, aut, si dux Romanus auxilio
suis uenisset, proelio sese certaturos. ⁴Nam callidus id
modo festinabat Bocchi pacem inminuere, ne moras
agitando aliud quam bellum mallet.

LXXXII. ¹Imperator postquam de regum ˙societate
cognouit, non temere neque, uti saepe iam uicto Iugurtha

Rome demander un traité d'alliance ; négociation qui, malgré tous les avantages quelle présentait pour nous dans cette guerre, avait échoué grâce aux intrigues de quelques hommes, aveuglés par la cupidité, et accoutumés à faire argent de tout, du bien comme du mal. De plus, Jugurtha avait épousé la fille de Bocchus. Il est vrai que ce lien ne compte guère chez les Numides et les Maures ; chacun, suivant ses ressources, y a plusieurs femmes : les uns dix, d'autres davantage, et les rois plus encore. Aussi l'affection se perd dans cette multitude. Aucune ne tient le rang d'une véritable compagne ; toutes sont pareillement méprisées.

LXXXI. Les armées se réunissent donc dans un endroit convenu par les deux rois. Là, après échange de serments, Jugurtha enflamme par ses propos le courage de Bocchus : « Les Romains, lui dit-il, sont un peuple injuste, d'une cupidité[292] sans bornes, ennemi de tout le genre humain ; ils ont pour lui faire la guerre le même motif qui les a armés contre lui-même et tant d'autres nations, leur besoin de dominer, qui en fait des adversaires de tous les royaumes ; aujourd'hui c'est lui-même, hier c'étaient les Carthaginois, et le roi Persée[293], demain ce sera quiconque leur paraîtra le plus riche qui sera leur ennemi. » Après plusieurs discours semblables, les deux rois décident de marcher sur Cirta, place où Métellus avait mis son butin, ses captifs et ses bagages. Ainsi, pensait Jugurtha, ou la prise de la ville les paierait de leur peine, ou bien, si le général romain venait au secours de ses alliés, ils pourraient engager la bataille avec lui. Car le rusé Numide n'avait qu'une hâte, c'était d'amener Bocchus à une rupture ouverte, dans la crainte qu'à force d'attendre ce prince ne préféra à la guerre toute autre solution.

LXXXII. Le général, lorsqu'il eut appris l'alliance des deux rois, ne voulut point s'engager à la légère, ni leur offrir le combat sur tous les terrains, comme il avait pris l'habitude de le faire après les nombreuses défaites

consueuerat, omnibus locis pugnandi copiam facit ; ceterum haud procul ab Cirta castris munitis reges opperitur, melius esse ratus cognitis Mauris, quoniam is nouos
hostis adcesserat, ex commodo pugnam facere. ²Interim
Roma per litteras certior fit prouinciam Numidiam
Mario datam ; nam consulem factum ante acceperat.
Quibus rebus supra bonum aut honestum perculsus,
neque lacrumas tenere neque moderari linguam ; uir
egregius in aliis artibus nimis molliter aegritudinem pati.
³Quam rem alii in superbiam uortebant, alii bonum ingenium contumelia accensum esse, multi, quod iam parta
uictoria ex manibus eriperetur. Nobis satis cognitum est
illum magis honore Mari quam iniuria sua excruciatum,
neque tam anxie laturum fuisse si adempta prouincia
alii quam Mario traderetur.

LXXXIII. ¹Igitur eo dolore inpeditus, et quia stul-
titiae uidebatur alienam rem periculo suo curare, legatos
ad Bocchum mittit postulatum ne sine causa hostis
populo Romano fieret : habere tum magnam copiam
societatis amicitiaeque coniungendae quae potior bello
esset, et quamquam opibus suis confideret, non debere
incerta pro certis mutare ; omne bellum sumi facile,
ceterum aegerrume desinere ; non in eiusdem potestate
initium eius et finem esse ; incipere cuiuis etiam ignauo
licere, deponi cum uictores uelint ; proinde sibi regnoque
consuleret, neu florentis res suas cum Iugurthae perditis

infligées précédemment à Jugurtha, mais il attend les deux rois non loin de Cirta dans un camp retranché, jugeant qu'il valait mieux d'abord apprendre à connaître les Maures, puisqu'il avait là un ennemi nouveau, afin de ne combattre qu'à sa convenance. Cependant, il apprend par une lettre[294] de Rome que la province de Numidie a été donnée à Marius ; il savait déjà que celui-ci avait été nommé consul. Plongé par ces nouvelles dans un abattement plus grand que de raison[295], indigne même de son rang, il ne put ni retenir ses larmes, ni modérer sa langue. Cet homme, si éminent d'autre part, était sans force pour supporter son chagrin. Les uns attribuaient cette attitude à l'orgueil ; d'autres, à l'indignation vertueuse d'un noble cœur gravement offensé ; la plupart, au dépit de se voir arracher des mains une victoire désormais acquise. Pour nous, nous sommes convaincu qu'il souffrait moins de sa propre injure que de l'élévation de Marius, et que son chagrin eût été moins vif si la province qu'on lui enlevait eût été donnée à tout autre qu'à son lieutenant.

LXXXIII. Arrêté dans ses projets par son ressentiment, et regardant comme une sottise de s'exposer pour une affaire qui ne le regardait plus, il envoie à Bocchus[296] une délégation pour l'engager à ne pas se déclarer sans raison contre le peuple romain : il avait en ce moment une belle occasion de se lier avec lui par un traité d'alliance et d'amitié bien préférable à la guerre ; quelque confiance qu'il eût dans ses forces, il ne devait pas risquer le certain pour l'incertain. Il ajoutait que toute guerre est aisée à entreprendre, mais bien difficile à terminer, qu'il n'est pas toujours au pouvoir du même homme de la commencer et de la finir ; l'entamer est à la portée de n'importe qui, même d'un lâche ; la faire cesser dépend de la volonté du vainqueur ; qu'il considérât donc son intérêt et celui de son royaume ; et qu'il n'allât point allier sa fortune, qui était florissante, à la situation désespérée de Jugurtha. À ces remontrances le

misceret. ²Ad ea rex satis placide uerba facit : sese pacem
cupere, sed Iugurthae fortunarum misereri ; si eadem
illi copia fieret, omnia conuentura. ³Rursus imperator
contra postulata Bocchi nuntios mittit. Ille probare
partim, alia abnuere. Eo modo saepe ab utroque missis
remissisque nuntiis tempus procedere, et ex Metelli
uoluntate bellum intactum trahi.

LXXXIV. ¹At Marius, ut supra diximus, cupientis-
suma plebe consul factus, postquam ei prouinciam Numidiam populus iussit, antea iam infestus nobilitati, tum
uero multus atque ferox instare ; singulos modo, modo
uniuorsos laedere ; dictitare sese consulatum ex uictis
illis spolia cepisse ; alia praeterea magnifica pro se et illis
dolentia. ²Interim quae bello opus erant prima habere,
postulare legionibus supplementum, auxilia a populis et
regibus sociisque arcessere, praeterea ex Latio fortissumum quemque, plerosque militiae, paucos fama cognitos
accire, et ambiundo cogere homines emeritis stipendiis
secum proficisci. ³Neque illi senatus, quamquam aduorsus erat, de ullo negotio abnuere audebat ; ceterum supplementum etiam laetus decreuerat, quia neque plebi
militia uolenti putabatur, et Marius aut belli usum aut
studia uolgi amissurus. Sed ea res frustra sperata ; tanta
lubido cum Mario eundi plerosque inuaserat. ⁴Sese quisque praeda locupletem fore, uictorem domum rediturum,
alia huiuscemodi animis trahebant ; et eos non paulum
oratione sua Marius adrexerat. ⁵Nam postquam, omni-

roi répondit sur un ton assez modéré : « qu'il désirait la paix, mais qu'il avait pitié de la situation de Jugurtha ; si on accordait à ce prince les mêmes conditions qu'à lui-même, il serait facile de s'entendre sur tous les points ». Sur cette réponse, le général fait porter à Bocchus des contre-propositions ; le roi en admet une partie, et rejette les autres. C'est ainsi que le temps se passe en messages qu'on s'envoie et se renvoie mutuellement, et que, comme le voulait Métellus, la guerre traîne sans jamais commencer [297].

LXXXIV. Cependant, depuis que Marius avait été, comme nous l'avons dit, élu consul au grand enthousiasme de la plèbe, et s'était vu attribuer par le peuple la province de Numidie, l'hostilité qu'il avait toujours montrée contre la noblesse redoublait de violence et d'acharnement ; tantôt il s'attaquait aux individus, tantôt au corps tout entier : il allait répétant que son consulat était le prix de la victoire qu'il avait remportée sur eux ; et d'autres propos glorieux pour lui et blessants pour eux. Il ne laissait pas cependant de mettre au premier rang la préparation de la guerre ; complétant l'effectif des légions, faisant fournir des troupes auxiliaires par les peuples, les rois, les alliés ; appelant auprès de lui les plus braves soldats du Latium, dont la plupart lui étaient connus pour avoir servi sous ses ordres, et quelques-uns, de réputation ; et à force de démarches, décidant des vétérans libérés du service à partir avec lui. Et le Sénat, malgré son hostilité, n'osait rien lui refuser ; c'est même avec plaisir qu'il avait voté les levées supplémentaires, parce que l'on croyait que la plèbe était opposée au service militaire, et que Marius devrait renoncer soit aux moyens de faire la guerre, soit aux sympathies de la foule. Mais ce calcul se trouva faux ; tant la plupart brûlaient du désir d'accompagner Marius. Ils se flattaient tous de s'enrichir par le butin, de rentrer victorieux dans leurs foyers, nourrissant mille autres espoirs semblables ; et le discours de Marius n'avait pas peu

bus quae postulauerat decretis, milites scribere uolt, hor-
tandi causa, simul et nobilitatem, uti consueuerat, exagi-
tandi, contionem populi aduocauit. Deinde hoc modo
disseruit :

LXXXV. « [1]Scio ego, Quirites, plerosque non isdem
artibus imperium a uobis petere et, postquam adepti
sunt, gerere : primo industrios, supplicis, modicos esse ;
dein per ignauiam et superbiam aetatem agere. Sed mihi
contra ea uidetur. [2]Nam quo pluris est uniuorsa res
publica quam consulatus aut praetura, eo maiore cura
illam administrari quam haec peti debere. [3]Neque me
fallit quantum cum maxumo beneficio uostro negoti
sustineam. Bellum parare simul et aerario parcere,
cogere ad militiam quos nolis offendere, domi forisque
omnia curare, et ea agere inter inuidos, occursantis, factiosos, opinione, Quirites, asperius est. [4]Ad hoc, alii si
deliquere, uetus nobilitas, maiorum fortia facta, cogna-
torum et adfinium opes, multae clientelae, omnia haec
praesidio adsunt ; mihi spes omnes in memet sitae, quas
necesse est uirtute et innocentia tutari ; nam alia infirma
sunt. [5]Et illud intellego, Quirites, omnium ora in me
conuorsa esse, aequos bonosque fauere, — quippe mea
bene facta rei publicae procedunt, — nobilitatem locum
inuadendi quaerere. [6]Quo mihi acrius adnitendum est
uti neque uos capiamini et illi frustra sint. [7]Ita ad hoc
aetatis a pueritia fui uti omnis labores et pericula con-

contribué à les enthousiasmer. Car, après avoir obtenu du Sénat tous les décrets qu'il avait demandés, lorsqu'il voulut procéder aux enrôlements, il convoque l'assemblée du peuple, autant pour l'exhorter, que pour invectiver la noblesse, conformément à son habitude ; et voici le discours qu'il prononça :

LXXXV. « Je sais bien[248], citoyens, que la plupart des gens se montrent tout autres, quand ils vous demandent le pouvoir, qu'ils ne sont quand ils l'ont obtenu ; avant, vous les voyez laborieux, suppliants, modestes ; après, ils ne vivent plus que dans la mollesse et l'orgueil. Pour moi[299], je suis d'un sentiment tout opposé : comme l'ensemble de la République a plus de prix que le consulat ou la préture, on doit employer plus de soin à la bien gouverner qu'à solliciter ces honneurs. Je n'ignore pas non plus quelle charge j'assume en acceptant le grand honneur que votre bienveillance m'a fait. Préparer la guerre tout en épargnant le trésor, contraindre au service militaire des gens qu'on ne voudrait pas heurter ; veiller à tout au-dedans comme au-dehors, et mener toutes ces tâches au milieu des jalousies, des oppositions, des intrigues, c'est une chose, citoyens, plus rude qu'on n'imagine. Ajoutez que si les autres viennent à faiblir, leur vieille noblesse, les hauts faits de leurs ancêtres, le crédit de leurs parents par le sang ou par l'alliance, le grand nombre de leurs clients, tout cela vient à leur aide ; moi, toutes mes espérances sont en moi-même[300], et je n'ai pour les défendre que ma valeur et mon intégrité ; car le reste ne compte pas. Je vois bien aussi, citoyens, que tous les regards sont tournés vers moi, que les hommes justes et honnêtes, sachant que mes services ne sont pas inutiles à la République, me sont favorables, que la noblesse cherche l'occasion de fondre sur moi. Aussi dois-je redoubler d'efforts, et pour ne pas vous laisser prendre, et pour faire échouer leurs entreprises. Depuis mon enfance jusqu'à ce jour, j'ai vécu de manière à me faire une habitude de tous les travaux, de

sueta habeam. ⁸Quae ante uostra beneficia gratuito
faciebam, ea uti accepta mercede deseram non est consilium, Quirites. ⁹Illis difficile est in potestatibus temperare
qui per ambitionem sese probos simulauere ; mihi, qui
omnem aetatem in optumis artibus egi, bene facere iam
ex consuetudine in naturam uortit.

¹⁰Bellum me gerere cum Iugurtha iussistis ; quam rem
nobilitas aegerrume tulit. Quaeso, reputate cum animis
uostris num id mutare melius sit, si quem ex illo globo
nobilitatis ad hoc aut aliud tale negotium mittatis,
hominem ueteris prosapiae ac multarum imaginum et
nullius stipendi ; scilicet ut in tanta re ignarus omnium
trepidet, festinet, sumat aliquem ex populo monitorem
offici sui. ¹¹Ita plerumque euenit ut quem uos imperare
iussistis, is sibi imperatorem alium quaerat. ¹²Atque ego
scio, Quirites, qui postquam consules facti sunt, et acta
maiorum et Graecorum militaria praecepta legere coepe-
rint, praeposteri homines ; nam gerere quam fieri tempore posterius, re atque usu prius est. ¹³Conparate nunc,
Quirites, cum illorum superbia me hominem nouom.
Quae illi audire aut legere solent, eorum partem uidi,
alia egomet gessi ; quae illi litteris, ea ego militando
didici. ¹⁴Nunc uos existumate facta an dicta pluris
sint. Contemnunt nouitatem meam, ego illorum ignauiam ; mihi fortuna, illis probra obiectantur. ¹⁵Quam-
quam ego naturam unam et communem omnium exis-

tous les périls. Ce qu'avant d'éprouver vos bienfaits je faisais gratuitement, irais-je y renoncer, citoyens, maintenant que j'en ai reçu le salaire ? Ceux-là qui, pendant leur brigue, se sont parés des dehors de l'honnêteté, ont peine à se modérer dans l'exercice du pouvoir ; pour moi, qui ai passé toute ma vie dans la pratique des vertus, l'habitude de me bien conduire est devenue une seconde nature.

Vous m'avez chargé de la guerre contre Jugurtha : ce qui a profondément indigné la noblesse. Considérez en vous-mêmes, je vous prie, s'il vaut mieux revenir sur ce choix, et envoyer pour cette besogne ou toute autre semblable quelqu'un pris dans ce bloc[301] de la noblesse, un homme de vieille lignée[302], riche en portraits d'ancêtres et pauvre en états de service, sans doute pour qu'une fois aux prises avec une besogne dont il ignore tout, il aille s'agiter, se démener, et finalement prendre un homme du peuple qui lui apprenne son métier. En effet, il arrive le plus souvent que celui que vous avez nommé pour commander cherche à son tour un autre qui lui commande. J'en connais aussi, citoyens, qui, une fois élus consuls[303], se sont mis à lire et les actions de nos ancêtres, et les préceptes des Grecs sur l'art militaire : gens qui font tout à rebours ; car si pour exercer une charge, il faut d'abord y être élu, il n'en faut pas moins s'y être au préalable pratiquement exercé. Comparez maintenant, citoyens, avec l'orgueil de ces gens, l'homme nouveau que je suis. Les choses qu'ils ne connaissent que pour les avoir lues ou apprises oralement, moi je les ai vues, ou je les ai faites : ce qu'ils ont appris dans les livres, moi je l'ai appris à la guerre. À vous maintenant de juger ce qui vaut le mieux des paroles ou des actes. Ils méprisent ma naissance, et moi, leur lâcheté ; à moi c'est ma condition, à eux ce sont des hontes qu'on jette à la face. Et du reste j'estime que la nature humaine est une, que c'est un bien commun à

tumo, sed fortissumum quemque generosissumum. [16]Ac
si iam ex patribus Albini aut Bestiae quaeri posset mene
an illos ex se gigni maluerint, quid responsuros creditis,
nisi sese liberos quam optumos uoluisse ? [17]Quod si iure
me despiciunt, faciant item maioribus suis quibus, uti
mihi, ex uirtute nobilitas coepit. [18]Inuident honori meo ;
ergo inuideant labori, innocentiae, periculis etiam meis,
quoniam per haec illum cepi. [19]Verum homines corrupti
superbia ita aetatem agunt quasi uostros honores con-
temnant ; ita hos petunt, quasi honeste uixerint. [20]Ne illi
falsi sunt, qui diuorsissumas res pariter expectant, ignauiae uoluptatem et praemia uirtutis. [21]Atque etiam cum
apud uos aut in senatu uerba faciunt, pleraque oratione
maiores suos extollunt ; eorum fortia facta memorando
clariores sese putant. [22]Quod contra est. Nam quanto uita
illorum praeclarior, tanto horum socordia flagitiosior.
[23]Et profecto ita se res habet : maiorum gloria posteris
quasi lumen est ; neque bona neque mala eorum in
occulto patitur. [24]Huiusce rei ego inopiam fateor,
Quirites ; uerum, id quod multo praeclarius est,
meamet facta mihi dicere licet. [25]Nunc uidete quam
iniqui sint : quod ex aliena uirtute sibi adrogant, id
mihi ex mea non concedunt, scilicet quia imagines non
habeo, et quia mihi noua nobilitas est, quam certe
peperisse melius est quam acceptam corrupisse. ·

[26]Equidem ego non ignoro, si iam mihi respondere
uelint, abunde illis facundam et conpositam orationem
fore. Sed in maxumo uostro beneficio, cum omnibus

tous, et que c'est le plus valeureux qui est le mieux né. Et si l'on pouvait demander aujourd'hui aux pères d'Albinus ou de Bestia qui, d'eux ou de moi, ils eussent préféré avoir pour fils, quelle réponse feraient-ils, croyez-vous, sinon qu'ils eussent voulu donner le jour aux plus valeureux possible ? Si les nobles ont le droit de me mépriser, qu'ils en fassent autant pour leurs ancêtres qui n'ont dû, comme moi, leur noblesse qu'à leur mérite. Ils sont envieux de ma dignité ; qu'ils le soient donc de mon labeur, de ma probité, de mes périls même, puisque c'est à ce prix que je l'ai obtenue. Mais gâtés par leur orgueil, ils vivent comme s'ils dédaignaient vos honneurs, et ils les briguent comme s'ils en étaient dignes. Ils s'abusent étrangement s'ils veulent obtenir à la fois ces deux choses incompatibles, les plaisirs de la paresse et les récompenses dues au mérite. Bien plus, lorsqu'ils prennent la parole devant vous ou au Sénat, ils remplissent leurs discours de l'éloge de leurs ancêtres ; ils croient que le rappel de ces hauts faits rehausse leur propre gloire. C'est précisément le contraire. Plus la vie des uns a été illustre, plus la lâcheté des autres paraît infâme. Telle est la vérité : la gloire des ancêtres est comme un flambeau pour leurs descendants ; elle ne laisse dans l'ombre ni leurs vices, ni leurs vertus. Je n'ai pas d'aïeux à invoquer, je l'avoue, citoyens ; mais, ce qui est autrement glorieux, je puis parler de mes propres exploits. Voyez maintenant leur injustice. Ce qu'ils s'arrogent au nom d'un mérite qui n'est pas à eux, ils ne veulent pas l'accorder à mon mérite personnel, sans doute parce que je n'ai pas d'ancêtres, et que ma noblesse est toute nouvelle : mais il vaut mieux se l'être faite soi-même, que d'avoir déshonoré celle qu'on a reçue.

Je n'ignore pas que, s'ils veulent à présent me répondre, ils auront abondance de beaux discours bien composés ; mais, comme ils prennent occasion de l'insigne honneur dont vous m'avez fait bénéficier pour se

locis me uosque maledictis lacerent, non placuit reticere,
ne quis modestiam in conscientiam duceret. ²⁷Nam me
quidem ex animi mei sententia nulla ˙oratio laedere
potest ; quippe uera necesse est bene praedicent, falsa
uita moresque mei superant. ²⁸Sed quoniam uostra consilia accusantur, qui mihi summum honorem et maxumum
negotium imposuistis, etiam atque etiam reputate num
corum paenitendum sit. ²⁹Non possum fidei causa imagines neque triumphos aut consulatus maiorum meorum
ostentare ; at, si res postulet, hastas, uexillum, phaleras,
alia militaria dona, praeterea cicatrices aduorso corpore.
³⁰Hae sunt meae imagines, haec nobilitas, non hereditate
relicta, ut illa illis, sed quae ego meis plurumis laboribus
et periculis quaesiui.

³¹Non sunt composita uerba mea ; parui id facio.
Ipsa se uirtus satis ostendit; illis artificio opus est, ut
turpia facta oratione tegant. ³²Neque litteras Graecas
didici ; parum placebat eas discere, quippe quae ad
uirtutem doctoribus nihil profuerant. ³³At illa multo
optuma rei publicae doctus sum : hostem ferire, praesidia
agitare, nihil metuere nisi turpem famam, hiemem et
aestatem iuxta pati, humi requiescere, eodem tempore
inopiam et laborem tolerare. ³⁴His ego praeceptis milites
hortabor ; neque illos arte colam, me opulenter, neque
gloriam meam, laborem illorum faciam. ³⁵Hoc est utile,
hoc ciuile imperium. Namque cum tute per mollitiem
agas, exercitum supplicio cogere, id est dominum, non
imperatorem esse. ³⁶Haec atque talia maiores uostri
faciundo seque remque publicam celebrauere. ³⁷Quis

répandre partout en invectives contre vous et moi, je n'ai pas voulu garder le silence, de peur qu'on ne prît ma réserve pour un aveu. Pour moi, j'en suis intimement convaincu[304], aucun discours ne peut me nuire ; véridique, il ne peut être qu'à ma louange, mensonger, ma vie et mes mœurs suffisent à le démentir. Mais puisque ce sont vos décisions qu'on incrimine, et qu'on vous blâme de m'avoir donné le plus grand des honneurs et la plus lourde des charges, examinez bien si vous devez vous en repentir. Je ne puis, pour inspirer confiance, exhiber les portraits ni les triomphes ou les consulats de mes ancêtres, mais, s'il en était besoin, des lances[305], un étendard, des phalères et autres récompenses militaires[306], sans parler de mes blessures, toutes reçues par-devant. Voilà mes portraits, voilà ma noblesse, titres qui ne m'ont pas été laissés, comme à eux, par héritage, mais que j'ai gagnés au prix de fatigues et de dangers sans nombre. Mes paroles sont sans art ; j'en fais peu de cas. La valeur personnelle se montre assez d'elle-même ; c'est à eux qu'il faut les artifices de l'éloquence, pour pouvoir en couvrir leurs turpitudes. Je n'ai pas non plus étudié les lettres grecques[307] ; je ne me souciais guère d'une étude qui n'avait nullement servi à donner de la valeur à ceux qui l'enseignaient. Ce que j'ai appris, et qui est bien plus utile à la République, c'est à frapper l'ennemi, à monter la garde, à ne rien craindre, sauf le déshonneur[308], à endurer aussi bien le chaud et le froid, à coucher sur la dure, à supporter en même temps la faim et la fatigue. Voilà les leçons que je donnerai à mes soldats ; et je ne leur imposerai pas de privations en me réservant l'abondance ; je ne m'attribuerai pas toute la gloire, en leur laissant toute la peine. C'est ainsi que doit commander un chef soucieux de l'intérêt de la patrie, de la dignité des citoyens. Vivre soi-même dans la mollesse, et soumettre son armée à toutes les rigueurs de la discipline, c'est agir en tyran, non en chef. C'est en appliquant ces principes que vos ancêtres ont fait leur gloire

nobilitas freta, ipsa dissimilis moribus, nos illorum
aemulos contemnit, et omnis honores non ex merito,
sed quasi debitos a uobis repetit. 36Ceterum homines
superbissumi procul errant. Maiores eorum omnia quae
licebat illis reliquere, diuitias, imagines, memoriam sui
praeclaram ; uirtutem non reliquere, neque poterant : ea
sola neque datur dono neque accipitur. 39Sordidum me et
incultis moribus aiunt, quia parum scite conuiuium
exorno, neque histrionem ullum neque pluris preti
coquom quam uilicum habeo. Quae mihi lubet confiteri,
Quirites ; 40nam ex parente meo et ex aliis sanctis uiris
ita accepi, munditias mulieribus, uiris laborem conuenire,
omnibusque bonis oportere plus gloriae quam diuitiarum
esse ; arma, non supellectilem decori esse. 41Quin ergo,
quod iuuat, quod carum aestumant, id semper faciant :
ament, potent ; ubi adulescentiam habuere, ibi senectu-
tem agant, in conuiuiis, dediti uentri et turpissumae
parti corporis; sudorem, puluerem et alia talia relin-
quant nobis, quibus illa epulis iucundiora sunt. Verum
non ita est. 42Nam ubi se flagitiis dedecorauere turpis-
sumi uiri, bonorum praemia ereptum eunt. 43Ita iniust-
issume luxuria et ignauia, pessumae artes, illis qui
coluere eas nihil officiunt, rei publicae innoxiae cladi
sunt.

44Nunc quoniam illis, quantum mei mores, non illorum flagitia poscebant, respondi, pauca de re publica
loquar. 45Primum omnium de Numidia bonum habete
animum, Quirites. Nam quae ad hoc tempus Iugurtham

et celle de la République. Se prévalant de ces grands hommes, la noblesse, qui pourtant leur ressemble si peu, nous méprise, nous leurs émules, et exige de vous tous les honneurs, comme une chose due, sans penser à les mériter. Mais ces hommes si orgueilleux se trompent étrangement. Leurs ancêtres leur ont laissé tout ce qu'ils pouvaient leur transmettre, richesses, portraits, glorieuse mémoire ; ils ne leur ont pas légué leur valeur personnelle, et ils ne le pouvaient pas ; c'est le seul bien qu'on ne puisse ni donner ni recevoir. Ils me déclarent méprisable et sans culture parce que je n'entends rien à l'ordonnance d'un repas, que je n'ai pas de comédien[309], et que je n'ai pas un cuisinier qui m'ait coûté plus cher que mon fermier. C'est un aveu que j'ai plaisir à faire, citoyens. Car j'ai appris de mon père et d'autres personnes vertueuses que l'élégance est le partage des femmes, et le travail, celui des hommes ; que tout homme de cœur doit avoir plus de gloire que de richesses ; que ce sont ses armes, et non son mobilier, qui font sa parure. Hé bien donc, qu'ils continuent à faire ce qu'ils aiment tant, ce qui leur est si cher : qu'ils fassent l'amour, qu'ils boivent ; qu'ils passent leur vieillesse où ils ont passé leur jeunesse, à faire bombance, esclaves de leur ventre et de la partie la plus honteuse du corps ; qu'ils nous laissent à nous la sueur, la poussière, et tout le reste, que nous préférons à leurs festins. Mais non. Après s'être déshonorés par tous les excès, ces infâmes personnages viennent ravir les récompenses dues aux gens de bien. Ainsi, par un comble d'injustice, les pires des vices, la débauche et la paresse ne nuisent en rien à ceux qui s'y livrent, et ne perdent que la République, qui n'en est pas coupable.

Et maintenant que je leur ai répondu, aussi longuement que l'exigeaient mon caractère, et non leurs dérèglements, je vous dirai quelques mots de la situation. Tout d'abord, au sujet de la Numidie, n'ayez aucune inquiétude, citoyens. Les obstacles qui faisaient jusqu'ici

tutata sunt, omnia remouistis, auaritiam, imperitiam,
atque superbiam. Deinde exercitus ibi est locorum
sciens, sed mehercule magis strenuus quam felix; [46]nam
magna pars eius auaritia aut temeritate ducum adtrita
est. [47]Quamobrem uos, quibus militaris aetas est, adni-
timini mecum et capessite rem publicam, neque quemquam ex calamitate aliorum aut imperatorum superbia
metus ceperit. Egomet in agmine aut in proelio con-
sultor idem et socius periculi uobiscum adero; meque
uosque in omnibus rebus iuxta geram. [48]Et profecto
dis iuuantibus omnia matura sunt : uictoria, praeda,
laus. Quae si dubia aut procul essent, tamen omnis
bonos rei publicae subuenire decebat. [49]Etenim nemo
ignauia inmortalis factus est, neque quisquam parens
liberis uti aeterni forent optauit, magis uti boni hones-
tique uitam exigerent. [50]Plura dicerem, Quirites, si
timidis uirtutem uerba adderent; nam strenuis abunde
dictum puto. »

LXXXVI. [1]Huiuscemodi oratione habita, Marius postquam plebis animos arrectos uidet, propere commeatu
stipendio, armis, aliisque utilibus nauis onerat; cum his
A. Manlium legatum proficisci iubet. [2]Ipse interea milites
scribere, non more maiorum neque ex classibus, sed uti
cuiusque lubido erat, capite censos plerosque. [3]Id factum alii inopia bonorum, alii per ambitionem consulis
memorabant, quod ab eo genere celebratus auctusque
erat, et homini potentiam quaerenti egentissumus quisque opportunissumus, cui neque sua cara, quippe quae
nulla sunt, et omnia cum pretio honesta uidentur. [4]Igitur

la sûreté de Jugurtha, vous les avez tous écartés, je veux dire la cupidité, l'incapacité et la prétention[310] ; ensuite, vous avez là-bas une armée qui connaît le pays mais, par Hercule, elle a eu moins de bonheur que de courage, car elle était considérablement affaiblie par la cupidité ou la témérité de ses chefs. Unissez donc vos efforts aux miens, vous qui êtes en âge de porter les armes[311], venez au service de la République ; que le malheur de vos camarades ou l'orgueil des généraux ne vous intimide pas. Je serai moi-même avec vous, dans la marche comme dans le combat, aussi bien pour vous guider que pour partager vos périls ; entre vous et moi je ne ferai nulle part de différence. Et, la chose est certaine : avec l'aide des dieux, tous les fruits de la guerre sont déjà mûrs : la victoire, le butin, la gloire. Fussent-ils du reste encore douteux ou lointains, il serait encore du devoir de tout bon citoyen de voler au secours de la République. La lâcheté n'a jamais exempté personne de la mort ; et jamais père n'a souhaité que ses enfants fussent immortels, mais qu'ils vécussent dans la vertu et dans l'honneur. J'en dirais davantage, citoyens, si les paroles donnaient du cœur aux lâches ; pour des braves, je pense en avoir dit assez. »

LXXXVI. Après ce discours, Marius, voulant profiter de l'enthousiasme de la plèbe, se hâte de faire embarquer les vivres, la solde, et tout le matériel ; il donne ordre à son lieutenant A. Manlius de partir avec le convoi. Lui-même cependant lève des recrues, non suivant l'ancien usage[312] et d'après les classes, mais en acceptant tous les volontaires, prolétaires exclus du service pour la plupart. Les uns disaient qu'il les prenait, faute de gens de valeur ; d'autres, que c'était par ambition, parce qu'il devait sa renommée et son élévation à cette sorte de gens ; et de fait, pour un homme en quête du pouvoir, les meilleurs partisans sont les plus besogneux : car n'ayant rien, ils n'ont rien à ménager, et tout ce qui rapporte est honnête à leurs yeux. Marius part

Marius cum aliquanto maiore numero quam decretum
erat in Africam profectus, paucis diebus Vticam adue-
hitur. [5]Exercitus ei traditur a P. Rutilio legato ; nam
Metellus conspectum Mari fugerat, ne uideret ea quae
audita animus tolerare nequiuerat.

LXXXVII. [1]Sed consul, expletis legionibus cohor-
tibusque auxiliariis, in agrum fertilem et praeda onus-
tum proficiscitur ; omnia ibi capta militibus donat, dein
castella et oppida natura et uiris parum munita aggreditur ; proelia multa, ceterum leuia, alia aliis locis facere.
[2]Interim noui milites sine metu pugnae adesse, uidere
fugientis capi aut occidi, fortissumum quemque tutissu-
mum, armis libertatem, patriam parentesque et alia
omnia tegi, gloriam atque diuitias quaeri. [3]Sic breui
spatio noui ueteresque coaluere, et uirtus omnium
aequalis facta. [4]At reges, ubi de aduentu Mari cogno-
uerunt, diuorsi in locos difficilis abeunt. Ita Iugurthae
placuerat, speranti mox effusos hostis inuadi posse :
Romanos, sicuti plerosque, remoto metu laxius licen-
tiusque futuros.

LXXXVIII. [1]Metellus interea Romam profectus
contra spem suam laetissumis animis accipitur, plebi
patribusque, postquam inuidia decesserat, iuxta carus.
[2]Sed Marius inpigre prudenterque suorum et hostium
res pariter adtendere, cognoscere quid boni utrisque aut
contra esset, explorare itinera regum, consilia et insidias
eorum anteuenire, nihil apud se remissum neque apud

donc pour l'Afrique[313] avec des troupes sensiblement plus nombreuses que ne portait le décret, et débarque à Utique peu de jours après. Ce fut le lieutenant P. Rutilius qui lui remit le commandement de l'armée ; car Métellus avait évité la présence de Marius, pour ne pas voir de ses yeux ce dont sa pensée n'avait pu supporter la nouvelle.

LXXXVII. Le consul, après avoir complété ses légions et ses cohortes auxiliaires, s'avance dans un pays fertile et riche en butin ; il abandonne aux soldats tout[314] ce qui est pris, et attaque ensuite des forts et des places mal défendus naturellement et pauvres en garnisons ; il livre en différents endroits des combats nombreux, mais légers. Les recrues s'habituaient de cette manière à prendre part sans crainte à l'action, ils voyaient que les fuyards étaient pris ou tués, que les braves étaient aussi les moins exposés, que les armes servent à défendre la liberté, la patrie, les parents, tout enfin, comme elles procurent la gloire et la richesse. Ainsi, en peu de temps, nouveaux et vieux soldats se fondirent en un seul corps, et la valeur fut égale chez tous. Quant aux rois, sitôt qu'ils connurent l'arrivée de Marius, ils s'étaient retirés chacun de leur côté dans des régions d'accès difficile. Ainsi l'avait décidé Jugurtha, dans l'espérance de pouvoir bientôt tomber sur un ennemi dispersé ; les Romains, une fois délivrés de toute crainte, ne devant pas tarder, comme d'ordinaire, à se relâcher de leur surveillance et de leur discipline.

LXXXVIII. Cependant, Métellus était parti pour Rome. Il y fut reçu, contre son attente, avec de grands transports de joie[315] ; l'envie ayant disparu, il n'était pas moins chéri de la plèbe que du Sénat. Pour Marius, il exerçait sur ses troupes aussi bien que sur l'ennemi une active et prudente surveillance ; il étudiait le fort et le faible des deux armées, observait les mouvements des rois, prévenait leurs desseins et leurs pièges, tenait constamment les siens en alerte et les autres en alarme.

illos tutum pati. ³Itaque et Gaetulos et Iugurtham ex
sociis nostris praedas agentis saepe aggressus in itinere
fuderat, ipsumque regem haud procul ab oppido Cirta
armis exuerat. ⁴Quae postquam gloriosa modo neque
belli patrandi cognouit, statuit urbis quae uiris aut loco
pro hostibus et. aduorsum se opportunissumae erant,
singulas circumuenire ; ita Iugurtham aut praesidiis
nudatum ⟨iri⟩ si ea pateretur, aut proelio certaturum.
⁵Nam Bocchus nuntios ad eum saepe miserat, uelle populi
Romani amicitiam, ne quid ab se hostile timeret. ⁶Id
simulaueritne, quo improuisus grauior accideret, an
mobilitate ingeni pacem atque bellum mutare solitus,
parum exploratum est.

LXXXIX. ¹Sed consul, uti statuerat, oppida castellaque munita adire, partim ui, alia metu aut praemia
ostentando auortere ab hostibus. ²Ac primo mediocria
gerebat, existumans Iugurtham ob suos tutandos in
manus uenturum. ³Sed ubi illum magis procul abesse et
aliis negotiis intentum accepit, maiora et magis aspera
aggredi tempus uisum est. ⁴Erat inter ingentis solitudines oppidum magnum atque ualens, nomine Capsa,
cuius conditor Hercules Libys memorabatur. Eius ciues
apud Iugurtham inmunes, leui imperio et ob ea fidelissumi habebantur ; muniti aduorsum hostis non moenibus
modo et armis atque uiris, uerum etiam multo magis
locorum asperitate. ⁵Nam praeter oppido propinqua,
alia omnia uasta, inculta, egentia aquae, infesta serpentibus quarum uis, sicuti omnium ferarum, inopia cibi
acrior. Ad hoc natura serpentium ipsa perniciosa siti

C'est ainsi que souvent il avait attaqué et mis en déroute les Gétules et Jugurtha tandis qu'ils ramenaient le butin pris sur nos alliés, et même non loin de Cirta, il avait forcé le roi à jeter ses armes. Mais ayant reconnu que ces succès ne rapportaient que de la gloire sans terminer la guerre, il résolut d'investir successivement les villes qui par leur garnison ou leur position pouvaient être les plus utiles à l'ennemi et les plus dangereuses pour lui ; ainsi Jugurtha ou bien serait privé d'appuis, s'il laissait faire, ou bien livrerait bataille. Quant à Bocchus, il avait souvent fait dire à Marius qu'il désirait l'amitié du peuple romain, et qu'on n'avait à craindre de sa part aucun acte d'hostilité[316]. Était-ce une feinte pour tomber sur nous à l'improviste avec plus de chances, ou bien un effet de sa légèreté naturelle qui le portait tantôt vers la paix, tantôt vers la guerre ; il est difficile de le savoir.

LXXXIX. Le consul, ainsi qu'il l'avait décidé, marche sur les places et les châteaux forts, et réussit tantôt par la force, tantôt par la crainte, ou par l'appât des récompenses, à les détacher de l'ennemi. Tout d'abord, il se contentait de petites opérations, dans la pensée que Jugurtha en viendrait aux mains pour secourir les siens. Mais ayant appris qu'il était au loin et absorbé par d'autres tâches, il jugea le moment venu d'entreprendre des expéditions plus grandes et plus difficiles. Il y avait, au milieu d'immenses déserts, une place grande et forte nommée Capsa[317], qui passait pour avoir été fondée par l'Hercule Libyen[318]. Les habitants étaient exempts d'impôts[319], gouvernés avec douceur, et pour ce passaient pour être fort attachés à Jugurtha ; la ville était protégée contre les ennemis par ses remparts, son armement et ses soldats, mais surtout par les difficultés du terrain. Car, sauf les environs immédiats de Capsa, tout le reste est désert, inculte, privé d'eau, infesté de serpents dont la férocité, comme chez toutes les bêtes sauvages, s'accroît par le défaut de nourriture ; de plus le serpent, dangereux par lui-même, n'a rien qui

magis quam alia re accenditur. ⁶Eius potiundi Marium
maxuma cupido inuaserat, cum propter usum belli,
tum quia res aspera uidebatur et Metellus oppidum
Thalam magna gloria ceperat, haud dissimiliter situm
munitumque, nisi quod apud Thalam haud longe a
moenibus aliquot fontes erant, Capsenses una modo
atque ea intra oppidum iugi aqua, cetera pluuia ute-
bantur. ⁷Id ibique et in omni Africa, quae procul a mari
incultius agebat, eo facilius tolerabatur quia Numidae
plerumque lacte et ferina carne uescebantur, et neque
salem neque alia inritamenta gulae quaerebant. ⁸Cibus
illis aduorsus famem atque sitim, non lubidini neque
luxuriae erat.

XC. ¹Igitur consul, omnibus exploratis, credo dis
fretus — nam contra tantas difficultates consilio satis
prouidere non poterat, quippe etiam frumenti inopia
temptabatur, quia Numidae pabulo pecoris magis quam
aruo student, et quodcumque natum fuerat iussu regis in
loca munita contulerant ; ager autem aridus et frugum
uacuos ea tempestate, nam aestatis extremum erat —,
tamen pro rei copia satis prouidenter exornat. ²Pecus
omne quod superioribus diebus praedae fuerat equitibus
auxiliariis agendum adtribuit ; A. Manlium legatum cum
cohortibus expeditis ad oppidum Laris, ubi stipendium et
commeatum locauerat, ire iubet dicitque se praedabun-
dum post paucos dies eodem uenturum. ³Sic incepto suo
occultato pergit ad flumen Tanain.

XCI. ¹Ceterum in itinere cottidie pecus exercitui per
centurias, item turmas aequaliter distribuerat et ex coriis
utres uti fierent curabat ; simul inopiam frumenti lenire

l'exaspère autant que la soif. Marius avait le plus vif
désir de s'emparer de Capsa, tant à cause de son importance pour la guerre que des difficultés de l'entreprise, et
de la gloire que Métellus s'était acquise par la prise de
Thala, dont la situation et la défense ne différaient guère,
sauf qu'à Thala il y avait quelques sources non loin des
remparts, tandis que Capsa n'avait qu'une seule fontaine
d'eau vive, et encore située à l'intérieur de la place, et
devait pour le reste recourir à l'eau de pluie. Cette
disette d'eau, là comme dans toute la partie de l'Afrique
éloignée de la mer et demeurée sauvage, était d'autant
plus facilement tolérée que les Numides ne se nourrissaient guère que de lait et de venaison, sans employer de
sel[320] ni d'autres stimulants de l'appétit. Les aliments[321]
leur servaient à combattre la faim et la soif ; ils n'étaient
pas pour eux un instrument de plaisir ou de débauche[322].

XC. Donc, après avoir tout examiné, et s'en remet-
tant, j'imagine, à l'assistance des dieux[323] pour vaincre
des difficultés auxquelles la sagesse humaine ne pouvait
pourvoir seule – il était même menacé de manquer de blé,
parce que les Numides s'intéressent davantage à l'élevage du bétail qu'au labourage, et que le roi avait déjà
fait transporter toutes les récoltes dans des places fortes ;
de plus, c'était la fin de l'été[324], la campagne était alors
aride, et absolument nue – néanmoins, le consul, autant
que les circonstances le permettent, pourvoit à tout avec
toute la prudence exigée. Il donne ordre à la cavalerie
auxiliaire de faire avancer tout le bétail capturé les jours
précédents ; envoie son lieutenant A. Manlius avec l'infanterie légère à Lares[325], place où il avait déposé la solde
et les vivres de réserve, et il annonce qu'il s'y rendra lui-
même dans quelques jours, en pillant le pays. Ayant ainsi
caché son dessein, il s'avance vers le Tanaïs[326].

XCI. Cependant, en cours de route, il avait distribué
chaque jour à son armée par centuries et par escadrons
une quantité égale de bétail, avec la peau duquel il faisait
faire des outres : il parait ainsi au manque de blé, et

et ignaris omnibus parare quae mox usui forent. Denique sexto die, cum ad flumen uentum est, maxuma
uis utrium effecta. ²Ibi castris leui munimento positis,
milites cibum capere atque uti simul cum occasu solis
egrederentur paratos esse iubet ; omnibus sarcinis abiectis, aqua modo seque et iumenta onerare. ³Dein, postquam tempus uisum, castris egreditur noctemque totam
itinere facto consedit ; idem proxuma facit ; dein tertia,
multo ante lucis aduentum, peruenit in locum tumulo-
sum ab Capsa non amplius duum milium interuallo,
ibique quam occultissume potest cum omnibus copiis
opperitur. ⁴Sed ubi dies coepit et Numidae nihil hostile
metuentes multi oppido egressi, repente omnem equitatum et cum his uelocissumos pedites cursu tendere ad
Capsam et portas obsidere iubet. Deinde ipse intentus
propere sequi neque milites praedari sinere. ⁵Quae postquam oppidani cognouere, res trepidae, metus ingens,
malum improuisum, ad hoc pars ciuium extra moenia
in hostium potestate coegere uti deditionem facerent.
⁶Ceterum oppidum incensum, Numidae puberes interfecti, alii omnes uenumdati, praeda militibus diuisa.
⁷Id facinus contra ius belli, non auaritia neque scelere
consulis admissum, sed quia locus Iugurthae opportunus, nobis aditu difficilis, genus hominum mobile, infidum, ante neque beneficio neque metu coercitum.

XCII. ¹Postquam tantam rem Marius sine ullo suorum incommodo peregit, magnus et clarus antea maior
atque clarior haberi coepit. ²Omnia non bene consulta
in uirtutem trahebantur ; milites modesto imperio

préparait en même temps, à l'insu de tous, les récipients dont il allait avoir besoin ; quand au bout de six jours[327] on atteignit le fleuve, un très grand nombre d'outres se trouva fait. Là, après avoir établi un camp légèrement fortifié, il ordonne aux soldats de prendre leur repas, et de se tenir prêts à partir pour le coucher du soleil ; de jeter bas tous leurs bagages pour ne se charger que d'eau, eux et les bêtes de somme. Puis, quand il juge le moment venu, il quitte le camp, marche pendant toute la nuit, puis fait halte[328] ; il en fait autant la nuit suivante ; la troisième nuit, bien avant le lever du soleil, il arrive dans une région accidentée, située à deux milles au plus de Capsa ; là, il se cache le mieux qu'il peut avec toutes ses troupes, et il attend. Au lever du jour, les Numides, croyant n'avoir rien à craindre de l'ennemi, sortent de la place en grand nombre ; alors le consul détache brusquement toute sa cavalerie et son infanterie la plus rapide avec ordre de gagner Capsa au pas de course, et d'en occuper les portes ; lui-même, plein d'ardeur, se hâte de les suivre, sans permettre aux soldats de piller. Lorsque les habitants virent le danger, le trouble, la terreur, la surprise, la pensée aussi qu'une partie de leurs compatriotes se trouvaient hors des murs au pouvoir de l'ennemi, tout les contraignit à se rendre. Malgré cela, la ville fut incendiée ; les Numides en âge de porter les armes, massacrés ; tous les autres, vendus comme esclaves ; le butin, distribué aux soldats. Cet acte contraire au droit de la guerre ne fut inspiré au consul ni par la cupidité, ni par la cruauté[329] ; mais la place était avantageuse pour Jugurtha, d'un accès difficile pour nous ; et la population, versatile, perfide, incapable jusqu'alors d'être contenue par la bienveillance ni par la crainte.

XCII. Après cet exploit accompli sans avoir coûté un seul homme, la gloire de Marius déjà grande auparavant devint plus grande et plus illustre encore. Ses projets les plus hasardeux étaient mis au compte de sa valeur ; ses

habiti simul et locupletes ad caelum ferre ; Numidae
magis quam mortalem timere ; postremo omnes, socii
atque hostes, credere illi aut mentem diuinam esse, aut
deorum nutu cuncta portendi. ³Sed consul, ubi ea res bene
euenit, ad alia oppida pergit ; pauca repugnantibus
Numidis capit ; plura < deserta > propter Capsensium miserias igni corrumpit ; luctu atque caede omnia complen-
tur. ⁴Denique multis locis potitus aç plerisque exercitu
incruento aliam rem aggreditur, non eadem asperitate
qua Capsensium, ceterum haud secus difficilem. ⁵Namque
haud longe a flumine Muluccha, quod Iugurthae Boc-
chique regnum diiungebat, erat inter ceteram planitiem
mons saxeus, mediocri castello satis patens, in inmensum
editus, uno perangusto aditu relicto ; nam omnis natura
uelut opere atque consulto praeceps. ⁶Quem locum Marius, quod ibi regis thesauri erant, summa ui capere
intendit ; sed ea res forte quam consilio melius gesta.
⁷Nam castello uirorum atque armorum satis, magna uis et
frumenti et fons aquae ; aggeribus turribusque et aliis
machinationibus locus inportunus ; iter castellanorum
angustum admodum, utrimque praecisum. ⁸Ea uineae
cum ingenti periculo frustra agebantur ; nam cum eae
paulo processerant, igni aut lapidibus corrumpebantur.
⁹Milites neque pro opere consistere propter iniquitatem
loci neque inter uineas sine periculo administrare ; optu-
mus quisque cadere aut sauciari, ceteris metus augeri.

XCIII. ¹At Marius, multis diebus et laboribus con-

soldats, traités avec ménagement par un général qui les
enrichissait, le portaient aux nues ; les Numides le redou-
taient plus qu'un mortel : bref tous, alliés[330] et ennemis,
lui croyaient un esprit divin ou tout au moins inspiré par
les dieux. Le consul, après ce succès[331], marche sur
d'autres places ; force le petit nombre de celles où les
Numides résistent ; en brûle davantage que les habitants,
instruits par les malheurs de Capsa, avaient désertées ;
partout règnent le carnage et le deuil. Après s'être
emparé d'un grand nombre de lieux, la plupart sans une
goutte de sang romain, il s'attaque à une autre affaire,
qui, sans présenter les mêmes obstacles que celle de
Capsa, n'était pourtant pas moins difficile. Non loin du
fleuve Muluccha, qui séparait les royaumes de Bocchus
et de Jugurtha, il y avait, tranchant sur le reste de la
plaine, une montagne rocheuse d'une hauteur immense,
assez étendue pour porter un fortin, auquel on n'accédait
que par un sentier très étroit ; tout le reste était taillé à
pic par la nature, comme si la volonté de l'homme y
avait travaillé. Comme cette place renfermait les trésors
du roi, Marius résolut de s'en emparer à toute force ;
mais dans cette affaire le hasard le servit plus que le
calcul. Le fortin avait des hommes et des armes en suffi-
sance, une grande provision de blé, une source d'eau
vive ; le terrain ne se prêtait pas aux retranchements,
tours, et autres engins de guerre ; le chemin qui menait
au château était fort étroit, et bordé de précipices. On
n'approchait les baraques qu'au prix d'un immense
danger, et sans résultat : à peine avaient-elles avancé que
les assiégés les détruisaient par le feu ou à coups de
pierres. Les difficultés du terrain ne permettaient aux
soldats ni de se tenir devant les travaux, ni de manœu-
vrer sans péril sous les baraques : les plus braves étaient
tués ou blessés ; chez les autres, la crainte se faisait
chaque jour plus grande.

XCIII. Après avoir perdu bien des jours et des
peines, Marius en était à se demander, non sans

sumptis, anxius trahere cum animo omitteretne inceptum, quoniam frustra erat, an fortunam opperiretur, qua
saepe prospere usus fuerat. ²Quae cum multos dies noctisque aestuans agitaret, forte quidam Ligus, ex cohortibus auxiliariis miles gregarius, castris aquatum egressus, haud procul ab latere castelli quod auorsum proelian-
tibus erat, animum aduortit inter saxa repentis cocleas.
Quarum cum unam atque alteram, dein plures peteret,
studio legundi paulatim prope ad summum montis egressus est. ³Vbi postquam solitudinem intellexit, more ingeni
humani, cupido difficilia faciundi animum < alio > uortit.
⁴Et forte in eo loco grandis ilex coaluerat inter saxa, paulum modo prona, deinde inflexa atque aucta in altitudi-
nem, quo cuncta gignentium natura fert. Cuius ramis
modo, modo eminentibus saxis nisus Ligus, in castelli
planitiem peruenit, quod cuncti Numidae intenti proe-
liantibus aderant. ⁵Exploratis omnibus quae mox usui
fore ducebat, eadem regreditur, non temere, uti ascenderat, sed temptans omnia et circumspiciens. ⁶Itaque
Marium propere adit, acta edocet, hortatur ab ea parte,
qua ipse ascenderat, castellum temptet, pollicetur sese
itineris periculique ducem. ⁷Marius cum Ligure promissa
eius cognitum ex praesentibus misit ; quorum, uti cuiusque ingenium erat, ita rem difficilem aut facilem nun-
tiauere. Consulis animus tamen paulum adrectus. ⁸Itaque ex copia tubicinum et cornicinum numero quinque
quam uelocissumos delegit, et cum eis praesidio qui
forent quattuor centuriones ; omnisque Liguri parere
iubet et ei negotio proxumum diem constituit.

XCIV. ¹Sed ubi ex praecepto tempus uisum, paratis
conpositisque omnibus, ad locum pergit. Ceterum illi qui

angoisse, s'il abandonnerait l'entreprise, dont il voyait l'insuccès, ou il s'attendrait, la chance, qui l'avait si souvent servi. Il se posait depuis longtemps jour et nuit la question, sans parvenir à la résoudre, quand par hasard, un Ligure, simple soldat des cohortes auxiliaires, étant sorti du camp pour la corvée d'eau, aperçut sur le flanc du fortin opposé à celui de l'attaque, des escargots qui rampaient entre les pierres. Il en cherche un ou deux, puis plusieurs, et insensiblement, dans son ardeur à les ramasser, il arriva presque jusqu'au sommet de la montagne. Là, voyant que tout était désert, le désir, bien naturel à l'homme, de faire une prouesse difficile, lui inspira un autre projet. Il se trouvait là un grand chêne vert, poussé entre les rochers, dont le tronc d'abord un peu incliné vers le bas se redressait ensuite et s'élevait en hauteur, comme il est naturel à tous les végétaux. Le Ligure, s'aidant tantôt de ses branches, tantôt des rochers en saillie, parvient sans encombre jusque sur la plate-forme de la citadelle, car tous les Numides n'avaient d'attention que pour la bataille qui se livrait. Après avoir exploré tous les lieux dans l'idée que son expérience pourrait bientôt servir, il redescend par le même chemin, non plus au hasard comme à la montée, mais en tâtant le terrain partout, en examinant tout. Il va aussitôt trouver Marius, lui raconte tout au long son aventure, l'engage à faire une tentative du côté où lui-même avait grimpé, s'offre à servir de guide et à s'exposer le premier. Marius envoya avec le Ligure, pour vérifier ses dires, quelques-uns de ceux qui étaient là ; ceux-ci, suivant leur caractère, représentèrent la chose comme aisée ou difficile ; le consul pourtant en reprit un peu courage. Il choisit entre les trompettes et les cors de l'armée cinq des plus agiles, désigne quatre centurions[332] pour les soutenir, leur ordonne à tous d'obéir au Ligure, et fixe le lendemain pour l'opération.

XCIV. À l'heure dite, tout étant prêt et bien en ordre, le Ligure se met en route. Ceux qui devaient faire l'as-

escensuri erant, praedocti ab duce, arma ornatumque
mutauerant : capite atque pedibus nudis, uti prospectus
nisusque per saxa facilius foret, super terga gladii et
scuta, uerum ea Numidica ex coriis, ponderis gratia
simul et offensa quo leuius streperent. ²Igitur praegre-
diens Ligus saxa et si quae uetustae radices eminebant
laqueis uinciebat, quibus adleuati milites facilius escen-
derent, interdum timidos insolentia itineris leuare manu ;
ubi paulo asperior ascensus erat, singulos prae se inermos
mittere, deinde ipse cum illorum armis sequi ; quae
dubia nisui uidebantur potissumus temptare, ac saepius
eadem ascendens descendensque, dein statim digrediens,
ceteris audaciam addere. ³Igitur diu multumque fatigati,
tandem in castellum perueniunt desertum ab ea parte,
quod omnes sicut aliis diebus aduorsum hostis aderant.
Marius, ubi ex nuntiis quae Ligus egerat cognouit, quamquam toto die intentos proelio Numidas habuerat, tum
uero cohortatus milites et ipse extra uineas egressus,
testudine acta succedere, et simul hostem tormentis
sagittariisque et funditoribus eminus terrere. ⁴At Numidae, saepe antea uineis Romanorum subuorsis item
incensis, non castelli moenibus sese tutabantur, sed pro
muro dies noctesque agitare, male dicere Romanis ac
Mario uecordiam obiectare, militibus nostris Iugurthae
scruitium minari, secundis rebus feroces esse. ⁵Interim
omnibus Romanis hostibusque proelio intentis, magna
utrimque ui pro gloria atque imperio his, illis pro salute
certantibus, repente a tergo signa canere ; ac primo mu-

cension, sur les instructions de leur guide, avaient changé d'armes et de tenue : ils avaient la tête et les pieds nus[333], afin de mieux voir et de grimper plus aisément parmi les rochers ; sur le dos, leurs épées et leurs boucliers, ceux-ci de cuir à la façon des Numides, à la fois pour alléger leur charge, et pour qu'ils fissent moins de bruit en se heurtant. Le Ligure, ouvrant la marche, attachait des cordes aux rochers et aux vieilles racines en saillie, pour faciliter l'ascension des soldats ; parfois il donnait la main à ceux qu'intimidait l'étrangeté du chemin ; la montée était-elle un peu trop rude, il les faisait passer devant lui un à un sans leurs armes, puis lui-même prenait la suite avec leur équipement ; dans les passages hasardeux, il était le premier à se risquer, montant et descendant à plusieurs reprises par la même voie, puis s'effaçant aussitôt pour laisser la place à ses compagnons, enhardis par son exemple. Enfin, après de longues et pénibles fatigues, ils atteignent le fortin, désert de ce côté, parce que tout le monde, ce jour-là comme les autres, faisait front aux assaillants. Apprenant par des exprès le succès du Ligure, et bien qu'il eût tenu toute la journée les Numides en haleine par un combat ininterrompu, Marius adresse alors un appel à ses soldats, sort en personne de dessous les baraques, fait former la tortue[334] pour attaquer le pied du rempart, en même temps que l'artillerie, les archers et les frondeurs terrorisent l'ennemi de loin. Les Numides, qui avaient déjà tant de fois renversé ou brûlé nos baraques, ne daignaient pas se renfermer dans leurs murailles, mais ils se tenaient jour et nuit sur le bord du rempart, insultant les Romains, reprochant à Marius sa folie, menaçant nos soldats de l'esclavage de Jugurtha ; tant le succès les avait rendus insolents ! Pendant que Romains et ennemis sont tout entiers au combat, et qu'on lutte avec acharnement de part et d'autre, les uns pour la gloire et la grandeur de l'Empire, les autres, pour leur vie, tout à coup les trompettes sonnent par-derrière.

lieres et pueri, qui uisum processerant, fugere ; deinde,
uti quisque muro proxumus erat, postremo cuncti armati
inermesque. ⁶Quod ubi accidit, eo acrius Romani instare,
fundere ac plerosque tantummodo sauciare, dein super
occisorum corpora uadere, auidi gloriae, certantes murum petere neque quemquam omnium praeda morari.
Sic forte correcta Mari temeritas gloriam ex culpa
inuenit.

XCV. ¹Ceterum dum ea res geritur, L. Sulla quaestor
cum magno equitatu in castra uenit, quos uti ex Latio et
a sociis cogeret Romae relictus erat. ²Sed quoniam nos
tanti uiri res admonuit, idoneum uisum est de natura
cultuque eius paucis dicere : neque enim alio loco de
Sullae rebus dicturi sumus, et L. Sisenna, optume et
diligentissume omnium qui eas res dixere persecutus,
parum mihi libero ore locutus uidetur.

³Igitur Sulla gentis patriciae nobilis fuit, familia prope
iam extincta maiorum ignauia, litteris Graecis et Latinis
iuxta atque doctissumi eruditus, animo ingenti, cupidus
uoluptatum, sed gloriae cupidior, otio luxurioso esse ;
tamen ab negotiis numquam uoluptas remorata, nisi
quod de uxore potuit honestius consuli ; facundus, callidus, et amicitia facilis ; ad simulanda negotia altitudo
ingeni incredibilis ; multarum rerum ac maxume pecuniae largitor. ⁴Atque illi felicissumo omnium ante ciuilem
uictoriam numquam super industriam fortuna fuit ;
multique dubitauere fortior an felicior esset. Nam postea
quae fecerit, incertum habeo pudeat an pigeat magis
disserere.

Aussitôt, les femmes et les enfants, que la curiosité avait attirés, prennent la fuite ; puis, ceux qui étaient les plus proches du rempart, enfin tout le monde, armé ou sans armes. Dans ce désordre, les Romains les pressent avec plus de vigueur encore, les enfoncent, laissent les blessés sans les achever, passent sur les morts, se disputant à l'envi la gloire d'escalader la muraille, sans qu'aucun s'attarde à piller. C'est ainsi que, réparée par le hasard, la témérité de Marius sut trouver dans une faute une source de gloire.

XCV. Sur ces entrefaites, le questeur L. Sulla[335] arriva dans le camp avec une nombreuse cavalerie, recrutée dans le Latium et chez les alliés ; il venait de Rome où Marius l'avait laissé pour faire cette levée. Puisque le sujet nous a fait mentionner ce grand homme, il nous a paru à propos de dire quelques mots de sa personne et de son caractère : nous n'avons pas l'intention[336] en effet d'écrire ailleurs l'histoire de Sulla, et d'autre part L. Sisenna, le meilleur pourtant et le plus exact de ses biographes, n'en a pas toujours parlé, selon moi, avec assez d'indépendance. L. Sulla était d'une noble famille patricienne[337], mais d'une branche à peu près tombée dans l'oubli par la faute de ses ancêtres directs. Il avait une connaissance des lettres grecques et latines égale à celle des meilleurs érudits[338] ; d'une ambition immense, il aimait les plaisirs, mais la gloire plus encore ; s'il consacrait ses loisirs à la débauche, jamais cependant le plaisir ne le détourna de ses affaires, sauf dans sa vie conjugale[339], où il aurait pu tenir une conduite plus honnête ; disert, rusé, et facile en amitié ; d'une profondeur d'esprit incroyable pour dissimuler, aimant à donner, et surtout son argent. Quoiqu'il ait été le plus heureux[340] des hommes avant sa victoire dans les guerres civiles, jamais sa fortune ne fut supérieure à son mérite, et plus d'un s'est demandé s'il était plus valeureux ou seulement plus heureux. Quant à ce qu'il fit dans la suite, j'aurais autant de honte que de répugnance à en parler.

XCVI. ¹Igitur Sulla, uti supra dictum est, postquam
in Africam atque in castra Mari cum equitatu uenit,
rudis antea et ignarus belli, sollertissumus omnium in
paucis tempestatibus factus est. ²Ad hoc milites benigne
appellare ; multis rogantibus aliis per se ipse dare beneficia, inuitus accipere, sed ea properantius quam aes
mutuum reddere, ipse ab nullo repetere ; magis id laborare ut illi quam plurumi deberent ; ioca atque seria cum
humillumis agere ; ³in operibus, in agmine atque ad uigilias multus adesse neque interim, quod praua ambitio
solet, consulis aut cuiusquam boni famam laedere ; tantummodo neque consilio neque manu priorem alium pati,
plerosque anteuenire. ⁴Quibus rebus et artibus breui
Mario militibusque carissumus factus.

XCVII. ¹At Iugurtha, postquam oppidum Capsam
aliosque locos munitos et sibi utilis, simul et magnam
pecuniam amiserat, ad Bocchum nuntios mittit quam
primum in Numidiam copias adduceret : proeli faciundi
tempus adesse. ²Quem ubi cunctari accepit et dubium
belli atque pacis rationes trahere, rursus uti antea proxumos eius donis corrupit, ipsique Mauro pollicetur
Numidiae partem tertiam, si aut Romani Africa expulsi
aut integris suis finibus bellum compositum foret. ³Eo
praemio inlectus Bocchus cum magna multitudine
Iugurtham accedit. Ita amborum exercitu coniuncto,
Marium iam in hiberna proficiscentem, uix decuma parte
die relicua inuadunt, rati noctem, quae iam aderat,
uictis sibi munimento fore et, si uicissent, nullo impe-
dimento, quia locorum scientes erant, contra Romanis

XCVI. Lors donc que Sulla une fois débarqué en Afrique, comme nous l'avons dit, eut rejoint avec sa cavalerie le camp de Marius, lui qui jusque-là n'avait ni connaissance ni expérience de la guerre devint en peu de temps le plus habile de tous. En outre, il était plein d'affabilité envers les soldats ; il accordait ou même prévenait les demandes ; il n'acceptait les services qu'à regret, et mettait à les rendre plus de hâte qu'à rembourser une dette ; ne réclamant lui-même jamais rien à personne, tâchant au contraire d'avoir le plus de débiteurs qu'il pouvait ; sachant être plaisant ou sérieux avec les plus humbles[341] ; prenant sa large part des travaux, des marches, des veilles ; sans jamais pourtant, comme le fait trop souvent une ambition maladroite, déchirer la réputation du consul ou d'aucun homme de valeur[342], tâchant seulement de n'être inférieur à personne ni dans le conseil ni dans l'action, et du reste se montrant supérieur à presque tous. Ces qualités et ces procédés le rendirent bientôt particulièrement cher à Marius et aux soldats.

XCVII. Cependant Jugurtha, après avoir perdu Capsa, et d'autres places fortifiées précieuses pour lui, comme aussi une grande partie de ses trésors, envoya prier Bocchus d'amener au plus tôt ses troupes en Numidie : le moment de livrer bataille était venu. Ayant appris qu'il hésitait, et calculait les avantages de la paix et de la guerre sans pouvoir se décider, Jugurtha, renouvelant sa précédente manœuvre, acheta par des présents les confidents du roi ; au Maure lui-même il promet le tiers de la Numidie, si les Romains étaient chassés de l'Afrique, ou si le traité de paix lui laissait l'intégrité de son territoire. Séduit par cette promesse, Bocchus rejoint Jugurtha avec une grande masse d'hommes. Leurs deux armées une fois réunies, ils marchent sur Marius qui déjà regagnait ses quartiers d'hiver[343] et tombent sur lui au moment où il restait à peine la dixième partie du jour, dans la pensée que la nuit, déjà toute proche, vaincus, les protégerait, vainqueurs, ne les gênerait en rien, en raison

utrumque casum in tenebris difficiliorem fore. [4]Igitur
simul consul ex multis de hostium aduentu cognouit, et
ipsi hostes aderant ; et prius quam exercitus aut instrui
aut sarcinas colligere, denique antequam signum aut
imperium ullum accipere quiuit, equites Mauri atque
Gaetuli, non acie neque ullo more proeli, sed cateruad-
tim, uti quosque fors conglobauerat, in nostros incur-
runt. [5]Qui omnes, trepidi improuiso metu ac tamen
uirtutis memores, aut arma capiebant, aut capientis
alios ab hostibus defensabant ; pars equos escendere,
obuiam ire hostibus ; pugna latrocinio magis quam
proelio similis fieri : sine signis, sine ordinibus, equites
peditesque permixti ; cedere alius, alius obtruncari ;
multi contra aduorsos acerrume pugnantes ab tergo
circumueniri ; neque uirtus neque arma satis tegere,
quia hostes numero plures et undique circumfusi erant.
Denique Romani ueteres nouique, [et ob ea scientes
belli], si quos locus aut casus coniunxerat, orbis facere ;
atque ita ab ómnibus partibus simul tecti et instructi
hostium uim sustentabant.

XCVIII. [1]Neque in eo tam aspero negotio Marius
territus aut magis quam antea demisso animo fuit, sed
cum turma sua, quam ex fortissumis magis quam fami-
liarissumis parauerat, uagari passim ac modo laborantibus suis succurrere, modo hostis ubi confertissumi
obstiterant inuadere ; manu consulere militibus, quoniam imperare conturbatis omnibus non poterat. [2]Iam-

de leur connaissance du pays ; pour les Romains au contraire, dans l'un ou l'autre cas, l'obscurité les mettrait dans une situation plus difficile. Ainsi donc au moment même où Marius apprenait de divers côtés l'arrivée des ennemis, ils étaient déjà sur lui ; et avant que l'armée ait pu se ranger en bataille, ou seulement rassembler les bagages[344], bref, recevoir aucun signal ni aucun ordre, les cavaliers maures et gétules, non pas en ligne de combat ni suivant aucune règle tactique, mais en pelotons formés au hasard des rencontres, se précipitent sur les nôtres. Malgré le trouble causé par cette alarme soudaine, les Romains n'oublient pas leur valeur ; les uns prennent leurs armes, ou protègent leurs camarades en train de s'armer ; une partie monte à cheval et va au-devant de l'ennemi ; la bataille prend l'aspect plus d'une rencontre de brigands que d'un combat en règle : sans rangs, sans enseignes, cavaliers et fantassins s'entremêlent ; les uns reculent, d'autres sont massacrés ; un grand nombre, tandis qu'ils opposent à l'ennemi placé devant eux une résistance acharnée, se voient soudain enveloppés par-derrière. La valeur ni les armes n'étaient une protection suffisante, car les ennemis étaient supérieurs en nombre[345], et répandus partout. Enfin, les vétérans romains[346] [à qui l'âge avait donné l'expérience de la guerre] et les nouveaux soldats forment le cercle partout où le terrain ou le hasard les a réunis ; et grâce à cette manœuvre qui leur permet à la fois de se couvrir et d'être en ligne sur tous les fronts, ils soutiennent sans défaillance les assauts de l'ennemi.

XCVIII. Dans cette affaire aussi difficile, Marius ne perdit pas son sang-froid et ne se laissa pas démoraliser : à la tête de son escadron, qu'il avait composé des plus valeureux plutôt que de ses plus intimes, il se portait de tous les côtés, tantôt secourant ceux qui pliaient, tantôt chargeant les ennemis là où leur masse était la plus compacte. Ne pouvant dans la confusion générale faire parvenir ses ordres aux soldats, au moins voulait-il les

que dies consumptus erat, cum tamen barbari nihil remittere atque, uti reges praeceperant, noctem pro se rati
acrius instare. [3]Tum Marius ex copia rerum consilium
trahit, atque uti suis receptui locus esset, collis duos
propinquos inter se occupat, quorum in uno castris
parum amplo fons aquae magnus erat, alter usui opportunus, quia magna parte editus et praeceps pauca
munimenta quaerebat. [4]Ceterum apud aquam Sullam
cum equitibus noctem agitare iubet ; ipse paulatim
dispersos milites, neque minus hostibus conturbatis,
in unum contrahit ; dein cunctos pleno gradu in collem
subducit. [5]Ita reges loci difficultate coacti proelio deter-
rentur, neque tamen suos longius abire sinunt, sed utroque colle multitudine circumdato effusi consedere. [6]Dein
crebris ignibus factis plerumque noctis barbari suo more
laetari, exultare, strepere uocibus, et, ipsi duces feroces,
quia non fugerant pro uictoribus agere. [7]Sed ea cuncta
Romanis ex tenebris et editioribus locis facilia uisu ma-
gnoque hortamento erant.

XCIX. [1]Plurumum vero Marius inperitia hostium
confirmatus, quam maxumum silentium haberi iubet, ne
signa quidem, uti per uigilias solebant, canere. Deinde,
ubi lux aduentabat, defessis iam hostibus et paulo ante
somno captis, de improuiso uigiles, item cohortium, turmarum, legionum tubicines simul omnis signa canere,
milites clamorem tollere atque portis erumpere iubet.

aider de son bras. Déjà le jour était fini ; et pourtant les barbares, loin de se ralentir, et persuadés, suivant la leçon faite par leurs rois, que la nuit serait pour eux, nous pressaient avec plus de vigueur encore. Alors Marius prend conseil des circonstances, et pour assurer une retraite à ses troupes, il s'empare de deux collines proches l'une de l'autre, dont l'une, trop petite pour asseoir un camp, possédait une source abondante, et l'autre offrait une position fort avantageuse pour camper, car étant fort élevée et escarpée en grande partie, elle exigeait peu de retranchements. Il donne ordre à Sulla de prendre la garde de nuit auprès de la source avec ses cavaliers ; lui-même, profitant du désarroi qui règne aussi chez l'ennemi, rassemble peu à peu ses soldats dispersés, puis, au pas accéléré[347], il les emmène tous sur la seconde colline. Contraints par la difficulté du terrain, les rois arrêtent le combat, sans toutefois permettre à leurs troupes de s'éloigner ; mais disposant autour des deux collines la masse de leurs hommes, ils s'installèrent en grand désordre. Ensuite, ayant allumé de nombreux feux, les barbares passèrent la plus grande partie de la nuit à témoigner leur joie par leurs danses et leurs cris, suivant leur usage[348] ; leurs chefs eux-mêmes, pleins de fierté, se regardaient comme vainqueurs, parce qu'ils n'avaient pas fui. Des hauteurs où la nuit les tenait cachés, les Romains jouissaient à leur aise de ce spectacle, qui était pour eux d'un puissant réconfort.

XCIX. Pleinement rassuré par l'imprudence de l'ennemi, Marius ordonne de garder le plus profond silence, il défend même aux trompettes de sonner les relèves[349], comme c'était l'usage. Puis, vers le point du jour, au moment où les ennemis, rompus de fatigue, venaient d'être saisis par le sommeil, brusquement il ordonne aux sentinelles, aux trompettes des cohortes, des escadrons, des légions[350] de sonner leurs signaux tous à la fois, aux soldats de pousser leur cri de guerre, et de s'élancer hors

[2]Mauri atque Gaetuli, ignoto et horribili sonitu repente
exciti, neque fugere neque arma capere neque omnino
facere aut prouidere quicquam poterant ; [3]ita cunctos
strepitu, clamore, nullo subueniente, nostris instantibus,
tumultu, formidine,terror quasi uecordia ceperat. Denique omnes fusi fugatique, arma et signa militaria pleraque capta, pluresque eo proelio quam omnibus superioribus interempti ; nam somno et metu insolito inpe-
dita fuga.

C. [1]Dein Marius, uti coeperat, in hiberna ; < nam >
propter commeatum in oppidis maritumis agere decreuerat ; neque tamen uictoria socors aut insolens factus,
sed pariter atque in conspectu hostium quadrato agmine
incedere. [2]Sulla cum equitatu apud dextumos, in sinistra
parte A. Manlius cum funditoribus et sagittariis ; praeterea cohortis Ligurum curabat ; primos et extremos
cum expeditis manipulis tribunos locauerat. [3]Perfugae,
minime cari et regionum scientissumi, hostium iter
explorabant. Simul consul, quasi nullo inposito, omnia
prouidere, apud omnis adesse, laudare et increpare
merentis. [4]Ipse armatus intentusque item milites cogebat. Neque secus atque iter facere, castra munire, excu-
bitum in porta< s > cohortis ex legionibus, pro castris
equites auxiliarios mittere, praeterea alios super uallum
in munimentis locare, uigilias ipse circumire, non tam
diffidentia futur*um* quae imperauisset, quam uti militibus exaequatus cum imperatore labos uolentibus

des portes. Les Maures et les Gétules, réveillés en sursaut par ce bruit inconnu et terrifiant, ne sont capables ni de fuir, ni de prendre leurs armes, ni de rien faire et de pourvoir à rien : le vacarme, les cris, l'absence de secours, l'attaque pressante des nôtres, le tumulte, l'effroi, les avaient tous plongés dans une épouvante voisine de l'égarement. Finalement, tous furent culbutés et mis en déroute ; leurs armes et leurs enseignes furent capturées pour la plupart ; et ils eurent plus de tués dans ce combat que dans tous les précédents ; car le sommeil et une panique insolite avaient entravé leur fuite.

C. Ensuite, Marius poursuivit sa route vers ses quartiers d'hiver qu'en raison des facilités de ravitaillement il avait décidé de passer dans les villes du littoral. Cependant, sa victoire ne l'avait rendu ni insouciant, ni orgueilleux. Il ne s'avançait qu'en bataillon carré[351], exactement comme en présence de l'ennemi ; Sulla marchait avec la cavalerie à l'extrême droite ; à gauche, A. Manlius, avec les frondeurs et les archers, sans compter les cohortes de Ligures ; en tête et en queue, il avait placé les tribuns avec l'infanterie légère. Des transfuges, auxquels on tenait peu et qui connaissaient bien le pays, épiaient la marche des Numides. En même temps le consul, comme s'il n'avait eu personne pour le seconder, veillait à tout, était présent partout, distribuait, selon les mérites, les éloges ou les réprimandes. Toujours armé, toujours l'œil au guet, il en exigeait autant des soldats. Attentif à surveiller sa marche, il ne l'était pas moins à fortifier son camp, envoyant en sentinelle[352] aux portes des cohortes de légionnaires, et devant le camp, des cavaliers auxiliaires ; plaçant en outre d'autres postes dans les travaux de fortification au-dessus du retranchement, faisant lui-même les rondes, moins par crainte de ne pas voir exécuter ses ordres, que pour faire mieux accepter des soldats des travaux qu'il

esset. [5]Et sane Marius illoque aliisque temporibus Iugurthini belli pudore magis quam malo exercitum coercebat,
quod multi per ambitionem fieri aiebant, < alii >, quod a
pueritia consuetam duritiam et alia quae ceteri miserias
uocant voluptati habuisset ; nisi tamen res publica
pariter ac saeuissumo imperio bene atque decore gesta.

CI. [1]Igitur quarto denique die haud longe ab oppido
Cirta undique simul speculatores citi sese ostendunt ;
qua re hostis adesse intellegitur. [2]Sed quia diuorsi
redeuntes alius ab alia parte atque omnes idem signi-
ficabant, consul incertus quonam modo aciem instrueret,
nullo ordine commutato, aduorsum omnia paratus ibidem opperitur. [3]Ita Iugurtham spes frustrata, qui copias
in quattuor partis distribuerat, ratus ex omnibus aeque
aliquos ab tergo hostibus uenturos. [4]Interim Sulla, quem
primum hostes attigerant, cohortatus suos turmatim
et quam maxume confertis equis ipse aliique Mauros
inuadunt ; ceteri in loco manentes ab iaculis eminus
emissis corpora tegere et, si qui in manus uenerant,
obtruncare. [5]Dum eo modo equites proeliantur, Bocchus
cum peditibus quos Volux filius eius adduxerat — neque
in priore pugna in itinere morati adfuerant —, postre-
mam Romanorum aciem inuadunt. [6]Tum Marius apud
primos agebat, quod ibi Iugurtha cum plurumis erat.
Dein Numida, cognito Bocchi aduentu, clam cum paucis
ad pedites conuortit. Ibi latine — nam apud Numantiam loqui didicerat — exclamat nostros frustra pugnare,

partageait avec eux. Et en effet, dans cette phase de la
guerre contre Jugurtha comme dans les autres, Marius
maintenait la discipline dans l'armée plus par le sentiment de l'honneur que par les châtiments ; plus d'un
attribuait cette attitude au désir de se faire bien voir ;
d'autres prétendaient qu'habitué dès l'enfance à la vie
dure[353], il se faisait un plaisir de ce que les autres appellent des peines ; en tous cas, la République fut aussi bien
et aussi dignement servie que sous le commandement le
plus rigoureux[354].

CI. Enfin, au bout du quatrième jour[355], non loin de
Cirta, on vit de tous les côtés à la fois accourir les éclaireurs annonçant ainsi la présence de l'ennemi. Mais
comme tous s'accordaient également à la signaler sur les
points opposés dont ils revenaient respectivement, le
consul, ne sachant quelle ligne de bataille adopter, ne
change rien à l'ordonnance de sa marche[356] qui lui
permettait de faire face à toutes les attaques, et se
contente d'attendre sur ses positions. Jugurtha, qui avait
réparti ses troupes en quatre corps, persuadé que dans
tous ses soldats il y en aurait bien quelques-uns pour
prendre l'ennemi à revers, vit ainsi son espoir déçu.
Cependant, Sulla[357] reçoit le premier le choc de l'ennemi ; encourage ses cavaliers, les forme en escadrons
aussi serrés que possible, et se met à leur tête pour
charger les Maures ; le reste de l'armée, demeurant à son
poste, se contente de se garantir contre les traits lancés
de loin et de massacrer tous ceux qui veulent combattre
de près. Pendant ce combat de cavalerie, Bocchus charge
notre arrière-garde avec l'infanterie que lui avait amenée
son fils Volux[358], et qui, retardée en route, n'avait pu
prendre part à la première action. Marius était alors à
l'avant-garde que Jugurtha attaquait avec le gros de ses
troupes. Le Numide, instruit de l'arrivée de Bocchus, fait
demi-tour sans être vu et avec quelques cavaliers rejoint
les fantassins de son allié : là, il s'écrie à haute voix en
latin – il avait appris à le parler au siège de Numance –

paulo ante Marium sua manu interfectum ; simul gla-
dium sanguine oblitum ostendere, quem in pugna satis
inpigre occiso pedite nostro cruentauerat. ⁷Quod ubi
milites accepere, magis atrocitate rei quam fide nunti
terrentur, simulque barbari animos tollere et in perculsos
Romanos acrius incedere. ⁸Iamque paulum a fuga abe-
rant, cum Sulla, profligatis eis quos aduorsum ierat,
rediens ab latere Mauris incurrit. ⁹Bocchus statim auor-
titur. At Iugurtha, dum sustentare suos et prope iam
adeptam uictoriam retinere cupit, circumuentus ab
equitibus, dextra sinistraque omnibus occisis, solus
inter tela hostium uitabundus erumpit. ¹⁰Atque interim
Marius fugatis equitibus adcurrit auxilio suis, quos pelli
iam acceperat. ¹¹Denique hostes iam undique fusi. Tum
spectaculum horribile in campis patentibus : sequi,
fugere, occidi, capi ; equi atque uiri adflicti, ac multi
uolneribus acceptis neque fugere posse neque quietem
pati ; niti modo ac statim concidere ; postremo omnia,
qua uisus erat, constrata telis, armis, cadaueribus, et
inter ea humus infecta sanguine.

CII. ¹Post ea loci consul haud dubie iam uictor peruenit in oppidum Cirtam, quo initio profectus intenderat.
²Eo post diem quintum quam iterum barbari male pu-
gnauerant, legati a Boccho ueniunt, qui regis uerbis ab
Mario petiuere duos quam fidissumos ad eum mitteret ;
uelle de suo et de populi Romani commodo cum eis disserere. Ille statim L. Sullam et A. Manlium ire iubet. ³Qui
quamquam acciti ibant, tamen placuit uerba apud

que la bataille est perdue pour les nôtres, qu'il vient de tuer Marius de sa main. En même temps, il montre son épée teinte du sang de nos fantassins qu'il avait assez bravement tués dans la bataille. En entendant ces mots, nos soldats, malgré la défiance que leur inspire le messager, devant l'atrocité de la chose se sentent frappés de terreur ; en même temps que les Barbares, exaltés dans leur courage, pressent avec plus d'ardeur les Romains abattus. Déjà ceux-ci étaient près de s'enfuir, lorsque Sulla, revenant d'avoir terrassé ses adversaires, tombe sur les Maures en flanc. Bocchus fait aussitôt demi-tour. Jugurtha veut soutenir les siens et conserver une victoire déjà presque acquise ; mais cerné par la cavalerie, ayant vu tomber tous les siens à droite et à gauche, il s'élance seul et réussit à forcer le passage à travers les traits ennemis. Cependant Marius, ayant mis en déroute la cavalerie adverse, accourt au secours des siens dont il avait appris la défaite imminente. Tout finit par la déroute générale des Numides. La vaste plaine présentait un horrible spectacle[339] : ce n'étaient que poursuites, fuites, massacres, captures ; hommes et chevaux étendus sur le sol, et tout couverts de blessures, ne pouvant ni se sauver ni supporter l'immobilité, se soulevant un moment pour retomber aussitôt ; enfin, partout où pouvait se porter le regard, le sol était jonché de traits, de boucliers, de cadavres, qui gisaient au milieu de flaques de sang.

CII. Après ces événements qui lui assuraient une victoire, cette fois, non douteuse, le consul atteignit Cirta, but initial de sa marche. Là, cinq jours après la seconde défaite des Barbares, se présentent des ambassadeurs de Bocchus, le priant au nom du roi d'envoyer à celui-ci deux hommes absolument sûrs, avec lesquels il pût conférer de ses intérêts et de ceux du peuple romain. Marius lui députe aussitôt L. Sulla et A. Manlius ; bien que ce fût le roi qui les appelât, ils décidèrent néanmoins de parler les premiers, pour l'amener à de meilleurs

regem facere, ut ingenium aut auorsum flecterent, aut
cupidum pacis uehementius accenderent. ⁴Itaque Sulla,
cuius facundiae, non aetati a Manlio concessum, pauca
uerba huiuscemodi locutus :

« ⁵Rex Bocche, magna laetitia nobis est, cum te talem
uirum di monuere uti aliquando pacem quam bellum
malles, neu te optumum cum pessumo omnium Iugurtha
miscendo conmaculares, simul nobis demeres acerbam
necessitudinem pariter te errantem atque illum sceleratis-
sumum persequi. ⁶ Ad hoc populo Romano iam a principio
inopi melius uisum amicos quam seruos quaerere, tutius-
que rati uolentibus quam coactis imperitare. ⁷Tibi uero
nulla opportunior nostra amicitia, primum, quia procul
absumus, in quo offensae minimum, gratia par ac si
prope adessemus ; dein quia parentis abunde habemus,
amicorum neque nobis neque cuiquam omnium satis
fuit. ⁸Atque hoc utinam a principio tibi placuisset !
Profecto ex populo Romano ad hoc tempus multo plura
bona accepisses quam mala perpessus es. ⁹Sed quoniam
humanarum rerum fortuna pleraque regit, cui scilicet
placuit et uim et gratiam nostram te experiri, nunc,
quando per illam licet, festina atque uti coepisti perge.
¹⁰Multa atque opportuna habes quo facilius errata officiis
superes. ¹¹Postremo hoc in pectus tuum demitte, numquam populum Romanum beneficiis uictum esse. Nam
bello quid ualeat tute scis. »

¹²Ad ea Bocchus placide et benigne, simul pauca pro
delicto suo uerba facit : se non hostili animo, sed ob

sentiments, s'il répugnait à la paix, ou s'il en était partisan, pour l'affermir davantage dans ses intentions. Sulla, à qui Manlius, bien que plus âgé[160], avait laissé la parole en considération de son éloquence, fit une brève déclaration dont voici le sens : « Roi Bocchus, c'est pour nous une grande joie de voir que les dieux ont inspiré à un homme de ta valeur le désir de préférer enfin la paix à la guerre, et qu'un prince aussi accompli que toi, cessant de se souiller au contact du dernier des criminels, Jugurtha, nous dispense de la dure nécessité de châtier aussi rigoureusement l'erreur de l'un que la scélératesse de l'autre. J'ajoute que le peuple romain, dès les modestes débuts de son Empire, a toujours mieux aimé se faire des amis que des esclaves, et qu'il trouve plus sûr de faire accepter son autorité de plein gré que de l'imposer par la force. Quant à toi, nulle amitié ne peut t'être plus avantageuse que la nôtre. Nous sommes loin, ce qui réduit les heurts au minimum, mais nous permet de te rendre les mêmes services que si nous étions près ; ensuite, nous avons des sujets à revendre, mais des amis, ni nous, ni personne n'en eut jamais assez. Que n'as-tu été dès le début dans les sentiments où nous te voyons ! Nul doute que tu eusses jusqu'à ce jour reçu du peuple romain beaucoup plus de biens que tu n'as souffert de maux. Mais puisque la Fortune dispose à son gré de la plupart des choses humaines, et qu'il lui a plu de te faire éprouver tour à tour notre force et notre bienveillance, maintenant qu'elle t'en offre la faculté, hâte-toi d'achever ce que tu as commencé. Les occasions ne te manquent pas de faire oublier par tes services présents tes erreurs passées. Enfin, pénètre-toi bien de ceci : c'est que jamais le peuple romain ne s'est laissé vaincre en bienfaits ; quant à sa valeur militaire, tu la connais déjà. »

Bocchus répondit en termes pacifiques et amicaux, auxquels il ajouta quelques mots pour sa défense : « S'il avait pris les armes, ce n'était pas par hostilité contre les

regnum tutandum arma cepisse; [13]nam Numidiae partem,
unde ui Iugurtham expulerit, iure belli suam factam;
eam uastari a Mario pati nequiuisse; praeterea missis
antea Romam legatis, repulsum ab amicitia. [14]Ceterum
uetera omittere, ac tum, si per Marium liceret, legatos
ad senatum missurum. [15]Dein, copia facta, animus barbari ab amicis flexus quos Iugurtha, cognita legatione
Sullae et Manli, metuens id quod parabatur, donis
conruperat.

CIII. [1]Marius interea, exercitu in hibernaculis conposito,
cum expeditis cohortibus et parte equitatus proficiscitur
in loca sola obsessum turrim regiam, quo Iugurtha perfugas omnis praesidium inposuerat. [2]Tum rursus Bocchus, seu reputando quae sibi duobus proeliis uenerant,
seu admonitus ab aliis amicis quos incorruptos Iugurtha reliquerat, ex omni copia necessariorum quinque
delegit, quorum et fides cognita et ingenia ualidissuma
erant. [3]Eos ad Marium ac deinde, si placeat, Romam
legatos ire iubet ; agendarum rerum et quocumque
modo belli conponendi licentiam ipsis permittit. [4]Illi
mature ad hiberna Romanorum proficiscuntur ; deinde
in itinere a Gaetulis latronibus circumuenti spoliatique,
pauidi sine decore ad Sullam perfugiunt, quem consul
in expeditionem proficiscens pro praetore reliquerat.
[5]Eos ille non pro uanis hostibus, uti meriti erant, sed
adcurate ac liberaliter habuit; qua re barbari et famam
Romanorum auaritiae falsam, et Sullam ob munifi-
centiam in sese amicum rati. [6]Nam etiam tum largitio

Romains, mais pour défendre son royaume ; car la partie
de la Numidie, dont il avait chassé Jugurtha par la
force[361], lui appartenait par droit de conquête ; qu'il
n'avait pu souffrir de la voir ravager par Marius ; qu'en
outre les ambassadeurs qu'il avait envoyés autrefois
solliciter l'amitié de Rome avaient été éconduits ; que du
reste il n'insistait pas sur le passé, et que, si Marius l'y
autorisait, il enverrait une nouvelle ambassade auprès du
Sénat. » Quand il eut l'autorisation, le roi barbare
changea de nouveau d'avis, sur les instances de ses amis
que Jugurtha, instruit de la mission de Sulla et Manlius,
et craignant ce qui se tramait, avait achetés à force de
présents.

CIII. Cependant Marius, après avoir installé l'armée
dans ses quartiers d'hiver, emmène avec lui l'infanterie
légère et une partie de sa cavalerie, et s'en va dans le
désert assiéger une forteresse du roi où Jugurtha avait
mis tous les déserteurs en garnison. Alors, par un
nouveau revirement dû soit aux réflexions que lui
avaient inspirées ses deux défaites, soit aux avertisse-
ments de ceux de ses amis que Jugurtha n'avait pas
gagnés, Bocchus choisit cinq de ses plus intimes confidents dont il connaissait le dévouement et l'intelligence.
Il leur donne ordre d'aller en qualité d'ambassadeurs
vers Marius d'abord, puis, s'il y consent, à Rome, et leur
donne pleins pouvoirs pour négocier et pour conclure la
paix. Ils partent aussitôt pour les quartiers d'hiver des
Romains ; mais ayant été cernés et dépouillés en cours
de route par des brigands gétules, ils se réfugient, trem-
blants et mal en point[362], auprès de Sulla que le consul,
en partant pour son expédition, avait laissé en qualité de
propréteur[363]. Au lieu de les recevoir en ennemis sans
foi, comme ils l'auraient mérité, Sulla les traita avec
égards et générosité ; ce qui persuada à ces Barbares que
la réputation de cupidité des Romains était fausse et que
Sulla était leur ami, puisqu'il leur faisait des présents.
C'est qu'à cette époque bien des gens ignoraient encore

multis ignota erat, munificus nemo putabatur nisi pariter uolens ; dona omnia in benignitate habebantur.
[7]Igitur quaestori mandata Bocchi patefaciunt ; simul ab
eo petunt uti fautor consultorque sibi adsit, copias,
fidem, magnitudinem regis sui et alia quae aut utilia aut
beneuolentiae esse credebant, oratione extollunt ; dein,
Sulla omnia pollicito, docti quo modo apud Marium, item
apud senatum uerba facerent, circiter dies quadraginta
ibidem opperiuntur.

CIV. [1]Marius, postquam confecto quo intenderat negotio Cirtam redit et de aduentu legatorum certior factus
est, illosque et Sullam †ab Vtica† uenire iubet, item
L. Bellienum praetorem, praeterea omnis undique senatorii ordinis, quibuscum mandata Bocchi cognoscit.
[2]Legatis potestas Romam eundi fit, et ab consule interea
indutiae postulabantur. Ea Sullae et plerisque pla-
cuere ; pauci ferocius decernunt, scilicet ignari humanarum rerum, quae fluxae et mobiles semper in aduorsa
mutantur. [3]Ceterum Mauri, impetratis omnibus rebus,
tres Romam profecti duce Cn. Octauio Rusone, qui
quaestor stipendium in Africam portauerat, duo ad
regem redeunt. Ex is Bocchus cum cetera, tum maxume
benignitatem et studium Sullae lubens accepit. [4]Romae-
que legatis eius, postquam errasse regem et Iugurthae
scelere lapsum deprecati sunt, amicitiam et foedus petentibus hoc modo respondetur : « [5]Senatus et populus
Romanus benefici et iniuriae memor esse solet. Ceterum

les largesses intéressées ; on croyait que quiconque était généreux ne le faisait que par bienveillance ; tout présent était mis au compte de l'affection. Ils s'ouvrent donc au questeur du mandat dont ils sont chargés ; ils le prient de bien vouloir les aider de sa protection et de ses conseils ; ils font valoir les forces, la loyauté, la grandeur de leur roi, bref, tous les avantages que les Romains pouvaient tirer de Bocchus, ou tous les titres qu'il avait à leur bienveillance. Sulla leur promet tout ce qu'ils demandent, leur fait la leçon sur la manière dont ils devront parler à Marius, et au Sénat ; puis ils attendent auprès de lui environ quarante jours.

CIV. Marius revient à Cirta après avoir achevé son expédition ; il apprend l'arrivée des ambassadeurs, les fait venir d'Utique[364] avec Sulla, convoque aussi le préteur L. Bellienus[365], en même temps que tous les membres de l'ordre sénatorial présents en Afrique, et prend connaissance avec eux des propositions de Bocchus. L'ambassade est autorisée par le consul à se rendre à Rome. Ils demandaient pendant les négociations une suspension d'armes. Elle fut accordée, de l'avis de Sulla et du plus grand nombre ; quelques-uns se montrèrent plus intraitables, ignorant sans doute l'inconstance des choses humaines et leurs vicissitudes perpétuelles. Les Maures, toutes leurs demandes acceptées, partirent au nombre de trois pour Rome, accompagnés du questeur[366] Cn. Octavius Ruso, qui avait apporté en Afrique la solde des troupes ; les deux autres retournèrent auprès du roi. Il apprit avec grand plaisir l'heureux succès de leurs démarches, et surtout l'intérêt et la bienveillance que leur avait témoignés Sulla. À Rome, ses ambassadeurs, après avoir supplié le Sénat de pardonner l'erreur dans laquelle leur roi était tombé par la scélératesse de Jugurtha, demandèrent ensuite notre alliance et notre amitié. On leur répondit en ces termes : « Le Sénat et le peuple romain n'oublient ni les bienfaits, ni les injures. Mais,

Boccho, quoniam paenitet, delicti gratiam facit. Foedus
et amicitia dabuntur cum meruerit. »

CV. ¹Quis rebus cognitis, Bocchus per litteras a Mario
petiuit uti Sullam ad se mitteret, cuius arbitratu communibus negotiis consuleretur. ²Is missus cum praesidio equitum atque [peditum] funditorum Baliarium ;
praeterea iere sagittarii et cohors Paeligna cum uelita-
ribus armis, itineris properandi causa ; neque his secus
atque aliis armis aduorsum tela hostium, quod ea leuia
sunt, muniti. ³Sed in itinere quinto denique die Volux,
filius Bocchi, repente in campis patentibus cum mille non
amplius equitibus sese ostendit, qui temere et effuse
euntes Sullae aliisque omnibus et numerum ampliorem
uero et hostilem metum efficiebant. ⁴Igitur se quisque
expedire, arma atque tela temptare, intendere ; timor
aliquantus, sed spes amplior, quippe uictoribus et aduorsum eos quos saepe uicerant. ⁵Interim equites exploratum
praemissi rem, uti erat, quietam nuntiant.

CVI. ¹Volux adueniens quaestorem appellat dicitque
se a patre Boccho obuiam illis simul et praesidio missum.
Deinde eum et proxumum diem sine metu coniuncti
eunt. ²Post, ubi castra locata et diei uesper erat, repente
Maurus incerto uoltu pauens ad Sullam adcurrit, dicitque
sibi ex speculatoribus cognitum Iugurtham haud procul
abesse ; simul uti noctu clam secum profugeret rogat
atque hortatur. ³Ille animo feroci negat se totiens fusum
Numidam pertimescere ; uirtuti suorum satis credere ;
etiam si certa pestis adesset, mansurum potius quam,

puisque Bocchus se repent de sa faute, on veut bien lui faire grâce. Il obtiendra l'alliance et l'amitié du peuple romain, quand il les aura méritées. »

CV. Sur cette réponse, Bocchus avait demandé par lettre à Marius de lui envoyer Sulla pour régler sur son arbitrage leurs intérêts communs. Sulla partit avec une escorte de cavalerie et d'infanterie, et de frondeurs baléares[367] ; il emmena également des archers, et une cohorte de Péligniens[368] munis de l'armement des vélites, qui leur permettait d'aller vite, tout en les protégeant aussi bien qu'un autre contre les traits légers des ennemis. Mais le cinquième jour de la marche, on vit tout à coup apparaître dans la vaste plaine Volux, fils de Bocchus ; il n'avait pas plus de mille cavaliers avec lui, mais comme ils marchaient sans ordre et à la débandade, ils firent l'effet d'être bien plus nombreux à Sulla et à ses compagnons qui eurent peur d'une attaque ennemie. Aussi chacun se met en tenue de combat, vérifie ses armes, et se tient prêt ; on avait bien un peu peur, mais plus d'espoir encore au souvenir des victoires remportées sur le même adversaire qu'ils avaient devant eux. Sur ces entrefaites, des cavaliers envoyés en reconnaissance rapportent que tout était tranquille, ce qui était vrai.

CVI. Volux, en arrivant, salue le questeur et lui dit que son père l'envoyait à la fois pour le recevoir et lui faire escorte. Ils marchèrent ensemble ce jour-là et le jour suivant, sans aucune alarme. Sur le soir, comme on venait de camper, soudain le Maure, le visage bouleversé, l'air épouvanté, accourut vers Sulla, lui dit qu'il vient d'apprendre par les éclaireurs que Jugurtha n'est pas loin[369] ; et il le presse instamment de profiter de la nuit, pour se sauver secrètement avec lui. Sulla répond fièrement « qu'il ne craint pas un Numide que les Romains ont tant de fois mis en déroute ; qu'il avait pleine confiance dans la valeur des siens ; que, sa perte fût-elle même assurée, il resterait plutôt que de trahir

proditis quos ducebat, turpi fuga incertae ac forsitan
post paulo morbo interiturae uitae parceret. ⁴Ceterum
ab eodem monitus uti noctu proficiscerentur, consilium
adprobat, ac statim milites cenatos esse, in castris ignis
[que] quam creberrumos fieri, dein prima uigilia silentio
egredi iubet. ⁵Iamque nocturno itinere fessis omnibus,
Sulla pariter cum ortu solis castra metabatur, cum
equites Mauri nuntiant Iugurtham circiter duum milium
interuallo ante consedisse. ⁶Quod postquam auditum est,
tum uero ingens metus nostros inuadit ; credere se pro-
ditos a Voluce et insidiis circumuentos. Ac fuere qui
dicerent manu uindicandum neque apud illum tantum
scelus inultum relinquendum.

CVII. ¹At Sulla, quamquam eadem existumabat,
tamen ab iniuria Maurum prohibet. Suos hortatur uti
fortem animum gererent : saepe ante a paucis strenuis
aduorsum multitudinem bene pugnatum; quanto sibi in
proelio minus pepercissent, tanto tutiores fore, nec quemquam decere qui manus armauerit ab inermis pedibus
auxilium petere, in maxumo metu nudum et caecum cor-
pus ad hostis uortere. ²Dein Volucem, quoniam hostilia faceret, Iouem Maxumum obtestatus ut sceleris atque
perfidiae Bocchi testis adesset, ex castris abire iubet.
³Ille lacrumans orare ne ea crederet : nihil dolo factum ac
magis calliditate Iugurthae cui uidelicet speculanti iter
suum cognitum esset. ⁴Ceterum quoniam neque ingentem multitudinem haberet et spes opesque eius ex patre
suo penderent, credere illum nihil palam ausurum, cum

ceux qu'il commandait pour sauver, par une fuite désho-
norante, une vie fragile et que la maladie[370] lui ravirait
peut-être bientôt ». Comme le prince lui conseillait au
moins de décamper pendant la nuit, il se range à cet avis,
et aussitôt il ordonne à ses soldats d'achever leur repas
rapidement, de faire dans le camp le plus grand nombre
de feux possible, puis de partir en silence à la première
veille. Déjà, malgré la fatigue générale causée par cette
marche nocturne, Sulla, au lever du soleil, traçait l'emplacement du camp, lorsque les cavaliers maures annon-
cent que Jugurtha s'est posté en avant, à deux mille pas[371]
environ. À cette nouvelle, les nôtres sont saisis de
terreur : ils se croient trahis par Volux et tombés dans
une embuscade. Certains même disaient qu'il fallait se
venger par la force, et ne pas laisser chez Volux un tel
crime impuni.

CVII. Sulla, bien qu'il partageât ces sentiments,
interdit pourtant de faire violence au Maure ; il exhorte
les siens à avoir bon courage, leur représentant « que
souvent déjà une poignée de braves avaient lutté victo-
rieusement contre des troupes nombreuses ; que moins
ils se ménageraient, plus ils seraient en sûreté ; que
c'était une honte, quand on avait les armes en main, de
recourir à ses jambes, qui, elles, n'ont pas d'armes, et,
au plus fort du danger, de tourner vers l'ennemi la partie
du corps qui ne peut ni le voir ni s'en garantir ». Ensuite,
ayant pris à témoin le grand Jupiter du crime et de la
perfidie de Bocchus, il enjoint à Volux, puisqu'il se
conduit en ennemi, de sortir de son camp. Celui-ci, les
larmes aux yeux, le supplie de n'en rien croire, protes-
tant « qu'il n'y avait point de trahison dans tout ceci,
mais un effet de l'habileté de Jugurtha, que ses espions
avaient évidemment renseigné sur la marche des
Romains ; qu'au reste, comme il ne disposait pas de très
grandes troupes, il croyait qu'il n'oserait rien entreprendre ouvertement, surtout en présence et sous les

ipse filius testis adesset. ⁵Quare optumum factu uideri,
per media eius castra palam transire ; sese, uel praemissis
uel ibidem relictis Mauris, solum cum Sulla iturum. ⁶Ea
res uti in tali negotio probata ; ac statim profecti, quia
de improuiso acciderant, dubio atque haesitante Iugurtha, incolumes transeunt. ⁷Deinde paucis diebus quo
ire intenderant peruentum est.

   CVIII. ¹Ibi cum Boccho Numida quidam, Aspar
nomine, multum et familiariter agebat, praemissus ab
Iugurtha, postquam Sullam accitum audierat, orator
et subdole speculatum Bocchi consilia ; praeterea Dabar, Massugradae filius, ex gente Massinissae, ceterum
materno genere impar — nam pater eius ex concubina
ortus erat, — Mauro ob ingeni multa bona carus
acceptusque. ²Quem Bocchus, fidum esse Romanis multis
ante tempestatibus expertus, ilico ad Sullam nuntiatum mittit paratum sese facere quae populus Romanus
uellet : conloquio diem, locum, tempus ipse deligeret, neu
Iugurthae legatum pertimesceret ; consulto sese omnia
cum illo integra habere, quo res communis licentius
gereretur ; nam ab insidiis eius aliter caueri nequiuisse.
³Sed ego conperior Bocchum magis Punica fide quam ob
ea quae praedicabat simul Romanum et Numidam spe
pacis attinuisse, multumque cum animo suo uoluere
solitum Iugurtham Romanis an illi Sullam traderet ;
lubidinem aduorsum nos, metum pro nobis suasisse.

yeux du fils d'un roi dont dépendaient ses espérances et ses ressources ; que le mieux était donc, à son avis, de passer hardiment au milieu de son camp[372] ; et que pour lui, Volux, qu'on envoyât ses Maures en avant ou qu'on les laissât sur place, il irait seul avec Sulla ». Étant donné la situation, ce parti fut adopté. Ils se mirent en route aussitôt, et profitant du doute et de l'hésitation que provoque chez Jugurtha leur arrivée imprévue, ils passent sans encombre. Peu de jours après, ils atteignirent le but de leur voyage.

CVIII. Auprès de Bocchus, et vivant dans une extrême intimité avec lui, se trouvait un Numide nommé Aspar que Jugurtha, dès qu'il avait appris la venue de Sulla, avait vite dépêché près du roi, à la fois pour le représenter[373], et pour épier les desseins de son allié ; il y avait aussi un fils de Massugrada[374], Dabar, de la famille de Masinissa, mais de naissance inférieure du côté de sa grand'mère – son père était né d'une concubine – à qui ses nombreuses vertus avaient valu l'affection et la faveur du Maure. Ayant éprouvé en mainte circonstance son loyalisme envers Rome, Bocchus l'envoie sur-le-champ annoncer à Sulla « qu'il était prêt à exécuter les volontés du peuple romain ; que Sulla n'avait qu'à choisir lui-même le jour, le lieu et l'heure de leur entretien, sans s'inquiéter du représentant de Jugurtha ; c'était à dessein qu'il n'avait rien changé à ses relations avec ce dernier, pour pouvoir traiter plus librement de leurs intérêts communs ; car il n'y avait pas eu d'autre moyen de se garantir contre les embûches du roi ». Quant à moi, je suis convaincu qu'il n'y avait rien de vrai dans les motifs allégués par Bocchus, qu'avec une perfidie toute punique il tenait en suspens par l'espoir de la paix à la fois le Romain et le Numide, et que longtemps il balança dans son esprit s'il livrerait Jugurtha aux Romains, ou Sulla à Jugurtha ; la passion lui parlait contre nous, la crainte le décida pour nous.

CIX. [1]Igitur Sulla respondit se pauca coram Aspare
locuturum, cetera occulte, nullo aut quam paucissumis
praesentibus. Simul edocet quae sibi responderentur.
[2]Postquam sicuti uoluerat congressi, dicit se missum
a consule uenisse quaesitum ab eo pacem an bellum
agitaturus foret. [3]Tum rex, uti praeceptum fuerat, post
diem decimum redire iubet, ac nihil etiam nunc decre-
uisse, sed illo die responsurum. Deinde ambo in sua castra
digressi. [4]Sed ubi plerumque noctis processit, Sulla a
Boccho occulte accersitur; ab utroque tantummodo fidi
interpretes adhibentur, praeterea Dabar internuntius,
sanctus uir et ex sententia ambobus. Ac statim sic rex
incipit :

CX. « [1]Numquam ego ratus sum fore uti rex maxumus in hac terra et omnium quos noui, priuato homini
gratiam deberem. [2]Et mehercule, Sulla, ante te cognitum,
multis orantibus, aliis ultro egomet opem tuli, nullius
indigus. [3]Id inminutum, quod ceteri dolere solent, ego
laetor : fuerit mihi eguisse aliquando pretium tuae amicitiae, qua apud meum animum nihil carius est. [4]Id adeo
experiri licet : arma, uiros, pecuniam, postremo quidquid
animo lubet, sume, utere, et, quoad uiues, numquam tibi
redditam gratiam putaueris : semper apud me integra
erit. Denique nihil me sciente frustra uoles. [5]Nam, ut ego
aestumo, regem armis quam munificentia uinci minus
flagitiosum est. [6]Ceterum de re publica uostra, cuius
curator huc missus es, paucis accipe. Bellum ego populo

CIX. Sulla répondit donc qu'il serait très bref devant Aspar ; que pour le reste, il aurait un entretien secret avec le roi, sans nul témoin, ou devant un tout petit nombre. En même temps, il dicte la réponse qu'il voulait qu'on lui fît. La conférence eut lieu comme il l'avait exigé : il dit qu'il venait de la part du consul demander à Bocchus s'il voulait la paix ou la guerre. Alors le roi, suivant les instructions reçues, le prie de revenir dans dix jours ; il n'a jusqu'ici rien décidé, mais il donnera sa réponse ce jour-là. Ensuite, ils se retirèrent chacun dans leur camp. Mais, quand la nuit fut fort avancée, le roi fait venir secrètement Sulla ; ils n'ont l'un et l'autre avec eux que des interprètes sûrs, plus Dabar, qui leur sert de médiateur, homme loyal[175] entre tous et agréé de tous deux. Le roi prit aussitôt la parole en ces termes :

CX. « Je[176] n'aurais jamais pensé que moi, le plus grand roi de cette terre, et de tous les rois que je connaisse, je dusse avoir un jour de la reconnaissance à un simple particulier[177]. Et sur ma foi, Sulla, avant de te connaître, je suis venu en aide à bien des gens, beaucoup sur leur prière, les autres spontanément, sans avoir besoin de l'aide de personne. Loin de m'affliger de cette diminution, comme tant d'autres, je m'en réjouis au contraire ; ce n'aura pas été payer trop cher ton amitié que d'avoir eu besoin d'y recourir, car elle est pour moi le plus précieux des biens. Tu peux mettre ma sincérité à l'épreuve : armes, hommes, argent, en un mot tout ce qui te plaît, prends-le, disposes-en, et, tant que tu vivras, ne crois pas que jamais je sois quitte envers toi de ma dette de reconnaissance ; elle sera pour moi toujours entière ; enfin, il n'est pas une de tes volontés qui ne sera satisfaite, pourvu que je les connaisse. Car, à mon avis, il est moins humiliant pour un roi d'être vaincu par les armes que dans une lutte de générosité. À l'égard de la République romaine, dont les intérêts t'amènent ici, voici en peu de mots ce que j'ai à te dire : « Je n'ai fait ni n'ai jamais voulu faire la guerre au peuple romain :

Romano neque feci, neque factum umquam uolui : at
finis meos aduorsum armatos armis tutatus sum. [7]Id
omitto, quando uobis ita placet. Gerite, quod uoltis, cum
Iugurtha bellum. [8]Ego flumen Muluccham, quod inter
me et Micipsam fuit, non egrediar, neque id intrare
Iugurtham sinam. Praeterea, si quid meque uobisque
dignum petiueris, haud repulsus abibis. »

CXI. [1]Ad ea Sulla pro se breuiter et modice, de pace
et communibus rebus multis disseruit. Denique regi
patefecit quod polliceatur senatum et populum Romanum, quoniam armis amplius ualuissent, non in gratiam
habituros : faciundum   ˙ aliquid quod illorum magis
quam sua rettulisse uideretur. Id adeo in promptu esse,
quoniam copiam Iugurthae haberet. Quem si Romanis
tradidisset, fore ut illi plurumum deberetur ; amicitiam,
foedus, Numidiae partem quam nunc peteret tum ultro
aduenturam. [2]Rex primo negitare : cognationem, affi-
nitatem, praeterea foedus interuenisse. Ad hoc metuere
ne fluxa fide usus popularium animos auorteret, quis
et Iugurtha carus et Romani inuisi erant. [3]Denique saepius fatigatus lenitur et ex uoluntate Sullae omnia se
facturum promittit. [4]Ceterum ad simulandam pacem,
cuius Numida defessus bello auidissumus erat, quae
utilia uisa constituunt. Ita conposito dolo digrediuntur.

CXII. [1]At rex postero die Asparem, Iugurthae legatum, appellat dicitque sibi per Dabarem ex Sulla cognitum posse condicionibus bellum poni : quam ob rem

j'ai seulement défendu par les armes mes frontières qu'on attaquait par les armes. J'y renonce, puisqu'il vous plaît ainsi. Faites, comme vous le voulez, la guerre à Jugurtha. Je ne franchirai pas le fleuve Muluccha, qui servait de frontière entre Micipsa et moi, et je ne permettrai pas à Jugurtha de le passer. Si tu as quelque autre chose à me demander qui soit digne de moi et de ton peuple, tu ne t'en iras point sans l'avoir obtenu. »

CXI. À ce discours, Sulla fit, en ce qui le concernait personnellement, une réponse brève et modeste, mais il s'étendit longuement sur la paix et sur leurs intérêts communs. Ensuite, il ne cacha pas au roi que « le Sénat et le peuple romain, étant donné la victoire de leurs armes, ne considéreraient point comme un titre suffisant à leur reconnaissance les promesses qu'il apportait ; il lui fallait faire quelque chose qui parût bien être inspiré par l'intérêt romain plutôt que par le sien propre ; chose facile, puisqu'il avait Jugurtha sous la main. S'il le livrait aux Romains, ceux-ci lui auraient une très grande obligation, et lui accorderaient spontanément l'amitié, l'alliance, et la partie de la Numidie qu'il demandait maintenant ». Le roi commença par refuser obstinément ; il invoque les liens de parenté[378], d'alliance, le traité[379] passé entre Jugurtha et lui ; sans compter la crainte que ce manquement à sa parole ne lui aliénât le cœur de ses sujets, qui chérissaient Jugurtha autant qu'ils haïssaient les Romains. Enfin, à force d'être harcelé, il se montre plus traitable, et promet de faire tout ce que voudrait Sulla. Ils s'entendent sur les moyens de faire croire à Jugurtha qu'il serait admis à conclure cette paix que l'état précaire de ses forces, épuisées par la guerre, lui faisait si ardemment souhaiter. La trahison ainsi concertée, ils se séparent.

CXII. Le lendemain, le roi mande auprès de lui le représentant de Jugurtha, Aspar ; il dit que Sulla lui avait fait connaître par Dabar qu'il était possible de mettre fin à la guerre[380] dans des conditions qui seraient à discuter ;

regis sui sententiam exquireret. ²Ille laetus in castra
Iugurthae proficiscitur; deinde ab illo cuncta edoctus
properato itinere post diem octauom redit ad Bocchum,
et ei nuntiat Iugurtham cupere omnia quae impera-
rentur facere, sed Mario parum confidere : saepe antea
cum imperatoribus Romanis pacem conuentam frustra
fuisse. ³Ceterum Bocchus, si ambobus consultum et
ratam pacem uellet, daret operam ut una ab omnibus
quasi de pace in conloquium ueniretur, ibique sibi
Sullam traderet; cum talem uirum in potestatem habuisset, tum fore uti iussu senatus aut populi foedus fieret,
neque hominem nobilem non sua ignauia, sed ob rem
publicam in hostium potestate relictum iri.

CXIII. ¹Haec Maurus secum ipse diu uoluens tandem promisit ; ceterum dolo an uere cunctatus, parum
comperimus. Sed plerumque regiae uoluntates ut uehe-
mentes sic mobiles, saepe ipsae sibi aduorsae. ²Postea
tempore et loco constituto in conloquium uti de pace
ueniretur, Bocchus Sullam modo, modo Iugurthae legatum appellare, benigne habere, idem ambobus polliceri ;
illi pariter laeti ac spei bonae pleni esse. ³Sed nocte ea quae
proxuma fuit ante diem conloquio decretum, Maurus,
adhibitis amicis ac statim immutata uoluntate remotis
ceteris, dicitur secum ipse multum agitauisse, uoltu < et
oculis > pariter atque animo uarius ; quae scilicet ita
tacente ipso occulta pectoris patefecisse. ⁴Tamen postremo Sullam accersi iubet et ex illius sententia Numidae
insidias tendit. ⁵Deinde, ubi dies aduenit et ei nuntiatum
est Iugurtham haud procul abesse, cum paucis amicis
et quaestore nostro quasi obuius honoris causa procedit
in tumulum facillumum uisu insidiantibus. ⁶Eodem Nu-

il le prie donc de s'informer des intentions de son maître. Aspar, tout joyeux, part pour le camp de Jugurtha ; il prend toutes ses instructions, puis, forçant sa marche, il revient le huitième jour auprès de Bocchus et lui annonce « que son maître se soumet à tout ce qu'on exigera, mais qu'il se méfie de Marius ; que plus d'une fois[381] déjà la paix conclue avec les généraux romains était demeurée lettre vaine. Si Bocchus voulait servir leurs intérêts à tous deux et s'assurer une paix réelle, il n'avait qu'à ménager, sous prétexte de la paix, une conférence où tous les intéressés se trouveraient, et là à lui livrer Sulla ; le voyant en possession d'un tel otage, le Sénat et le peuple romain ne manqueraient pas de conclure un traité, et ne laisseraient pas au pouvoir de l'ennemi un personnage aussi illustre, victime non de sa lâcheté[382] mais de son dévouement à la République ».

CXIII. Après avoir balancé longtemps, le Maure finit par promettre. Son hésitation était-elle feinte ou réelle, nous ne savons au juste ; du reste, les volontés des rois sont généralement aussi changeantes qu'ardentes, souvent aussi contradictoires[383]. Quoi qu'il en soit, une fois fixés le temps et le lieu de la conférence, Bocchus appelait tantôt Sulla, tantôt le représentant de Jugurtha ; les accueillait amicalement, leur faisait à tous deux les mêmes promesses ; ils en étaient l'un et l'autre remplis de joie et d'espoir. La nuit qui précéda le jour convenu, le Maure convoqua ses confidents, puis, changeant brusquement d'idée, congédia aussitôt tout le monde ; un long débat se livrait en lui, dont son visage et ses yeux, variant avec les sentiments mêmes qui l'agitaient, trahissaient, malgré son silence, les secrètes péripéties. Enfin, il fait appeler Sulla, et s'entend avec lui pour tendre une embuscade au Numide. Puis, le jour venu, quand on vint lui annoncer l'approche de Jugurtha, Bocchus, accompagné de quelques amis et de notre questeur, s'avance à sa rencontre comme pour lui faire honneur, et gagne un monticule très visible pour ceux qu'il avait apostés. Le

mida cum plerisque necessariis suis inermis, uti dictum
erat, adcedit, ac statim signo dato undique simul ex
insidiis inuaditur. [7]Ceteri obtruncati ; Iugurtha Sullae
uinctus traditur, et ab eo ad Marium deductus est.

CXIV. [1]Per idem tempus aduorsum Gallos ab duci-
bus nostris Q. Caepione et Cn. Manlio male pugnatum.
[2]Quo metu Italia omnis contremuerat. Illique et inde
usque ad nostram memoriam Romani sic habuere : alia
omnia uirtuti suae prona esse, cum Gallis pro salute,
non pro gloria certari. [3]Sed postquam bellum in Numidia
confectum et Iugurtham Romam uinctum adduci nuntiatum est, Marius consul absens factus est et ei decreta
prouincia Gallia, isque kalendis Ianuariis magna gloria
consul triumphauit. [4]Et ea tempestate spes atque opes
ciuitatis in illo sitae.

Numide, accompagné d'un grand nombre de ses familiers, s'y rend également sans armes comme il avait été dit, et, sitôt le signal donné, il est assailli de tous les côtés à la fois par l'embuscade. Tous ses compagnons furent massacrés ; lui-même est livré, chargé de chaînes, à Sulla, qui le conduisit à Marius[384].

CXIV. Dans ce même temps[385], nos généraux Q. Caepio et Cn. Manlius essuyèrent une défaite de la part des Gaulois ; et l'Italie tout entière en trembla. Depuis cette époque jusqu'à nos jours, les Romains ont cru que si tout le reste du monde s'inclinait aisément devant leur valeur, avec les Gaulois, c'était une lutte, non pour la gloire mais pour la vie. Aussi, lorsqu'on eut appris à Rome que la guerre de Numidie était terminée et qu'on ramenait dans la ville Jugurtha enchaîné, Marius, bien qu'absent[386], fut réélu consul, et la province de Gaule lui fut assignée. Son triomphe[387] fut célébré en grande pompe aux calendes de janvier. Et dès lors[388] c'est sur lui que reposèrent toutes les ressources et tous les espoirs de la cité.

Notes

1. L'emploi de ce mot par Salluste jette une lumière nouvelle sur ce qui ne semble être *a priori* qu'un lieu commun philosophique. En effet, face à une hostilité larvée à l'idée que des membres de la classe sénatoriale puissent consacrer leur vie à l'élaboration d'une œuvre littéraire, Salluste affirme que la *uirtus* peut être observée, et l'État servi, autrement que par la politique et la guerre. Cf. *Cat.*, III, 1 : *Pulchrum est bene facere rei publicæ, etiam bene dicere haud absurdum est*, et en contraste avec cette affirmation initiale CII, 9 : *sed quoniam humanarum rerum fortuna pleraque regit.*

2. En affirmant que l'acquisition de la gloire, par la voie de la vertu, est le but principal de l'activité humaine, Salluste manifeste son attachement à l'idéal aristocratique romain ; cf. *Cat.*, I, 3.

3. Dans l'expression *pessum dari, pessum ire*, il y a toujours l'image d'une sorte de naufrage : ces mots se disent d'un objet qui tombe au fond de l'eau et qui s'abîme ; par suite, qui périt.

4. Dans tout ce passage, Salluste entremêle les deux expressions *animus* et *anima*, mais il ne mélange pas ces deux notions et leur conserve leur sens exact : si *anima* est la partie spirituelle de notre être opposée à la partie corporelle, *animus* représente l'intelligence et la raison.

5. Ce mot désigne ici les occupations de l'intelligence différentes de *magistratus* et *imperia* mentionnés en III, 1. Il s'oppose à *reliquis* ou *ceteris*.

6. Les candidats à l'élection devaient saluer chaque citoyen par son nom, aidés dans cette tâche par le *nomenclator*. L'usage s'était aussi introduit d'offrir des festins au peuple, afin de briguer les suffrages. Cette forme d'*ambitus* (brigue), bien que souvent critiquée, était d'un usage fréquent.

7. Q. Fabius Maximus, surnommé Cunctator (le Temporisateur), et P. Cornelius Scipion, surnommé l'Africain, sont deux héros romains de la seconde guerre punique, et des *exempla uirtutis* dans la tradition historique romaine.

8. Les images des ancêtres, en cire, étaient conservées dans l'*atrium*, et portées en procession dans les convois funèbres. Le *ius imaginum* était réservé aux patriciens et à ceux qui avaient exercé une magistrature curule.

9. L'*homo nouus* est un consul issu d'une famille de rang équestre ; ce terme peut également désigner simplement le premier membre d'une famille sénatoriale à atteindre le consulat. Dans une acception plus large, il désigne le premier membre d'une famille à obtenir une magistrature.

10. Depuis la mort de C. Gracchus, en 121 av. J.-C. (Salluste ne songe pas à remonter plus loin), la domination de la noblesse était incontestée. C'est pendant la guerre de Jugurtha que pour la première fois le peuple osa lui faire opposition.

11. Ce mot, qui ne s'applique qu'à la fin de la phrase précédente, désigne la lutte de la démocratie et de la noblesse.

12. Le terme *bellum* peut impliquer les guerres entre César et Pompée ; *uastitas Italiæ* renvoie davantage aux conséquences des premières guerres civiles entre Marius et Sulla et des guerres sociales (91-79 av. J.-C.).

13. La loyauté de Masinissa à Rome sera sans cesse mise en avant dans le discours d'Adherbal devant le Sénat ; cf. XIV, 2, 6, 18 et XXIV, 10.

14. Le mot *imperium* désigne ici la puissance de Masinissa qui s'étendait sur la Numidie entière. Cet *imperium* prit fin avec lui, son royaume étant partagé entre ses trois fils, jusqu'au moment où tous les Numides furent réunis sous le sceptre de Micipsa, seul survivant.

15. Salluste insiste souvent sur cette qualité particulière de Jugurtha (cf. VII, 4, 7 ; VIII, 1 ; X, 7 ; XX, 2 ; XXXIII, 2). Le portrait flatteur de Jugurtha s'oppose aux défauts généraux

dénoncés par l'historien dans son prologue (I, 4 ; II, 4). La visée moralisatrice de Salluste le conduit par aileurs à donner aux vertus morales un rôle déterminant dans la conduite de la guerre ; cf. XLVI, 1 ; LIV, 5 ; LXII, 9 ; LXXXI ; XCVII.

16. Les qualités de chasseur de Jugurtha s'opposent à l'opinion de Salluste sur la chasse qu'il considère comme faisant partie des *seruilia officia*, des tâches serviles ; cf. *Cat.*, IV, 1.

17. Ce terme ne désigne pas ici une guerre extérieure, mais une guerre civile. Salluste donne ainsi la mesure de l'attachement des Numides pour Jugurtha : si Micipsa venait à se débarasser de son neveu, c'est toute une partie de la population qui se détacherait de lui et prendrait les armes.

18. La guerre de Numance, dans le pays des Pélendoniens, fait partie des guerres espagnoles que Rome livra de 154 à 133 av. J.-C. Les Celtibères de cette région faisaient partie des meilleurs soldats d'Espagne, et ils infligèrent d'abord aux généraux romains de lourdes pertes. Le siège de Numance dura quinze mois, et la ville ne capitula qu'à l'automne 133, réduite par la famine.

19. Ce terme désigne le courage militaire porté au degré le plus éminent ; cf. Virg., *Én.*, XI, 910 : *Et sæuum Æneam agnouit Turnus in armis.*

20. Sur ce dualisme *corpus-animus*, cf. prologue II, 2, ou par exemple la description d'Hannibal par Liv., XXI, 4-5. Salluste comme Tite-Live attribuent ainsi à des ennemis de Rome les qualités attribuées d'ordinaire à la vertu romaine.

21. *Amicus* est ici un terme technique pour désigner les conseillers et les proches du général romain. On sait par Appien (*Hisp.*, LXXXIV, 365) que 500 amis et clients avaient accompagné P. Scipion, ce que ce dernier appelait sa φίλων ἴλη.

22. Cette phrase signifie que Jugurtha a acquis des patrons parmi les Romains. Par l'évocation de sa *munificentia animi*, Salluste indique en outre que le chef numide a déjà commencé à offrir des cadeaux à ses amis romains, action que l'historien désigne plus loin par le terme de *largitio* (XV, 1, 5 ; XIII, 5-7 ; XXVIII, 1).

23. *Novi homines*, cf. LXIII, 7 ; LXV, 5. L'inversion de *noui* par rapport à *nobiles* est par ailleurs caractéristique de la manière de Salluste.

24. Ce terme à l'époque de Salluste désigne quiconque n'est ni *ciuis* (citoyen) ni *hostes* (ennemi). *Socios* renvoie donc ici aussi bien aux alliés italiens qu'aux provinciaux et aux cités et royaumes alliés.

25. Cette sentence, mise en évidence par sa place en fin de phrase et la clausule, explique aux yeux de Salluste les premiers succès de Jugurtha ; cf. XIII, 5 ; XV, 1 ; XXXIII, 2 ; XXXV, 8.

26. Le contenu de cette conversation secrète n'a pu être connu par Salluste ; il veut simplement souligner les rapports étroits qui ont existé entre les Scipion et la maison royale de Numidie.

27. L'*amicitia* n'imposait aucune obligation légale d'aide mutuelle ; elle reposait davantage sur une forme de devoir moral ; cf. XIV, 5.

28. Pour Salluste, Jugurtha a réalisé trop tard que l'argent ne pouvait pas le protéger des conséquences des meurtres de ses rivaux (cf. l'épisode des *negociatores* à Cirta [XXVI, 3], ou celui de Massiva à Rome [XXXV, 1-8], par exemple).

29. Cet échange de lettres entre un général romain et un roi allié atteste la grande liberté de la noblesse romaine dans le traitement des affaires étrangères, même après que le Sénat fut devenu l'organe le plus puissant de l'État.

30. Printemps ou été 132.

31. Ironique (cf. VI, 2-3) : Salluste se plaît toujours à souligner le contraste entre l'apparence et la réalité, la parole et les actes dans les comportements politiques.

32. Micipsa ne mourut qu'en 118 et ce n'est, au témoignage même de Salluste (XI, 6), que dans les trois dernières années de sa vie qu'il aurait admis Jugurtha à participer à son héritage et à son royaume. La chronologie de Salluste n'est donc pas très sûre ici, puisqu'il s'écoula en fait dix ans entre le retour de Jugurtha et le moment où il fut adopté.

33. Pour se créer plus de titres à la reconnaissance de Jugurtha, Micipsa confond ici volontairement deux faits bien distincts et séparés par un intervalle de plusieurs années : l'hospitalité accordée à Jugurtha dans son palais (V, 7) et l'adoption dont il est question dans le chapitre précédent.

34. Salluste reprend ici les termes du discours que Cyrus prononce en mourant, cf. Xén., *Cyr.*, VIII, 7, 13-16.

35. Coloration très romaine du discours de Micipsa, cf. *Ad Her.*, III, 7, 14 : *qua fide, beneuolentia, officio gesserit amicitias*. L'*officium* est l'expression concrète des liens de *fides*.

36. Cf. XLI, 2-3 et *Cat.*, VI, 2. Sénèque (*Ep.*, XCIV, 46) rapporte que cette maxime avait beaucoup influencé Agrippa, le ministre et ami d'Auguste.

37. Les Numides accordaient à leurs rois défunts des honneurs divins ; on identifie depuis peu la tombe de Micipsa, et peut-être de Hiempsal, avec le monument Es Soumaâ at El Khroub, près de Cirta ; l'inscription funéraire de Micipsa a également été retrouvée.

38. La place du milieu est également la place d'honneur chez les Romains ; cf., par ex., Cic., *Rep.*, I, 18.

39. Après la mort de Masinissa, ses trois fils, Micipsa, Gulussa et Mastanabal, s'étaient seulement partagé les attributions de la royauté, le royaume restant indivis (cf. App., *Pun.*, CVI). Après la mort de Micipsa, c'est à un véritable démembrement du royaume que songent ses héritiers, avec la difficulté que la majorité des ressources se situe dans le nord-est de la Numidie.

40. Probablement Thimida Bure, dans le voisinage de Thugga qui gardait une partie du trésor royal.

41. Celui des licteurs qui, marchant derrière les autres, se trouvait le plus rapproché du magistrat était comme son homme de confiance et le chef des licteurs ; Salluste donne un titre romain au chef de la garde de Jugurtha.

42. Cette action doit se situer en 117, peu de temps après la mort de Micipsa.

43. Le terme ne désigne pas ici la seule province romaine d'*Africa* (cf. XIII, 4), mais toute l'Afrique du Nord.

44. Salluste n'observe pas toujours la distinction qu'on établit d'ordinaire entre les deux sens de ce mot, qui s'emploie au singulier pour désigner le sort, la condition, et au pluriel pour désigner les richesses.

45. La province romaine d'*Africa*, formée après la troisième guerre punique du territoire de Carthage.

46. Le lecteur se souvient du ch. VIII ; mais Salluste y indiquait que l'amour de l'argent touchait aussi bien les *noui* que les *nobiles*. Par ailleurs, si l'auteur semble perdre de vue pour l'instant les *noui*, on voit dans les chapitres suivants que

toute la noblesse n'est pas concernée par ce jugement ; cf.,
par ex., le cas de Metellus en XLIII, 5.

47. L'*hospitium* est une relation formellement établie entre
des familles romaines et des familles ou des communautés
étrangères. Jugurtha a pu établir des relations d'*hospitium*
pendant le siège de Numance (cf. VIII), mais certaines sont
également liées à son statut d'héritier de la maison royale de
Numidie.

48. Le discours d'Adherbal est une reconstitution de
Salluste, à la manière de Thucydide (cf. Thc., I, 22, 1 : « J'ai
exprimé ce qu'à mon avis ils auraient pu dire qui répondît le
mieux à la situation, en me tenant, pour la pensée générale,
le plus près possible des paroles réellement prononcées : tel est
le contenu des discours »). Pour l'analyse des discours,
cf. R. Ullman, *La Technique des discours dans Salluste, Tite-
Live et Tacite*, Oslo, 1927, p. 49). Le discours d'Adherbal, ainsi
que sa lettre au Sénat (XXIV) ont une fonction de caractérisa-
tion du personnage, décrit brièvement en XX, 2 ; ces passages
permettent également à Salluste de développer une réflexion
sur les bases morales de l'action politique :

Structure :

    1 : *Prooemium* (exorde) ;
    2 : *Katastasis* (position de la question) ;
    3-21 : *Tractatio* (développement) :
        3-8 : *dignum* ; 9-13 : *tutum*; 14-18 : *æquum* ; 19-21 :
    iustum
    22-25 : *Conclusio*
        22-24 : *commiseratio* (appel à la pitié) ; 25 : *protropè*
    (exhortation finale).

50. Adherbal laisse entendre qu'il se considère comme
l'intendant des Romains, ceux-ci étant les vrais maîtres de la
Numidie. Les deux mots qui suivent *ius* et *imperium* (*iustum
imperium* = le pouvoir véritable et complet) reviennent sur la
même idée pour l'exprimer avec plus de force ; cf. aussi Liv.,
XLV, 13, 12.

51. Adherbal, à la différence de Jugurtha, qui lui aussi peut
revendiquer sa filiation à Masinissa, n'a aucun titre personnel
à avancer pour implorer l'aide du peuple romain ; il ne peut

fair appel qu'à la reconaissance par Rome des services de ses ancêtres. Par ailleurs, le statut de *socius atque amicus populi Romani*, accordé individuellement, n'entraîne aucune obligation militaire pour Rome (cf., par ex., le cas de Mithridate IVdu Pont dans sa querelle contre Nicodème de Bithynie : App., *Mithr.*, XII, 38).

52. Cf., par ex., Antiochus III (Liv., XXXVIII, 38, 1 sq.) ou Philippe V (Liv., XXXIII, 35, 5).

53. Voir, par ex., Hiéron de Syracuse (Pol., I, 16, 5-11). Le terme *societas* n'est ici qu'une variante stylistique pour *amicitia*, et n'implique pas davantage d'obligations légales pour Rome.

54. En latin, cet imparfait de l'indicatif, employé dans le sens du conditionnel au lieu de l'imparfait du subjonctif, sert à marquer avec plus de force l'obligation qui s'impose aux Romains. D'autres écrivains ont mis en avant l'obligation morale faite à la puissance de Rome de protéger ses amis et ses alliés (cf., par ex., Cic., *Off.*, II, 26). Voir dans le même ordre d'idées chez Salluste : *Cat.*, VI, 5 et *Hist.*, I, 19.

55. Des trois fils de Masinissa, c'est Gulussa et non Micipsa qui avait hérité des talents militaires de son père ; c'est lui qui prêta aux Romains le concours le plus actif pendant la troisième guerre punique.

56. Ce n'est pas l'attaque de Jugurtha qui est surprenante, puisque déjà Micipsa l'avait redoutée (cf. VI, 2-3) ; *ex improuiso* porte donc davantage sur la suite de la phrase *(nihil minus quam uim aut bellum expectantem in imperio uostro)* qui permet à Adherbal de responsabiliser le Sénat de Rome.

57. Cette expression peut paraître singulière puisque Hiempsal n'a pas régné ; cependant Salluste est fondé à parler de son royaume puisque la décision de diviser la Numidie en trois avait été prise en principe (cf. XII, 1 et 2).

58. Les Numides connaissaient certainement la crucifixion, sans que l'on sache s'ils l'avaient empruntée ou non aux Carthaginois ; cf. Pol., I, 86, 4 sq.

59. Seule attestation d'une pareille pratique chez les Numides ; les Romains par contre (Scipion Émililen, notamment) l'utilisèrent à différentes reprises contre des alliés ayant déserté ; cf. Val. Max., II, 7, 13-14.

60. S'il est vrai que les peuples africains voisins avaient de bonnes raisons de détester les Numides à cause de leur politique de conquête, les Numides avaient par ailleurs maintenu de bonnes relations d'amitié avec de nombreux autres peuples. Cependant, au moment des faits, l'Égypte était trop troublée pour fair parvenir une aide quelconque à Adherbal ; quant à Bocchus, le roi des Maures, qui avait envoyé en 111 une ambassade à Rome pour obtenir *foedus et amicitiam* (LXXX, 4), il était personnellement lié à Jugurtha par des liens familiaux. La plainte d'Adherbal est donc purement rhétorique, et ne correspond à aucune réalité historique.

61. Salluste lui-même attribue souvent le secret de la grandeur de Rome à sa *uirtus* : cf. LIII, 4 et *Cat.,* VII, 5. Chez Tite-Live (I, 9, 3), Romulus prédit que l'union de la *uirtus* et de la faveur divine fera la grandeur de Rome.

62. Désigne les sénateurs qui ont été gagnés directement par les promesses ou l'argent des députés de Jugurtha (cf. XIII, 8). *Magna pars gratia deprauata* s'applique à ceux qui ont été gagnés par l'influence des premiers.

63. Sur la *uirtus* et l'*industria* de Scaurus, cf. Cic., *Mur.,* XVI. Le portrait qu'en fait Salluste, sans doute correct pour le fond mais insidieux pour la forme, contraste singulièrement avec l'image qu'en trace Cicéron. Les raisons en sont multiples : d'abord la volonté chez Salluste de déconsidérer un des grands hommes du parti des *optimates,* défenseur acharné des privilèges de l'aristocratie ; peut-être peut-on aussi l'expliquer par l'animosité personnelle de notre historien contre le fils de Scaurus, lié à Pompée et à Milon, cf. Ascon., 19C et 20C. Sur l'opposition de Scaurus à Jugurtha, cf. XV, 5 ; XXV, 10 et XXIX, 2.

64. Salluste présente le combat politique à Rome comme une lutte entre les *nobiles (senatus, patres)* et la *plebs* (ou le *populus)* : cf. XXX, 1, 3 ; XL, 5 ; XLI, 6 ; XLII, 1 ; LXIII, 6 ; XLV, 5 ; LXXIII, 7 ; LXXXIV, 3. Les *nobiles* représentent à ses yeux une oligarchie dominante (il les appelle aussi *pauci* ou *pauci potentes,* XXVII, 2) dont toute l'activité politique consiste à conserver leur propre suprématie. La *plebs* représente à ses yeux tous ceux qui essaient de briser le pouvoir de l'oligarchie sénatoriale, mais ce combat (qui est surtout celui des *equites*) contre l'ordre sénatorial est moins une lutte

sociale ou idéologique qu'un combat pour le pouvoir ; cf. aussi *Cat.*, XXXVIII, 3 et *Hist.*, I, 12. Salluste, à cause peut-être de son expérience personnelle, se considère comme au-dessus de cette rivalité et méprise la soif du pouvoir ; cf. les traits de plusieurs discours : Memius (XXXI), Marius (LXXXV) ou Catilina (*Cat.*, XX, 6 sq.).

65. Salluste fait sans doute davantage allusion à l'étendue du territoire attribué à Jugurtha qu'à sa richesse, car c'est Adherbal qui reçut la partie économiquement la plus intéressante. Salluste se trompe donc dans ce qu'il affirme ; cette erreur s'explique sans doute par sa source principale en la matière, le *Peri Okeanou* de Posidonius, mais aussi par son peu d'intérêt pour la géographie.

66. Salluste expose deux théories anciennes : la première, qui divisait le monde en trois parties était la plus répandue (cf. Hdt., II, 16, 1 ; IV, 42, 1 ; 45, 2 ; Pol., XII, 25, 7). La seconde, qui ne distingue que l'Afrique et l'Europe fut défendue par Varr., *De lingua latina*, V, 5, 31.

67. Il s'agit du détroit de Gibraltar. Les Romains désignent par *nostrum mare* la Méditerranée.

68. Il s'agit du plateau qui s'étend entre la Cyrénaïque et l'Égypte, et qui sépare donc l'Afrique de l'Asie, puisque pour les Anciens l'Égypte faisait partie de l'Asie : cf. XIX, 3.

69. Jusqu'ici, en parlant de la géographie de l'Afrique, de son climat, de ses productions et de ses habitants, Salluste a pu donner des renseignements certains. Désormais, à propos de l'origine des différentes populations africaines, il n'exposera que des hypothèses.

70. Si l'on dégage ce récit des hypothèses fantaisistes dont il est surchargé, on peut distinguer trois périodes dans cette histoire de la population de l'Afrique. 1ᵉ les Gétules et les Lybiens, autochtones, que Salluste divise en deux tribus : les Gétules à l'ouest, près de l'Océan, les Lybiens à l'est des premiers ; 2ᵉ les Mèdes, les Perses et les Arméniens : débris de l'armée d'Hercule ; 3ᵉ les Phéniciens : colons phéniciens survenus beaucoup plus tardivement.

71. Assertion inexacte : ce sont les Grecs (de Sicile ?) qui ont appelé *nomades* les habitants de cette partie de l'Afrique septentrionale. C'est de là que les Romains ont formé le mot *Numidæ* ; cf. Fest., 179L : *Numidas dicimus, quos Græci*

Nomadas, siue quod id genus hominum pecoribus negotiatur,
siue quod herbis, ut pecora, aluntur.

72. Cf. XLVI, 5. Mot punique, équivalent de *magalia*
(Serv., *En.*, IV, 259), peut-être influencé par le latin *mappa* et
qui désigne des habitations fixes et mobiles.

73. Les deux fractions du peuple numide, ceux qui
s'étaient établis près de Carthage et ceux qui étaient restés sur
le littoral de l'Océan, au lieu de leur premier établissement
(cf. *parentibus*, en XVIII, 11).

74. Partie de l'Afrique qui touche à la Méditerranée (XIX,
5).

75. L'archéologie date de la seconde moitié du VIIIe siècle
l'établissement des Phéniciens en Méditerranée occidentale.
La date traditionelle de la fondation de Carthage est 814 : cf.
Denys d'Halicarnasse, I, 74.

76. Hippo Zarytus, plus proche d'Hadrumète ; auj. Bizerte.

77. Hadrumète est une fondation plus ancienne que
Carthage ; auj. Sousse en Tunisie méridionale.

78. Leptis Magna ; Salluste explique en LXXVIII, 1 que ce
sont des troubles civils qui sont à l'origine de la fondation de
cette ville ; auj. Lebda.

79. Cyrène est une colonie dorienne, fondée à partir de
Théra (auj. Santorin) en 632 av. J.-C.; cf. Hdt., IV, 150 sq.
auj. Grennah.

80. Actuellement les golfes d'El Sider (Libye) et de Gadis
(Tunisie).

81. Cf. LXXIX, 9-10 où l'histoire du dévouement des
Philènes est racontée ; auj. Graret Gser et-Trab.

82. C'est-à-dire en remontant vers l'intérieur des terres,
cette expression s'oppose à *Africæ pars inferior* (XVIII, 12).

83. Peuple vivant au sud du Maroc et dans la partie
habitable du Sahara, cf. Appien, *Num.*, V et Str., II, 3, 4 ; XVII,
3, 5.

84. Fleuve qui sépare le royaume de Maurétanie et la
Numidie ; cf. Str., XVII, 3, 6 ; 9 ; App., *Pun.*, CVI, 499 ; auj. la
Moulouia qui coule entre l'Algérie et le Maroc.

85. Exagéré (cf. XIV, 17) : les Maures avaient depuis long-
temps des relations avec des peuples en contact avec les
Romains, comme les Carthaginois ou les Numides, par ex.
Cf. Pol., III, 33, 15 ; XXXVIII, 7, 9 ; App., *Pun.*, CXI, 524 ;

Liv. XXIX, 30, 1 sq., et *infra* LXXX, 6. Il s'agit sans doute d'un motif ethnographique, cf. Tac., *G.*, II, 4.

86. Sur le partage de la Numidie, cf. XVI, 5.

87. Cf. VIII, 1 : vingt ans se sont écoulés depuis la guerre de Numance.

88. L'expression *paulo ante* couvre un vide de quatre à cinq ans ; sur le flou chronologique de Salluste, cf. n. 32.

89. Alors que Salluste présente les opérations come si elles se succédaient immédiatement, l'attaque ne débuta sans doute qu'en avril 112 par le siège de Cirta, siège qui dura au moins cinq mois (XXIV, 3). La nouvelle de la prise de Cirta parvint à Rome après l'élection des tribuns (milieu de l'été ; XXVII, 2), mais avant l'élection des consuls (octobre ou novembre , XXVII, 4).

90. Cirta était la capitale de la Numidie, auj. Constantine. D'après Strabon (XVII, 3, 12), Cirta était une ville prospère, à laquelle Micipsa avait donné un développement particulier. Cirta est à 65 km de la mer.

91. L'adjectif *togatorum* désigne ici non seulement les citoyens romains, mais aussi les Italiens en général, qui faisaient du commerce à Cirta (XXVI). La *toga* était l'habit national romain et latin, et l'adjectif *togati* est utilisé pour distinguer les citoyens romains des provinciaux : cf., par ex., Cic., *II Ver.*, I, 73 sq. ou Virg., *Én.*, I, 282 : *Romanos, rerum dominos, gentemque togatam.* Le même adjectif peut aussi désigner le Romain dans la vie civile, par opposition au Romain qui a pris l'habit militaire.

92. Par ce terme, Salluste désigne d'ordinaire des jeunes gens au début de leur carrière politique (cf. *Cat.*, XVIII, 4 ou XXXVIII, 1). Dans le contexte, *adulescentes* est l'équivalent de *pedarii*, sénateurs pédaires, qui n'ont pas encore exercé de magistrature curule. On ne connaît pas l'identité des trois légats ; certains historiens ont avancé le nom de Cn. Scipion, fils de Cn. Scipion Hispanus, vu les liens existant entre cette famille et la Numidie. Par le choix de cette expression quelque peu dédaigneuse, Salluste condamne la politique imprévoyante du Sénat.

93. Le voyage de Rome en Afrique pouvait se faire en trois-quatre jours, cf. Plin., *NH*, XV, 74

94. Le *ius gentium* désigne les usages respectés dans la guerre, et en général dans les rapports entre peuples étrangers.

95. Jugurtha avait déjà essayé de prendre Cirta de vive force (XXI, 3), mais le lieu étant fortifié (cf. Liv., XXX, 12, 9-10) et protégé naturellement par de profonds ravins, il n'y parvint pas et transforma le siège en une sorte de blocus.

96. Avant la construction de l'aqueduc romain, la ville était dépendante de la pluie pour son approvisionnement en eau potable.

97. La lettre d'Adherbal, dont Salluste a pu peut-être connaître le contenu exact, comme semble le prouver la référence chronologique inhabituellement précise (§ 3), n'ajoute que peu d'éléments nouveaux par rapport à son discours du ch. XIV : le fait que la Numidie ait été partagée par Rome implique qu'on peut désormais considérer le royaume d'Adherbal comme relevant de Rome (§ 7) ; l'attitude de Jugurtha semble faire peu de cas de la *legatio* des trois *adulescentes* du ch. XXI, 4 ; on peut donc imaginer que bientôt Jugurtha ne craindra même plus de prendre les armes directement contre Rome elle-même (§ 5).

98. Adherbal a demandé l'aide de Rome à deux autres reprises précédemment : XIII, 3 et XXI, 3.

99. Cette phrase contraste avec la teneur des arguments avancés devant le Sénat en XIVl, 8, 25.

100. La *maiestas* (XIV, 7, 16, 25) est aux relations entre dirigeants ce que la *fides* est à l'amitié.

101. Le terme s'oppose aux *tres adulescentes* de XXI, 4. Il est probable que cette fois-ci tous les membres de la *legatio* aient été au moins de rang prétorien *(amplis honoribus)* ; elle incluait au moins un consulaire en la personne de M. Æmilius Scaurus (cf. XV, 4).

102. On désignait ainsi le premier inscrit sur la liste sénatoriale : c'était lui d'ordinaire qui, dans les délibérations du Sénat était appelé le premier à donner son avis par le magistrat qui présidait l'assemblée et interrogeait successivement les sénateurs présents.

103. Ville d'origine phénicienne, voisine de Carthage, à l'embouchure du fleuve Bagradas (auj. Medjerda) : c'était la résidence du gouverneur de la province romaine.

104. Cf. XXI, 2 ; XXVI, 3 ; XLVII, 1 Ces *Italici* sont des immigrants venus d'Italie ; le terme n'exclut nullement les Romains et les Latins. Ils s'adonnaient essentiellement au commerce, aux finances et à l'agriculture ; cf. XXVI, 3 *negotiatores,* et XLVII, 2 (Vaga) ; LXIV, 5 ; LXV, 4 (Utica).

105. Par cette loi portée en 123, C. Gracchus avait établi qu'avant la réunion des comices consulaires, le Sénat désignerait les provinces qui seraient confiées aux consuls. Cette désignation une fois faite, ces magistrats tiraient au sort ou choisissaient de gré à gré la province où ils devaient aller.

106. Il s'agit des consuls désignés pour l'année 111. L'élection des consuls se faisait à l'époque en octobre ou en novembre.

107. Salluste a omis de mentionner la déclaration de guerre, datée par d'autres sources de 111.

108. Peut-être en février 111 ; Bestia est d'autant plus concerné que la Numidie est la province qui lui a été attribuée.

109. La fonction des légats (deux ou trois) était d'assister le commandant de l'armée (ici le consul Bestia) aussi bien sur le champ de bataille que dans son *consilium* (XXIX, 5). Ils étaient d'ordinaire choisis parmi les sénateurs et nommés par le Sénat sur proposition du commandant de l'armée.

110. Le portrait de Bestia par Salluste est globalement positif ; toutefois l'historien ne peut pas passer sous silence l'*auaritia* du commandant en chef de l'armée, plus tard condamné par la *quœstio Mamilia.* Mais c'est sur Scaurus (XV, 4) que Salluste fait porter la responsabilité principale (XXIX, 2 et XXXII, 1).

111. Ville du Bruttium, auj. Reggio.

112. Il s'agit cette fois des envoyés de Jugurtha, et non des lieutenants de Bestia.

113. Sans doute P. Sextius, convaincu de corruption lors de son élection en 90 comme préteur. Si le fait est exact, l'envoi de son questeur à Jugurtha, comme garant de sa bonne foi, est un élément en défaveur de Bestia.

114. Vaga ou Vacca était une importante ville commerçante, centre d'un riche district céréalier et point stratégiquement important ; auj. Béja.

115. Au conseil de guerre, siégeaient les lieutenants *(legati),* les tribuns militaires, les centurions primipilaires et les sénateurs qui se trouvaient à l'armée : cf. LXII, 4 et CIV, 1

116. Par *satura*, ou plus exactement *lanx satura*, on entendait, au sens propre, un ragoût où toutes sortes de viandes étaient mélangées ; de là l'idée de « mélange en général » et par extension une loi formée de divers articles adoptés en bloc. Cf. Fest., 416L : *satura, et cibi genus ex variis rebus conditum est, et lex multis alis legibus conferta.*

117. Sans doute en octobre 111. Il s'agit pour Bestia, dont le collègue Scipio Nasica était mort en charge sans être remplacé (cf. Cic., *Brut.*, CXXVIII), de présider l'élection des magistrats qui devaient entrer en fonction l'année suivante (110).

118. Il s'agit seulement d'une cessation des hostilités et non d'un traité de paix en bonne et due forme, que seul le Sénat et le peuple romain pouvaient signer. Donc Salluste accuse moins Bestia d'avoir outrepassé ses pouvoirs que d'avoir accepté une honteuse *deditio* : cf. XXXI, 19 et XXXII, 5.

119. Le Sénat était seul compétent pour valider ou rejeter un acte international. Dans cette affaire, le Sénat pouvait douter de l'authenticité de la reddition de Jugurtha (XXXI, 19) dans la mesure où aucune des conditions habituelles n'était remplie.

120. Même s'il ne s'agit pas ici de la transcription exacte du discours de Memmius, il est probable que les discours de Memmius, comme ceux de M. Iunius Brutus, Metellus Numidicus et Scaurus avaient survécu à l'époque de Salluste : cf Cic., *Brut.*, CXII ; *Font.*, XXXVIII.

121. L'intérêt de ce discours tient à son analyse de la politique intérieure de Rome. Il marque le point culminant de la première partie du traité, comme le discours de Marius, autre grande figure des *populares* (LXXXV) marque celui de la seconde partie. Salluste utilise les discours pour donner sa propre analyse de la vie politique romaine.

Structure

1 : *Prooemium* (exorde) ; 2-4 : *Katastasis* (position de la question)
6-24 *Tractatio* (développement) :
      6-11 *æquum*   12-17 : *possibile*   18-20 : *dignum*
      21-24 : *tutum*

25-29 *Conclusio*
    25-27 : *enumeratio*   28-29 : *Protropè (sententiæ)*

122. Salluste imite ici l'exorde du discours prononcé par Caton le Censeur, opposant notoire à la *nobilitas*, contre Servius Galba (fr. 196M) : *multa me dehortata sunt huc prodire, anni, ætas, uox, uires, senectus ; uerum enimuero...*

123. Le chiffre donné par Salluste est inexact. Memmius fait allusion à la mort des Gracques, or Ti. Gracchus périt en 133 et C. Gracchus en 121. Le discours est prononcé en 111, et l'auteur prend la date moyenne entre ces deux dates.

124. Voir *Cat.*, XX, 7. Les propos de Memmius ne sont guère modérés ici, bien qu'il prenne plus loin (XXXI, 6, 18) position contre la violence, et qu'il vise par son discours à instituer une *quæstio* (XXXI, 18).

125. Allusion aux trois retraites opérées par la plèbe : en 494 sur le Mont-Sacré, en 449 sur le Mont-Sacré et l'Aventin, et en 287 sur le Janicule. Cf. Liv., II, 32 et Cic., *Rep.*, II, 58.

126. L'accusation d'aspirer au *regnum* (cf. Liv., VI, 19, 7) appartient au répertoire ordinaire des discours politiques à Rome ; elle a été particulièrement utilisée contre les politiciens favorables à la plèbe : cf. Cic., *Rep.*, II, 49.

127. Cf. Caton, *In Q. Minutium Thermum de fasis pugnis* (fr. 58M) : « *Serui iniurias nimis gre ferunt : quid illos bono genere natos, magna uirtute præditos, opinamini animi habuisse atque habituros dum uiuent ?* »

128. Invective politique traditionnelle, cf. *Cat.*, XXX, 4.

129. Allusion directe au meurtre de Ti. Gracchus, cf. XLII, 1.

130. Memmius, comme Salluste, pense que c'est le groupement politique des *nobiles* qui fait leur grande force : cf. XLI, 6 ; LXXXV, 4 et 10 et Cic., *Rep.*, III, 23.

131. Il s'agit des charges électives. L'idée que ces charges devraient revenir aux meilleurs, indépendamment de la naissance, est davantage développée dans le discours de Marius (LXXXV, 10, 16-17). L'égalité des chances pour les *noui homines*, revendiquée ici par Memmius, est un thème cher à Salluste également : cf. LXIII, 6-7 et *Cat.*, XXIII, 6.

132. Cf. *supra* XXXI, 7 ; Memmius ne rappelle ici que les deux premières retraites du peuple, qui sont aussi les plus

importantes : la première qui fut suivie de l'institution du tribunat ; la seconde qui amena la chute des décemvirs.

133. Cf. XXXI, 27 ; *Cat.*, LII, 11-12, 27. *Misericordia* et *clementia* sont classiquement des vertus du parti populaire, exploitées par exemple par César.

134. Les deux *sententiæ* finales sont bien maladroitement introduites. S'il s'agit du style habituel de Memmius, ont peut comprendre le jugement négatif porté par Cicéron à son encontre. Mais peut-être Salluste, par cette double formule, a-t-il simplement voulu donner l'illusion d'un discours improvisé ?

135. Il s'agit bien de *toute* la noblesse, et pas seulement de quelques nobles peu scrupuleux. Cf. l'annonce de ce thème en V, 1 et XL, 3-4 ; LXV, 5, LXXIII, 7.

136. Ce terme est toujours employé chez Salluste, avec le sens de « mauvaise conscience ».

137. On sait que les accusés à Rome, fussent-ils même des rois, prenaient des vêtements de deuil et se présentaient devant les juges dans un appareil fait pour inspirer la pitié : cf. *B. Alex.*, LXVII et Quint., *Inst. orat.*, VI, 1, 30.

138. C. Bæbius, qui est tribun en 111, est inconnu par ailleurs.

139. *Ius*, c'est-à-dire le châtiment légal que les tribuns pourraient prononcer contre lui ; *iniurias*, les violences auxquelles le peuple pouvait se laisser entraîner dans un mouvement de colère.

140. Le peuple considère comme nulle la convention conclue par Calpurnius, et ne voit dans Jugurtha qu'un ennemi toujours révolté.

141. Le condamné était attaché à un poteau, frappé de verges par un licteur puis décapité ; cf. *Cat.*, LI, 39.

142. Memmius ayant confirmé en personne le sauf-conduit de Jugurtha (XXXIII, 3), ces mots peuvent lui laisser espérer un règlement en sa faveur des affaires de Numidie ; cf. *infra : suasque spes.*

143. Il s'agit de l'année qui suit le consulat de Bestia : 110 av. J.-C.

144. Cf. XII, 1. Massiva est donc le cousin de Jugurtha, et pouvait se révéler un rival très dangereux pour ce dernier, surtout appuyé par un magistrat romain.

145. Les deux consuls de 110 furent Sp. Postumius Albinus, peut-être le fils d'A. Albinus, consul en 151, et *Marcus* Minucius Rufus, que Salluste confond avec son frère *Quintus*.

146. Le meurtre de Massiva constitue un véritable affront à la dignité de Rome, et l'équité et le droit naturel autorisent la mise en accusation de Bomilcar.

147. À Rome, selon la procédure ordinaire, les partis devaient revenir deux fois devant les juges. À la première comparution *(actio prior)*, l'accusateur se bornait à énumérer les chefs d'accusation et à interroger les témoins ; c'est seulement la seconde fois seulement *(actio secunda)* que l'affaire était plaidée à fond. L'accusé qui s'était présenté la première fois devait fournir des cautions *(uades)*, garantissant qu'il ne ferait pas défaut dans la suite de la procédure.

148. Le sujet de *dederat* est bien Jugurtha, car même si le principal accusé était Bomilcar, on comprend que l'obligation de fournir des cautions ait été imposée à Jugurtha, dont la responsabilité était manifeste dans l'affaire. Par ailleurs, le chiffre de 50 garants, s'il est exact, est remarquable et souligne combien l'influence de Jugurtha a diminué.

149. Les autres sources parlent d'un départ secret de Jugurtha (Liv., *Per.*, LXIV ; Diod., XXXIV-V, 35A ; App., *Num.*, I). On pourrait penser que Salluste transforme la situation afin de mieux pouvoir accuser la noblesse sénatoriale, mais le nombre d'amis de Jugurtha au Sénat a maintenant considérablement diminué (XXXV, 2 et 4), et son sauf-conduit (XXXII, 1, 5 et XXXV, 7) devait lui permettre de quitter Rome ouvertement. Il est posssible en outre qu'après le meurtre commandité par Bomilcar le Sénat ait fait savoir à Jugurtha que son sauf-conduit n'aurait plus de valeur au-delà d'une certaine période (cf. XXVIII, 2).

150. Cette phrase célèbre est considérée par les sources anciennes (Liv., *Per.*, LXIV ; Flor., I, 36, 18 ; App., *Num.*, I ; Orose, V, 15, 5) comme authentique.

151. Les événements du ch. XXXV n'ont pas dû prendre trop de temps, et vu sa hâte on peut considérer qu'Albinus a pu être en Afrique dès avril. Les élections consulaires se déroulant en novembre (XXVII, 4), on comprend mal l'assertion de

Salluste, à moins qu'il n'ait cru que les élections se déroulaient en juillet, comme à son époque (cf. XLIV, 3).

152. En octobre-novembre 110. Lieutenant de son frère, Aulus possède, en tant que commandant, les pleins pouvoirs, mais il ne faut pas confondre cette fonction transitoire avec celle du propréteur proprement dit ; Aulus devint lui-même consul onze ans plus tard (99).

153. Inconnus par ailleurs. Il est généralement admis que P. Lucullus était un membre de la *gens Licinia* ; peut-être un fils cadet du consul de 151.

154. Les tribuns, par leur droit de veto, pouvaient arrêter tout le cours de la vie publique.

Au cours de sa lutte contre le patriciat, la plèbe reçut le droit de tenir des assemblées et d'élire des magistrats de la plèbe, dépourvus de *potestas*, d'*auspicium* et d'*imperium*, mais dotés du redoutable attribut de la sacro-sainteté qui les rendait inviolables et vouait aux dieux infernaux ceux qui oseraient porter la main sur eux. Si les édiles plébéiens s'alignèrent assez vite sur les édiles curules, les tribuns de la plèbe restèrent toujours, quant à eux, une magistrature révolutionnaire.

De deux à l'origine, le nombre des tribuns s'éleva rapidement pour s'arrêter à celui de dix dès 457. Élus par les *concilia plebis*, sous la présidence des tribuns sortants, leur puissance particulière *(potestas tribunitia)* repose sur le *ius auxilii*, le droit d'assistance aux membres de la plèbe contre les abus des autres magistrats. Leur puissance ne pouvant s'exercer qu'à Rome, ils ne peuvent pas quitter la Ville ; prêts à intervenir de jour comme de nuit, leur porte ne doit jamais être fermée. Ils possèdent en outre le droit d'*intercessio*, qui les autorise à s'opposer à toute mesure jugée dommageable aux intérêts de la plèbe. Ils président les *concilia plebis* et font voter des plébiscites valables d'abord uniquement pour la plèbe ; ils prennent des édits dans les mêmes limites, et peuvent arrêter ceux qui feraient obstacle à leur action, condamner à des amendes et même à la peine de mort. La seule limite à leur pouvoir réside dans leur droit de veto qui permet à un seul tribun de s'opposer aux mesures prises par les autres membres du collège.

Avec la disparition de la rivalité de la plèbe et du patriciat, les tribuns vont finir par être semblables aux autres magistrats : les plebiscites reçoivent force de loi ; au début, assistant à la porte aux séances du Sénat, ils vont finir par avoir le droit de le convoquer ; à l'instar des magistrats supérieurs, ils vont recevoir l'*obnuntiatio*, droit de consulter les oracles et de frapper de nullité une mesure ; enfin ils vont avoir le droit de convoquer les comices par délégation des consuls.

(D'après J. Rouge, *Les Institutions romaines de la Rome royale à la Rome chrétienne,* Paris, A. Colin, 1969, p. 47-48.)

155. Mois de janvier de l'année 109. Cette date pose problème par rapport à la suite du récit de Salluste, puisqu'en XXXIX, 2 Spurius est décrit comme étant encore consul au moment où l'annonce du désastre subi par son frère parvient à Rome. Comme il est difficile de penser que Salluste, qui fut lui-même magistrat et sénateur, commette une telle erreur de date, il faut soit admettre que les tribuns P. Lucullus et L. Annius aient réussi à empêcher toute tenue des comices en 110 et que donc Albinus était encore consul en 109, ou alors imaginer que nous sommes en présence d'une simple interpolation glosant *hieme aspera* (XXXVII, 3).

156. Nous ne connaissons plus l'emplacement de cette ville aujourd'hui.

157. Sans doute la cavalerie alliée, puisqu'en XXXVIII, 6 Salluste parle, parmi les troupes corrompues par Jugurtha, de « deux escadrons de Thrace ». La *turma* est la plus petite unité de formation de cavalerie et compte une trentaine d'hommes. Sur les manœuvres de corruption opérées par Jugurtha, cf. XXIII, 1.

158. La légion romaine comprenait trois classes de soldats, qui étaient dans l'ordre hiérarchique les *triarii*, les *principes* et les *hastati*. On appelait centurion primipile celui qui commandait le premier manipule des *triarii* : il occupait le rang le plus élevé parmi tous les centurions de la légion.

159. La mention de la troisième légion n'indique pas pour autant qu'Aulus ait eu trois légions à sa disposition en Afrique. Il y avait quatre légions au total pour les deux armées consulaires, légions numérotées de I à IV, chaque consul commandant deux légions. Sp. Albinus a donc à sa disposition l'armée

de Bestia restée en Afrique (XXXII, 2), comprenant la troisième légion et la première ou la seconde.

160. Il ne s'agit sans doute pas d'une coutume numide ;
l'humiliation devait donc être ressentie d'autant plus durement
que Jugurtha utilisait cette pratique romaine contre Rome elle-
même ! Il se peut également que Salluste ait voulu rappeler
l'épisode des Fourches caudines, où un ancêtre d'Aulus, Sp.
Albinus, vaincu par les Sammites, dut passer avec son armée
sous le joug : cf. Liv., IX, 1 sq.

161. Par *sociis*, il faut entendre les Italiens alliés de Rome ;
par *nomine Latino*, les Latins qui occupaient parmi eux une
situation privilégiée : cf. XL, 2 ; XLIII, 4 et Pol., III, 107, 12 et
VI, 26, 7.

162. Les soupçons ont dû se porter sur la *legatio* conduite
par Opimius, sur celle conduite par Scaurus et sur les commandements de Bestia, Spurius et Albinus.

163. La condamnation d'Opimius est la première connue
d'un *legatus* en mission diplomatique. La *Lex Mamilia* semble
donc avoir établi le principe qu'un ambassadeur de Rome
devait rendre compte de sa conduite pendant sa mission, à
l'instar des autres magistrats.

164. Les alliés italiens et les Latins ne possédant pas
encore le droit de suffrage (accordé seulement en 90 av. J.-C.)
ne pouvaient faire opposition par leur vote à la loi Mamilia ;
mais ils pouvaient troubler les délibérations du peuple romain
en provoquant des émeutes, ce que désigne le mot *impedimenta*.

165. C'est par ce « trouble » de la cité que Salluste
explique la désignation de M. Scaurus, l'un des principaux
suspects pourtant (cf. XXXI, 2 et XV, 4 ; XXV, 4 et XXVIII,
4-5), comme *quæsitor*. M. Scaurus était censeur en 109.

166. Les membres du jury de la *quæstio* devaient être
majoritairement de rang équestre. Il y a eu à la suite de l'affaire
des Gracques, une véritable rupture à Rome entre l'ordre
équestre et l'ordre sénatorial (cf. Cic., *Leg.*, III, 20 ; Diod.,
XXXIV-V, 27 ; XXXVII, 9 et App., *Ciu.*, I, 22, 93-95). Par
ailleurs, dans la *quæstio Mamilia*, l'opposition des juges à
Opimius et à ses associés peut s'expliquer par une sympathie
de classe pour les *negotiatores* massacrés à Cirta et pour les

intérêts commerciaux en cause en Numidie, si mal défendus par la classe sénatoriale ; cf. LXV, 4.

167. Malgré son opposition à la noblesse, Salluste n'est pas non plus un « démocrate », et il ne considère pas comme plus satisfaisante la politique menée par les *populares* : cf. XLI, 5 ; LXVI, 2-4 et *Cat.*, XXXVI, 4 sq. La *quæstio Mamilia* reste cependant un exemple d'opposition réussie à la *nobilitas* ; cf. V, 1. Cicéron, en parlant de cette loi, l'appelle *inuidiosa lex* et il énumère les principaux personnages condamnés en cette circonstance, entre autres les consulaires L. Bestia, Sp. Albinus et L. Opimius et le patricien C. Sulpicius Galba.

168. Auparavant, c'est-à-dire avant la destruction de Carthage, s'il y avait eu des discordes entre le Sénat et le peuple, elles n'avaient été que passagères et n'étaient pas entrées dans les mœurs politiques de Rome ; c'est ce changement que veut souligner Salluste en utilisant *mos*.

169. *Partes* désigne le « parti politique », ici le parti populaire, alors que *factio* (dont le sens provient du verbe *facere*, qui en contexte politique veut dire « se mettre avec ou contre quelqu'un ») signifie « coterie », « coalition » et vise plus spécifiquement les nobles, qui font front pour s'assurer le pouvoir.

170. Salluste fait allusion à la destruction de Carthage (146 av. J.-C.).

171. Sur la destruction de Carthage comme point tournant pour Salluste de l'histoire de Rome : cf. *Cat.*, X, 1 et *Hist.*, I, 11-12.

172. Cf. Caton, fr. 163M : *secundæ res lætitia transuorsum trudere solent a recte consulendo atque intelligendo.*

173. Cf. Cic., *Off.*, I, 85 : *qui autem parti ciuium consulunt, partem neglegunt, rem perniciosissimam in ciuitatem inducunt, seditionem et discordiam; ex quo euenit ut alii populares, alii studiosi optimi cuiusque uideantur, pauci uniuersorum.*

174. Allusion aux Gracques, fils de Ti. Sempronius Gracchus, deux fois consul et censeur en 169, petit-fils par Cornélie de Scipion l'Africain.

175. On connaît les exploits de Scipion l'Africain : Ti. Sempronius Gracchus, le père des Gracques, avait vaincu les Celtibères et les Sardes ; leur bisaïeul s'était distingué lors de la seconde guerre punique.

176. Comme les alliés italiens et les Latins possédaient une partie de l'*ager publicus*, ils se sentaient menacés eux aussi par les lois agraires des Gracques ; cf. XL, 2.

177. Ti. Gracchus fut tué étant tribun.

178. C. Gracchus avait été élu comme triumvir pour la fondation de Junonia (sur l'emplacement de l'ancienne Carthage) sous la *lex Rubria*, sans doute vers 123.

179. Cf. Plat., *Epin.*, VII, 351 c-d. Si les Gracque ont eu des torts (XLII, 2), les nobles sont coupables d'avoir agi illégalement avec eux et leurs partisans (XLII, 4), critique qu'annonce cette remarque générale (XLII, 3).

180. M. Junius Silanus fut le premier membre de sa famille a obtenir le consulat. Cette même année (109), il fut battu en Gaule par les Cimbres.

181. L'expression ici est impropre dans la mesure où les élections n'ont pu avoir lieu en 110 (cf. XXXVII, 2) : Metellus et Silanus ont dû rentrer en fonction tout de suite.

182. Vu la situation des rois étrangers alliés de Rome, l'assertion de Salluste est soit exagérée, soit de pure convention, car les Romains ne pouvaient espérer aucune aide de ce côté.

183. Sans doute en avril 109.

184. La démoralisation de l'armée romaine en Numidie n'est pas un phénomène récent : cf. XXXII, 2 ; XXXVIII, 6 et XXXIX, 5.

185. Seule la belle saison (avril/mai-octobre/novembre) était normalement réservée aux opérations militaires, cf., par ex., Cæs., *G.*, VI, 4, 3.

186. L'État allouait aux légionnaires 3 *modii* (= environ 27 litres) et aux cavaliers 12 *modii* de blé par mois. Ce don en nature faisait partie de leur solde.

187. Cf. Thc., III, 81, 5.

188. Salluste a sans doute utilisé des sources latines, et en particulier les mémoires de P. Rutilius Rufus.

189. Concept stoïcien repris par l'usage latin : cf. Cic., *Inv.*, I, 2 : *magnus uidelicet uir et sapiens*.

190. Contraste implicite entre l'attitude de Metellus et l'*ambitio* de Marius (cf. XLIV, 5 et C, 5). La *temperantia* traduit le concept stoïcien de σωφροσύνη : cf. Cic., *Tusc.*, III, 16 ; *Inv.*, I, 2 ; *Off.*, I, 15.

191. Cf. XCVI, 3 (Sulla) et C, 4 (Marius).

192. Si l'on discute encore pour savoir le poids normal porté par un soldat (les chiffres variant d'après les sources et les circonstances : Cæs., *G.*, I, 78 ; Flavius Josèphe, *BJud.*, III, 5, 5 ; Liv., XLIV, 2, 4), on peut toutefois avancer comme habituel le chiffre de 19, 5 kg.

193. Cf. XLIII, 1 et 5 ; *innocentia* désigne ici son intégrité, en particulier financière, cf. XXXI, 1 ; LXXXV, 4, 18 ; *Cat.*, XII, 1 ; LIV, 6.

194. Dans l'appareil des suppliants, c'est-à-dire portant des branches de laurier ou d'olivier ; usage archaïque, cf. Liv., XXX, 36, 4 ; XLV, 25, 1 ; Virg., *Én.*, VII, 154 ; XI, 100.

195. Cf. LVI, 5 ; LXI, 5 ; LXVI, 2 ; LXXXVIII, 6 ; XCI, 7 et CVIII, 3 ; Cic., *Att.*, XI, 7, 3 ; Liv., XXIX, 3, 13. La *perfidia* était l'un des griefs les plus fréquents des Romains à l'égard des Puniques, et de leurs ennemis en général. La remarque de Salluste est ici de pure convention.

196. Sans doute vers juin 109.

197. Marius est mentionné à plusieurs reprises dans le récit de la campagne de Metellus : L, 2 ; LV, 5 ; LXVI, 3 ; LVII, 1 ; LVIII, 5 ; XL, 5. P. Rutilius Rufus était un autre des légats de Metellus.

198. Ici sans doute les commandants des troupes alliées (*præfecti socium*). Nous avons ainsi l'énumération complète des troupes de Metellus et les dispositions prises par le général : à l'avant-garde, Metellus lui-même avec des troupes légères ; à l'arrière-garde, Marius avec la cavalerie romaine ; au centre, l'infanterie composée de légions romaines et des cohortes des alliés, protégée sur ses deux flancs par la cavalerie alliée à laquelle sont mêlés des vélites.

199. Cf. XLVIII, 1 ; LIII, 6 ; LVI, 1 et LVIII, 1. Les Numides avaient la réputation d'être des guerriers rusés, cf. *BAfr.*, X, 4 : *insidiosæ nationis*.

200. La vallée du Medjerda (Bagrada) était la route la plus naturelle pour une armée envahissant la Numidie depuis la province romaine, cf. XXVIII, 7.

201. Cf. XXIX, 4.

202. Ce fleuve, également appelé *Rubricatus*, est le principal affluent du Medjerda (auj. Oued Mellègue). Le mont parallèle au Muthul serait le Djebel Gorah, à 30 km environ de l'Oued Tessa.

203. Le mile romain était de 1478, 70 mètres ; c'est donc une distance totale de 29, 500 km environ.

204. Du milieu de la montagne se détachait une colline, c'est-à-dire un contrefort, qui s'avançait au loin dans la plaine. Les Romains, qui descendaient de la montagne principale et se dirigeaient vers le Muthul, devaient avoir ce contrefort sur leur flanc pendant qu'ils traversaient la plaine intermédiaire.

205. Par une confusion fréquente chez les écrivains latins, Salluste applique à l'armée numide les termes usités dans le langage militaire des Romains.

206. Les Romains s'avançaient dans l'ordre décrit en XLVI, 7. Quand Metellus s'avise de l'embuscade, il ordonne un quart de conversion à droite *(in dextero latere)* de sorte que l'armée, qui avant faisait face au fleuve dans sa descente, ait maintenant son front tourné vers la colline. Elle se trouve alors rangée sur trois lignes pouvant se soutenir mutuellement *(triplicibus subsidiis)* ; entre ces trois lignes sont placées les troupes légères, la cavalerie protégeant les deux ailes *(equitatum omnem in cornibus locat)*. Puis, pour reprendre sa marche vers le fleuve, Metellus ordonne un mouvement par le flanc gauche. L'armée s'avance alors sur trois colonnes dans un ordre tel qu'il suffira à chaque homme, en cas d'attaque, de faire un mouvement à droite pour reprendre sa position de combat. Dans ce nouvel ordre de marche, les soldats qui étaient au premier rang, le plus raproché de la colline, deviennent serre-files *(transuorsis principiis)*.

207. Juillet ou début août.

208. Cf. XLV, 1. L'emploi par Salluste du récit de Rutilius explique sans doute le faible rôle que semble jouer Marius dans ces événements.

209. Par *principia* il faut entendre non pas la tête de la colonne, mais les *hastati* qui dans l'ordre de marche formaient le flanc droit de l'armée et par suite, en cas d'attaque, devaient se trouver en première ligne devant l'ennemi.

210. Les Romains ayant pris leur position de combat, la tête de la colonne devient l'aile gauche et l'arrière-garde forme l'aile droite.

211. Sur cette tactique des Numides, cf. Cæs., *G.*, II, 1 ; *BAfr.*, XIV sq.; Tac., *An.*, III, 21, etc.

212. Cf. L, 1. En été, la température à cete endroit de la vallée de la Medjerda peut monter jusqu'à 52°C.

213. Cf. C, 4 *cohortis ex legionibus* ; l'adjectif *legionarias* est ajouté pour éviter toute confusion avec les *socii* (cf. XLVI, 7).

214. Tous les deux ont été décrits comme *acer*, hardi : cf. XX, 2 et XLIII, 1.

215. Salluste semble employer le chiffre 40 pour exprimer une approximation : cf. LVIII, 3 ; LXXVI, 5 ; CIII, 7. Cette pratique est attestée chez d'autres historiens : cf. Plut., *Pomp.*, XVII ; XXVI.

216. La rencontre entre Rutilius et Bomilcar s'est terminée juste après la tombée de la nuit (LIII, 3) ; et un peu de temps s'est écoulé depuis.

217. Le renversement soudain de fortune *(peripeteia)* est l'un des thèmes favoris de l'historiographie hellénistique.

218. Cf. Thc., II, 62, 4 ; Dém.,*Ol.*, II, 20 ; Tac., *Agr.*, XXVII, 2 : *iniquissima hæc bellorum condicio est : prospera omnes sibi vindicant, aduersa uni imputantur.*

219. *Opportunus* est ici employé avec le sens d'*idoneus* : appliqué à une personne, ce sens est assez rare, cf. Tér., *Eun.*, 1077.

220. Dans l'Antiquité, une partie de la Numidie était largement boisée, région correspondant aujourd'hui au nord-est de l'Algérie et au nord-ouest de la Tunisie ; cf. XXXVIII, 1 et LIV, 9.

221. La victoire de la bataille du Muthul fut en effet loin d'être décisive ; par les pertes subies, elle a privé Metellus du léger avantage numérique qu'il possédait, l'obligeant alors à changer de stratégie.

222. Il s'agit sans doute de la région comprise entre le Muthul et les limites de la province romaine ; région délimitée au nord par la vallée du Bagradas et au sud par Sicca et Zama (cf. LVI, 3, et 1).

223. On peut voir dans cette action de Metellus une revanche sur le massacre des Italiens à Cirta (XXVI, 3) ; mais il s'agit aussi d'une volonté politique de répandre la terreur et de détruire les ressources de Jugurtha. Cette décision de Metellus explique en partie le futur massacre des Romains et des Italiens à Vaga (LXVI-VII).

224. Si la victoire du Muthul est loin d'avoir été décisive, elle est quand même le premier succès romain en Numidie ; par ailleurs, l'immense joie qu'elle procure s'explique à la fois par la défaite concomitante des Romains face aux Cimbres et en Macédoine, et par le fait que la source de Salluste, le récit de Rutilius Rufus, a sans doute magnifié les retombées de la victoire de Metellus.

225. Emploi du terme *supplicia*, archaïque, pour *supplicationes*. Pendant tout le temps que duraient ces actions de grâce solennelles, toute la ville était en fête : on célébrait des sacrifices et toutes les affaires étaient interrompues ; cf. *Cat.*, IX, 2 et Liv., XXII, 57, 5. Quand des *supplicationes* sont proclamées, le général victorieux peut espérer recevoir le titre d'*imperator* et obtenir le triomphe ; cf. Cic., *Fam.*, XV, 4, 3.

226. Topos : cf. C, 1 et Enn., *An.*, 547 : *At Romanus homo, tamen etsi res bene gesta est, / corde suo trepidat* ; et Cic., *Off.*, I, 90.

227. Sans doute l'actuelle Zama Regia en Tunisie centrale, entre le Kef et Maktar. Juba Ier fera de Zama sa capitale : cf. *BAfr.*, XCI ; Str., XVII, 3, 9 ; Vitr., VIII, 3, 24.

228. Auj. le Kef. Dans l'Antiquité, cette ville était consacrée à la déesse Astarté, identifiée avec Vénus, d'où son nom romain de *SiccaVeneria*. Elle était un point stratégiquement important entre les deux régions fertiles de la plaine du Sers et de la vallée de l'oued Mellègue, et sur la route entre Carthage, Cirta et l'ouest. Elle jouait en outre le rôle de marché pour toute la production céréalière de la région, ce qui explique l'expédition de Marius.

229. Sur la mention des murs de Zama, cf. LVI, 2 ; LVII, 2, 4 ; LIX, 1 ; LX, 3, 6.

230. *Glans* désigne les balles de plomb ou d'argile qui étaient lancées avec la fronde. Ces balles portaient souvent des inscriptions ; on en a trouvé un très grand nombre où sont gravés le numéro de la légion, le nom du général ou des sortes de devises qu'y inscrivaient les soldats ; cf. Liv., XXXVIII, 20, 1. Salluste utilise ici, par effet de *uariatio*, un singulier collectif, en opposition au pluriel *lapidibus*.

231. Termes convenus pour désigner la relation entre un général ou un roi et son principal lieutenant ; cf. LXII, 1 ; LXX, 2 ; LXXI, 5 ; CVII, 3.

232. La description de batailles, en particulier lorsqu'il y a des changements de fortune rapide, est un des éléments favoris de l'ancienne historiographie, depuis Hérodote ; cf. LVIII ; CI, 11 ; *Cat.*, LX et Tac., *An.*, IV, 33.

233. Cf. la célèbre description du siège de Syracuse par Thucydide (VII, 71, 1-4). Si Salluste a sans doute utilisé le récit de Rutilius Rufus, il a également imité la *teichoscopia* de Thucydide.

234. Fin septembre ou octobre 109.

235. Metellus campe avec une légion à Tisidium (LXII, 8) ; Marius dans un autre camp près d'Utique (LXIV, 5).

236. Exagération oratoire : la seule vraie défaite subie par Jugurtha est celle de la bataille du Muthul ; l'attaque surprise à Sicca a failli réussir (LVI, 5) et Zama a été sauvée (LXI, 1).

237. Jugurtha avait déjà fait des offres de soumission (cf. XLVI, 2 et XLVII, 3), mais c'était la première fois qu'il se livrait ainsi sans condition.

238. C'est vraisemblablement à ces transfuges (plus de 3 000 d'après Orose, V, 15, 7) que Metellus infligea les supplices dont parle Appien (*Numid.*, III), coupant les mains, enterrant les transfuges jusqu'à mi-corps pour les faire servir de cible aux flèches et aux javelots des soldats, les brûlant vifs, etc.

239. Ville citée une seule fois, et identifiée avec l'actuelle Krich el Oued, sur la rive droite du Medjerda.

240. Sur la superstition de Marius, cf. Plut., *Mar.*, VIII.

241. Préteur en 115, Marius est donc éligible comme consul depuis 112 (il doit y avoir deux ans d'écart entre deux magistratures curules).

242. Marius est un *homo nouus*, mais la tradition selon laquelle il était de parents pauvres et d'une humble extraction sociale (Plut., *Mar.*, III ; Tac., *Hist.*, II, 38 ; *Vir. ill.*, LXVII, 1) est une exagération rhétorique destinée à souligner la grandeur de sa réussite. Marius était issu d'une famille de rang équestre, bien connue dans la région d'Arpinum.

243. Arpinum se trouve en pays Volsque, au sud-est de Rome ; c'est aussi la patrie de Cicéron. Selon Plutarque (*Mar.*, III), Marius serait né à Cereatæ, dans le territoire d'Arpinum, et on estime qu'il est né vers 157 av. J.-C., voire un peu plus tôt.

244. A savoir vers 17 ans ; Plut., *Mar.*, III, indique que la première campagne de Marius fut le siège de Numance avec Scipion (134 ou 133 av. J.-C.) : il devait avoir alors 22 ans, mais il avait déjà dû servir, comme semble le montrer le fait qu'à Numance il était déjà tribun militaire.

245. Cf. LXXXV, 12-13 ; XXXII, 3. Le portrait de Sulla (XCV, 3 sq.) semble être construit en opposition à celui de Marius.

246. Marius fut élu questeur, puis tribun du peuple en 119, préteur en 115, puis chargé, comme propréteur, de l'Espagne ultérieure.

247. Cf. Sen., *Ep.*, XCIV, 66 : *Marius exercitus, Marium ambitio ducebat* ; cf. LXXXVI, 3 et C, 4-5.

248. Ce terme, qui désigne habituellement un congé défi-nitif, la libération du service militaire, est employé ici avec le sens de *commeatus*, un congé temporaire.

249. Le fils de Metellus est Q. Cæcilius Metellus Pius, qui fut consul en 80 av. J.-C.

250. Les jeunes nobles romains, comme ici le fils de Metellus, faisaient souvent leur apprentissage de la vie mili-taire en qualité de *contubernales imperatoris*, vivant dans l'en-tourage immédiat du général et se formant sous ses yeux et sous sa direction au métier des armes.

251. L'âge légal du consulat était 43 ans ; ainsi d'après Metellus, Marius aurait dû attendre encore vingt ans !

252. C'est normalement le Sénat qui octroyait cette recon-naissance ; cf. Liv., XXX, 15, 11 ; 17, 10 ; Cæs., *G.*, I, 35, 2.

253. Cette campagne a dû demander du temps et a certai-nement démarré dès l'hiver 109-108 (cf. LXIII, 3) ; sur l'im-portance du vote des soldats, cf. Cic., *Mur.*, XXXVIII.

254. Anacoluthe : le verbe n'a pour sujet que *principes*, *Vagenses* ne jouant aucun rôle grammatical dans la phrase. Abandonnant sa volonté de montrer les dispositions des habi-tants de Vaga, Salluste passe directement au complot que fomentent les principaux habitants de la ville.

255. On peut comparer ce passage avec l'épisode des Thébains à Platée : Thc., II, 4, 2-3.

256. Malgré son apparente impartialité, l'hostilité de Salluste à Turpilius se manifeste par la succession immédiate de la proposition introduite par *nisi*. Sur cette question, cf. les

positions contradictoires de Plut., *Mar.*, VIII, favorable à Metellus et App., *Num.*, III, hostile à Turpilius.

257. Environ 9 heures du matin.

258. La distance entre Tisidium et Vaga est de 43 km ; soit 16 à 17 h de marche pour les troupes de Metellus.

259. Environ 1,5 km.

260. Sur les méthodes de Metellus, cf. LIV, 6 et LV, 5.

261. Cf. LXVII, 3. Cette phrase est rajoutée pour expliquer *verberatus*. En effet, Salluste, qui approuve le traitement infligé à Turpilius, a soin pour expliquer comment Metellus a pu le faire battre de verges, de rappeler que le condamné était citoyen romain, mais originaire du Latium, ne possédant donc pas dans leur plénitude les privilèges du citoyen. Pourtant, en sa qualité d'allié latin, Turpilius aurait dû être soustrait aux verges en vertu de la *lex Liuia* de 122 ; ce fut une occasion pour Marius de protester contre les illégalités de Metellus.

262. Quelle que soit la source utilisée par Salluste pour le récit du complot de Bomilcar (sans doute le texte de Rutilius Rufus), la narration est sallustéenne : l'importance du facteur chance (LXXI 1-4), la mention des larmes et des ressorts émotionnels (LXX, 1 ; 5 ; LXXI, 2 ; 5 ; LXXII, 2), le renversement soudain de fortune rappellent la dimension pathétique de l'historiographie hellénistique.

263. Salluste se plaît à souligner la dissimulation de Jugurtha à peu près dans les mêmes termes que ceux qui ont servi à dépeindre son attitude devant Micipsa ; cf. XI, 1.

264. La tradition latine a sans doute quelque peu exagéré la peur et l'anxiété de Jugurtha (cf. LXXIV, 1 et LXV, 1) pour souligner combien dans ce conflit Metellus fut le seul et unique vainqueur.

265. Les événements racontés en LXI, 3-LXXII s'étant déroulés pendant l'hiver 109-108, nous sommes maintenant au début de la nouvelle saison militaire (108).

266. Cf. LXIV, 1. D'après Plutarque (*Mar.*, VIII), les comices devaient avoir lieu douze jours plus tard. En deux jours et une nuit, Marius fit le trajet du camp à Utique, et de là, quatre jours de navigation lui suffirent pour arriver en Italie.

267. L'expression désigne principalement les tribuns de la plèbe ; cf. XXXVII, 1.

268. Marius fut élu consul pour l'année 107 ; son collègue était L. Cassius Longinus.

269. Le dernier consul avant Marius a avoir été un *homo nouus* fut Q. Pompeius, consul en 141 ; il est presque certain que P. Rupilius, consul en 132, était également un *homo nouus*, issu d'une famille non-sénatoriale.

270. Le Sénat semble avoir rendu successivement deux décrets : l'un (LXII, 10) pour proroger le commandement de Metellus pour l'année 108 ; l'autre, dont il est fait mention ici, pour le prolonger pendant l'année 107. C'est ce dernier décret dont le tribun demande et obtient l'abrogation. Le Sénat avait bien le droit, en vertu de la *lex Sempronia* (XXVII, 3), de désigner les provinces où seraient envoyés les magistrats ; mais comme la *lex Sempronia* contenait aussi un article qui interdisait de prolonger arbitrairement le commandement d'un gouverneur de province, on comprend que M. Mancinus ait pu, en s'appuyant sur cet article, faire casser le sénatus-consulte de 108.

271. Comme souvent chez Salluste, *agitare* est ici employé avec le sens de *uiuebat, erat*. Il est accompagné de deux adjectifs au nominatif, en fonction d'attribut du sujet *(Jugurtha)* ; cf. XIX, 5 ; LV, 2 ; avec un adverbe LXXXIX, 7 ; *TLL*, I, 1401, 51 sq.

272. Les événements décrits en LXXIV, 1 occupent sans doute deux à trois mois. Le siège de Thala (LXXV, 5), qui suit la description de la bataille ici décrite, doit avoir eu lieu pendant l'été.

273. Le récit du siège de Thala a beaucoup de points communs avec celui de l'attaque d'Alexandre le Grand contre Siwah : étendue du désert, éloignement de l'eau, lutte contre les difficultés du terrain, pluie miraculeuse ; cf. Plut., *Alex.*, XXVI sq.

274. On ne connaît pas l'emplacement de cette ville, qui doit être située au sud de Sicca.

275. Soit un espace d'environ 74 kilomètres.

276. *Topos* depuis le récit des guerres d'Alexandre (Plut., *Alex.*, XXVI) : cf. Cæs., *G.*, VI, 43, 5 ; Tac., *Agr.*, XXXIII 2.

277. Le détail peut venir du récit de Rutilius Rufus, mais on a déjà vu que Salluste a tendance a utiliser quarante comme

un chiffre rond ; cf. LIII, 4 ; LVIII, 3. La ville a dû tomber à la fin de juillet 108.

278. Une fois que les béliers avaient touché la muraille, il n'y avait plus de rédition possible : cf. Cæs., *G.*, II, 32 ; Cic., *Off.*, I, 35.

279. Il s'agit peut-être du consul de 128 ; il est ici *præfectus socium*.

280. Il s'agit de Leptis Magna ; cf. XIX, 1.

281. Les auteurs latins emploient indifféremment *Sidonii* et *Tyrii*. La ville a dû être fondée au VIe ou au début du Ve siècle av. J.-C., après la tentative grecque de fonder Cinyps.

282. Malgré la tentative d'expliquer *Syrtis* à partir du grec *surein* (§ 3 ; Possidonius, *Peri Okeanou*), l'origine du mot est plus probablement phénicienne ou berbère.

283. À savoir entre la Tunisie et la Tripolitaine d'une part, et la Lybie de l'autre. Pour les Anciens, l'Égypte faisait partie de l'Asie.

284. Les pièces de monnaie de Leptis montrent à l'évidence que la religion et la culture phéniciennes ont été préservées. Leptis, qui était passée sous l'autorité de Masinissa après la seconde guerre punique, avait conservé cependant une forme d'indépendance ; cf. Polyb., XXXI, 21 ; Liv., XXXIV, 62).

285. Quatrième et dernière digression, dont la fonction ici est de marqer l'achèvement de la campagne romaine de 108. La prise de Cirta, qui a dû se produire après la chute de Thala, n'est pas décrite. Si cette digression a pour but de célébrer les mérites de Metellus par le récit d'une mort héroïque, elle s'inscrit aussi dans la tradition de l'historiographie hellénistique.

286. Sur les rivalités entre Grecs et Puniques, cf. Hdt., V, 42.

287. Salluste a déjà mentionné l'autel des Philènes en XIX, 3.

288. La différence était en effet sensible : les autels des Philènes sont situés à 180 milles de Carthage et à seulement 80 milles de Cyrène.

289. Ces autels des frères Philènes sont souvent mentionnés dans les sources antiques : cf. Polyb., III, 39, 2 ; X, 40, 7 ; Strab., III, 5, 6 ; Plin., *NH*, V, 28. Il est possible qu'à l'origine ces « autels » aient été une curiosité naturelle ; toutefois les tombeaux pouvaient servir parfois de frontière ; cf. les tombeaux d'Alexandre sur le Gange (Plut., *Alex.*, LXII).

290. Les événements racontés ici se situent au début de l'année 107.

291. Cf. XVIII, 1 et 9. Salluste exagère quand il écrit : *genus... ignarum nominis Romani*, cf. XIX, 7.

292. On retrouve ce thème de l'avarice des Romains sous la plume de Salluste dans la *Lettre de Mithridate* : *Hist.*, IV, 69, 5 et 17. Cf. aussi Cæs., *G.*, VII, 77, 3 sq.; Tac., *Agric.*, XXX, 2 etc.

293. Cf. *Cat.* LI, 5 ; Persée, roi de Macédoine, fut vaincu en 168 à Pydna, par Paul-Émile.

294. Sans doute en janvier 107.

295. Salluste est peut-être influencé ici par le jugement du stoïcien Rutilius Rufus ; sur l'idéal de *fortitudo* auquel Metellus manque ici, cf. Cic., *Off.*, I, 90.

296. Metellus avait pris ses quartiers d'hiver dans ou près de Cirta (cf. LXXXI, 2) ; ses négociations avec Bocchus font écho à l'activité diplomatique déployée pendant l'hiver précédent (109-108).

297. Aucune activité militaire n'est plus rapportée avant l'arrivée de Marius (LXXXVI, 4).

298. Le chapitre LXXXV représente le discours de Marius au peuple, peu de jours après être entré en charge et avoir accompli certaines obligations religieuses et après s'être d'abord adressé au Sénat. Le *De lege agraria* de Cicéron est un autre exemple conservé de ce type de discours. Il s'agit de la substance du discours, assez proche des propos rapportés par Plut., *Mar.*, IX. Il est posssible bien sûr d'imaginer une source commune à Plutarque et à Salluste, mais les attaques de Marius contre la noblesse ont dû être si fameuses que leur teneur a dû être bien conservée. Marius n'a par ailleurs jamais joui d'une réputation de grand orateur.

On peut proposer le plan suivant du discours de Marius :

1-9 *Proemium : principium a nostra persona*.
10a *Katabasis*
10b-48 *Tractatio* :

10b-17 *dignum*	18-25 *æquum*	26-35 *dignum*
36-43 *æquum*	44-48 *facile*	
49-50 *Conclusio*		

Toutefois la *tractatio* est développée sous forme d'une série d'antithèses, sans structure très définie.

299. Il y a dans cette phrase une espèce d'anacoluthe : le commencement de la phrase, comme l'indiquent *nam* et l'emploi de l'indicatif *est*, est en style direct ; puis, changeant brusquement de tournure, l'auteur termine par le style indirect, en rattachant l'infinitif *debere* à *uidetur* de la proposition précédente.

300. Cf. CXIV, 4. Là où les nobles revendiquent leur origine, la grandeur de leurs ancêtres et leurs liens familiaux, l'*homo nouus* met en avant ses propres mérites et sa *uirtus*, seule source véritable de *nobilitas* ; cf., par ex., LXXXV, 17. Ce thème revient à plusieurs reprises tout au long de ce discours : LXXXV, 10 ; 12-13 ; 15 ; 21 ; 25 ; 37.

301. Le mot *globus*, emprunté à la langue militaire, est ici à peu près synonyme de *factio*. Il représente les membres de la noblesse, étroitement unis par la communauté des intérêts et des passions, faisant corps au milieu de l'État, et serrant leurs rangs pour la défense de leurs privilèges.

302. *Prosapia* est un mot archaïque, hors d'usage du temps de Salluste et qu'il a emprunté à Caton ; Cicéron ne se servira de ce mot qu'en s'excusant : *ut utamur uetere uerbo* (*Tim.*, XI). Il faut remarquer que les imitations de Caton sont particulièrement nombreuses dans ce discours.

303. On raconte ce trait de Lucullus, cf. Cic., *Academ.*, II, 1, 2. Il est possible que Salluste ait songé à ce souvenir et, par un anachronisme assez violent, l'ait transporté dans le discours de Marius.

304. Formule solennelle utilisée en particulier dans les serments ; cf. Cic., *De Or.*, II, 260 ; *Acad.*, II, 146 ; *Off.*, II, 108.

305. Les *hasta*es sont ici les lances d'honneur, sans fer, que l'on donnait aux soldats qui s'étaient distingués ; de même *uexillum*, un petit étendard, *phaleras*, des plaques de métal avec des ornements en relief qui se portaient sur la cuirasse.

306. Il s'agit des *armillæ*, bracelets, *torques*, colliers, *fibulæ*, agrafes, et surtout des *coronæ*, couronne vallaire, murale, obsidionale, etc. Cf. LIV, 1 ; Polyb., VI, 39, 3.

307. Cf. LXIII, 3 ; Plut., *Mar.*, II. En opposition avec cette affirmation, Salluste a introduit dans le discours de Marius des

réminiscences d'auteurs grecs (cf. § 4, 12, 21, 49). Malgré le dédain affiché pour la culture grecque, typique de l'ancien esprit romain (cf. Cic., *De or.*, II, 265 ; Plut., *Cato mai.*, XXII), il est certain que Marius avait quelques connaissances en ce domaine : cf. LXIII, 3.

308. Cf. LXVII, 3 et LXIII, 2 Marius était *gloriæ auidus*.

309. Cf. Liv., XXXIX, 6, 8. Sur les *histriones*, cf. Macrob., III, 14, 6 sq. Rappelons aussi que l'*ars ludicra* fut chassé de Rome par les censeurs en 115.

310. Il s'agit respectivement des fautes de Bestia (XXVIII, 5 ; XXIX, 1), Albinus (XXXVI, 2) et Metellus (LXIV, 1).

311. C'est-à-dire les hommes entre 17 et 46 ans ; cf. Liv., XXV, 5.

312. Marius modifia le recrutement de l'armée sur deux points importants. D'abord, il eut recours à des enrôlements volontaires ; ensuite, il admit des citoyens de la dernière classe (*capite censi*), jusque-là rejetés du service militaire comme n'ayant rien à défendre. Cette profonde modification prépare l'avènement des dictatures militaires du premier siècle, comme le souligne Salluste à la fin du paragraphe suivant.

313. Printemps 107.

314. Malgré la règle qui voudrait qu'une partie au moins du butin fût vendue au profit du trésor public ; cf. LXXXIV, 4 ; LXXXV, 48 ; CXI, 6 ; XCII, 2. Sur la même politique suivie par Metellus, cf. LIV, 6 ; LXVIII, 3 ; LXIX, 3.

315. On accorda à Metellus les honneurs du triomphe et il reçut le surnom de *Numidicus*. Salluste, qui se fie à des sources favorables à Metellus (Rutilius Rufus), ne mentionne pas les oppositions à Metellus à son retour d'Afrique. On sait pourtant qu'il n'obtint son triomphe qu'en 106 (*Acta triumpha, Insc. It.*, XIII, 1.85 ; 561) et qu'il s'opposa dans un discours célèbre au tribun de la plèbe T. Manlius. Salluste représente toujours Metellus comme un homme que ses qualités personnelles (en dehors de la *superbia* LXIV, 1 ; LXXXII, 2) mettent au-dessus des rivalités de partis.

316. Depuis le début (LXXXI, 4), Bocchus a été un allié peu fiable pour Jugurtha. C'est surtout son intérêt propre qu'il poursuit.

317. Ville située au sud de Thala ; auj. Gafsa.

318. Cf. Flor., I, 36, 14 ; Orose, V, 15, 8. Il se peut que Capsa ait été une colonie phénicienne ; c'est ce que semble en tous les cas indiquer la référence à Melquart, l'Hercule libyen.

319. La relative liberté accordée à Capsa était sans doute due à l'incapacité de Jugurtha de maîtriser complètement cette ville. Théoriquement sujets du roi des Numides, les habitants de Capsa devaient être en fait plus proches des Gétules.

320. Sur l'ignorance du sel chez les peuples barbares vivant loin de la côte, cf., par ex., Hom., *Od.*, XI, 122 sq. et Paus., I, 12, 5.

321. Le mot a ici son sens le plus large, désignant tout ce qui est nécessaire à l'alimentation, le breuvage aussi bien que la nourriture des côtes, cf. Hom., *Od.*, XI, 122 ; Paus., I, 12, 5 et Tac., *An.*, XIII, 57.

322. Trait de satire non déguisé contre la dégénérescence des Romains, et en particulier des *nobiles*. L'idéalisation de la conduite des peuples barbares est un trait commun à toute l'ethnographie gréco-romaine ; cf. aussi Strab., VII, 3, 7 et Tac., *G.*, XXIII.

323. Référence ironique à l'avis de l'haruspice de LXIII, 1. Cf. aussi XCII, 2 : *omnia non bene consulta.*

324. Septembre ou octobre 107.

325. La ville de *Lares* (auj. Henchir Lorbeus), sur la frontière orientale de la Numidie, était située à 18 km au sud-est de Sicca, bien au nord de Capsa. En se dirigeant sur ce point, Marius détournait l'attention des ennemis. *Laris* est un accusatif pluriel.

326. Il est difficile, vu le peu de précision de Salluste, d'identifier ce cours d'eau ; peut-être l'oued el Hatab ?

327. La progression journalière d'une armée équipée était d'environ 18 km par jour. Marius a donc parcouru environ 108 km depuis la rivière.

328. La nuit en septembre dure environ 12 h ; à une vitesse de 3 km/heure l'armée de Marius a donc dû parcourir 90 km depuis le Tanaïs jusqu'aux environs de Capsa.

329. Salluste n'excuse pas la conduite de Marius, il se borne à l'expliquer ; en violant ainsi le droit de la guerre Marius voulait seulement faire un exemple et s'attacher l'armée en lui autorisant le pillage. Il est probable en outre que

par cette assertion Salluste veuille réfuter une critique provenant de sources hostiles à Marius.

330. Le terme désigne non seulement les habitants de la province romaine d'Afrique, mais aussi ceux qui parmi les Numides étaient du parti des Romains.

331. La prise de Capsa date de l'année 107 ; les événements qui vont être racontés maintenant appartiennent à l'année 106.

332. Il faut sans doute comprendre que ces quatre centurions ont emmené avec eux des soldats choisis : cf. XCIV, 1 : *ii qui e centuriis erant*, et Front., *Strat.*, I, 3, 8.

333. Sur ce détail de l'histoire, et d'autres, cf. Thc., III, 22, 1-3 ; Hér., I, 84 et Liv., V, 47, 2-3.

334. Les soldats formaient la tortue en se disposant en rangs serrés et en maintenant leur bouclier au-dessus de leurs têtes, de manière à ne présenter aucun solution de continuité. Ils pouvaient alors, protégés par cette toiture mobile, s'approcher des remparts sans craindre les coups de l'ennemi ; cf. Cæs., *G.*, II, 6, 2 ; V, 9, 7 ; Liv., XXXIV, 39, 6.

335. L. Cornelius Sulla (138-78) sera le rival et le vainqueur de Marius. Salluste introduit dramatiquement le nom de Sulla dans sa narration, au moment même où Marius est au faîte de sa gloire et de son bonheur.

336. Il ressort de cette remarque qu'au moment où il écrit sa *Guerre de Jugurtha* Salluste n'avait pas encore le projet d'écrire sa grande *Histoire*, dont le premier livre est en partie consacré à Sulla (cf. *Hist.*, I, 24-53 ; 58-61).

337. Parmi les *Cornelii*, il y avait des plébéiens et des patriciens ; Sulla était de ce dernier nombre. *Nobilis* ne fait pas double emploi avec *patriciæ*, puisque le patriciat désigne la noblesse de naissance ; la *nobilitas*, la noblesse de fonctions. Ce terme rappelle les hautes fonctions que les *Cornelii* avaient exercées dans l'État, Sulla descendant à la cinquième génération de P. Cornelius Rufinus, consul en 290 et 277. *Familia*, désigne une subdivision de la *gens* : la branche des *Cornelii*, à laquelle appartenait Sulla, était ruinée et déconsidérée ; le premier Cornelius qui avait pris le surnom de Sulla fut *flamen dialis* vers 250, son grand-père fut préteur en 186, et son père, qui n'obtint aucune charge élevée, laissa son fils dans une relative pauvreté

338. Remarque qui, avec d'autres, contraste par rapport au portrait de Marius (LXIII, 3-5).

339. *Vxore* est un singulier collectif : Sulla avait eu cinq femmes.

340. Référence à l'adoption par Sulla du *cognomen* Felix. Cf. Velleius Paterculus, II, 27 : *Felicis nomen assumpsit, quod quidem usurpasset iustissime, si eumdem et uincendi et uiuendi finem habuisset.* Par *ciuilem uictoriam*, il faut comprendre la victoire de Sulla sur Marius en 82.

341. Description habituelle de la *comitas* ; cf. Cic., *Fin.*, II, 85 ; Liv., I, 4, 9 ; Tac., *An.*, II, 13. Sur Sulla, cf. aussi Plut., *Syl.*, II, 36.

342. Contraste avec le comportement de Marius vis-à-vis de Metellus (LXIV, 5 ; LXXXIV, 1).

343. Il s'agit de l'hiver 106-105.

344. La manœuvre consiste à réunir tous les bagages pour les placer au milieu de l'armée.

345. Cf. XCVII, 3 : *cum magna multitudine* ; IC, 3. Orose, V, 15, 10, donne le chiffre de 60 000 cavaliers ennemis, mais ce chiffre qui dépasserait le nombre total de soldats romains est intenable.

346. L'expression désigne les légionnaires qui, ayant servi sous Metellus, ont fait toute la campagne d'Afrique, ayant acquis ainsi une expérience qui manquait aux nouvelles recrues amenées par Marius.

347. L'expression désigne le « pas accélère », s'opposant à *militari gradu*, le « pas ordinaire ». Un soldat romain devait parcourir 20 milles (environ 28,5 km) en 5 heures ; au « pas accéléré », il devait parcourir 24 milles (environ 34,5 km) ; cf. Liv., IV, 32, 10 et XXXIV, 15, 3.

348. Remarque traditionnelle sur la conduite des « barbares » : cf. Liv., V, 37, 8 ; Tac., *An.*, I, 65.

349. La nuit était divisée en quatre veilles : la fin de chacune d'elles était annoncée par le son de la trompette ; cf. Tac., *Hist.*, V, 22.

350. C'est-à-dire l'infanterie alliée, la cavalerie et l'infanterie romaine.

351. L'expression *quadrato agmine* équivaut à *munito agmine* (cf. XLVI, 6-7). Dans cet ordre de marche, les troupes formaient une sorte de carré à l'intérieur duquel se trouvaient

les bagages ; les quatre côtés du carré étaient protégés par la cavalerie et l'infanterie légère.

352. Contraste avec l'attitude négligente de Metellus à Zama (LIX, 1).

353. Cf. LXIII, 3 ; LXXXV, 33, 40 ; Plut., *Mar.*, VI ; Cic., *Tusc.*, II, 35.

354. Salluste défend la conduite de Marius, sans se prononcer toutefois sur l'accusation d'*ambitio*.

355. Trois jours après la première bataille : la précision chronologique laisse penser que Salluste a recours au récit d'un des participants (Sulla ?) ; cf. aussi CII, 2 ; CV, 3 ; CXII, 2.

356. Marius maintient l'*agmen quadratum* (C, 1), sans bouger les *hastati*. La cavalerie et l'infanterie légère servent de protection aux légions.

357. Sulla se trouvait sur l'aile droite de l'*agmen*, avec la cavalerie (C, 2). Le rôle important accordé à Sulla (cf. CI, 8-9) peut s'expliquer par le recours à ses *Commentarii*.

358. Cf. CV, 3 ; CVI-VII.

359. Orose (V, 15, 18) parle de 90 000 soldats tués du côté de Jugurtha et Bocchus au cours de la seconde grande bataille contre Marius.

360. Sulla, né en 138 av. J.-C., avait alors 32 ans. Sur la *facundia* de Sulla, cf. XCV, 3.

361. Cf. XCVII, 2. Bocchus raconte les faits à sa manière et présente comme une conquête la cession consentie par Jugurtha en vue d'obtenir le concours des Maures contre Rome.

362. Les ambassadeurs de Bocchus arrivent chez Sulla dans la même tenue que celle que Jugurtha avait volontairement revêtue pour plaider sa cause à Rome (cf. XXXIII, 1).

363. De même qu'Aulus avait été laissé par son frère Albinus avec ce titre (XXXVI, 4 et XXXVII, 3), Sulla a donc à ce moment-là les pleins pouvoirs et peut traiter avec les ambassadeurs en lieu et place de Marius.

364. Siège du gouverneur de la province d'Afrique.

365. Sans doute L. Annius Billenius, l'oncle maternel de Catilina, alors gouverneur de la province d'Afrique en qualité de préteur. Marius conservait seulement la direction de la guerre contre les Numides.

366. Ces événemenst appartiennent à l'année 105, comme le prouve l'arrivée du nouveau questeur, succédant à Sulla.

367. La réputation des frondeurs baléares était grande dans l'antiquité : cf. Cæs., *C.*, II, 7, 1 ; Liv., XXVII, 37, 6, etc.

368. Les Péligniens, peuplade italique dont la capitale était Corfinium, avaient, en qualité de *socii*, fourni un contingent de troupes qui avait son officier et son étendard.

369. D'après Dion Cassius (fr. LXXXIX, 5), pendant l'ambassade de Bocchus à Rome, Jugurtha s'était réfugié dans une région désertique, peut-être en Gétulie : cf. CIII, 1.

370. Peut-être Sulla avait-il déjà réalisé qu'il était porteur de la maladie (sans doute un cancer de l'intestin) que Plutarque (*Syl.*, XLVI) décrit en des termes effroyables.

371. Environ 3 km.

372. Cette curieuse histoire, qui illustre la *felicitas* et la *fortitudo* de Sulla (cf. XCV, 4), doit provenir des *Commentarii* du protagoniste. Le fait de traverser sain et sauf un danger, en particulier une armée ennemie, était associé dans l'Antiquité avec une aide d'origine divine : voir, notamment, le très célèbre passage de l'*Iliade* (XXIV, 333 sq.) où l'on voit Priam se rendre chez Achille ; cf. aussi Liv., V, 46, 1-3.

373. Le mot *orator* désigne au sens propre celui qui porte la parole au nom d'une députation, le chef d'une ambassade = *legatus* : cf. CVIII, 2.

374. Sans doute un des fils naturels de Masinissa. Quant à Dabar, il était peut-être un rival de Jugurtha.

375. En utilisant le terme religieux *sanctus*, Salluste veut sans doute mettre en relief la loyauté singulière de Dabar, qui contraste avec la *fides punica* de Bocchus (CVIII, 3).

376. L'emploi, à six reprises dans le discours de Bocchus, du pronom emphatique de la première personne du singulier veut sans doute dénoncer la *regia superbia* ; cf. aussi *rex maxumus in hac terra* : « le plus grand roi d'Afrique ». À cette superbe s'oppose au début du chapitre suivant la réponse de Sulla : *breuiter et modice*.

377. Appliquée à Sulla, qui est investi d'une fonction publique, l'expression serait impropre dans la bouche d'un Romain ; elle est exacte chez un barbare qui ne connaît que les monarchies despotiques dans lesquelles, en dehors du roi, il n'y a que des sujets, tous confondus dans une servitude commune.

378. Jugurtha avait épousé la fille de Bocchus (cf. LXXX, 6).

379. Cf. XCVII, 2-3.

380. À savoir sans *deditio* de la part de Jugurtha.

381 Cf. XXIX, 5-XXXVI, 1 (Bestia) et XXXVIII, 10-XXXIX, 3 (A. Albinus) ; cf. aussi pour Jugurtha LXII, 8-9.

382. En contraste avec A. Postumius Albinus, XXXVII-VIII

383. Sans doute parce que pour Salluste, le tyran obéit moins à la raison qu'à son caprice.

384. Salluste ne nous dit rien sur le sort réservé à Jugurtha : le principal personnage disparu, le drame lui semble terminé. Jugurtha, amené à Rome, mourut dans la prison du Tullianum (104) ; quant à la Numidie, une partie fut réduite en province romaine, une autre donnée à Bocchus, le reste cédé à Gauda.

385. Le 6 octobre 105, le proconsul Q. Servilius Cæpio et le consul Cn. Manlius Maximus furent défaits à Arausio (Orange) par les Cimbres, que Salluste désigne sous le nom de *Gallos*, bien qu'ils fussent d'origine germanique.

386. La loi n'exigeait pas encore que le candidat vînt en personne briguer les suffrages. L'élection d'un absent était cependant un fait très rare, justifié ici par la gravité des circonstances. Marius sera élu consul pendant cinq années consécutives (104-100 av. J.-C.), malgré les dispositions formelles de la loi.

387. En 104 ; dans ce triomphe Jugurtha, chargé de chaînes, fut promené dans les rues de Rome. D'après Plutarque (*Mar.*, XII), il mourut six jours plus tard de faim et de froid. Eutrope (IV, 27, 6) affirme, pour sa part, qu'il aurait été étranglé sur l'ordre de Marius.

388. Cette confiance des Romains en Marius ne fut pas trompée : par les victoires d'Aix et de Verceil, remportées sur les Cimbres et sur les Teutons, il sauva Rome et mérita d'être appelé le troisième Romulus. Ainsi Salluste achève son ouvrage en reprenant le thème initial de la *contentio* (cf. V, 2) : la guerre qui avait commencé de façon désastreuse sous la conduite des *nobiles*, s'achève avec succès grâce à un *homo nouus* qui a eut le courage de s'opposer à la volonté des nobles de conserver le pouvoir pour eux seuls.

Liste des principaux personnages

ADHERBAL : Fils aîné de Micipsa. À la mort de son père, il partagea le royaume de Numidie avec son frère Hiempsal et Jugurtha. Après l'attaque de Jugurtha, il demande l'assistance de Rome, qui procéda alors à un nouveau partage (116). En 113 son territoire est à nouveau envahi par Jugurtha : il dut capituler en 112 et fut mis à mort par Jugurtha.

SP. POSTUMIUS ALBINUS : Consul en 110, il était peut-être le fils d'A. Albinus, consul en 151. Devant quitter l'Afrique pour présider les comices, il laissa le commandement à son frère Aulus (XXXVI).

AULUS POSTUMIUS ALBINUS : Lieutenant de son frère, le consul Albinus, Aulus reçut en octobre-novembre 110 le commandement des troupes romaines en Afrique. Tombé dans un piège tendu par Jugurtha, il dut conclure une paix honteuse avec ce dernier. Il devint lui-même consul onze ans plus tard (99).

L. BESTIA CALPURNIUS : Tribun de la plèbe en 121, il s'acquit les sympathies de la noblesse en rappelant P. Popilius qui avait été banni par C. Gracchus. Consul en 111, et chargé de la première expédition armée contre Jugurtha (XXVIII), il se laissa corrompre par ce dernier.

BOCCHUS : Roi de Maurétanie, il est l'allié de Jugurtha depuis 107 ; il finit toutefois par se laisser convaincre par Sulla de livrer le roi numide aux Romains (CXI).

BOMILCAR : Homme de confiance de Jugurtha, c'est lui qui tua Massiva à Rome (111). Engagé par Metellus à trahir Jugurtha (109), il fut mis à mort, une fois son complot découvert par le roi numide (108).

L. CASSIUS LONGINUS : Préteur en 111, il fut chargé d'obtenir que Jugurtha se rende à Rome pour témoigner de la corruption des nobles romains. Il devint consul en 107, en ayant Marius comme collègue. Il fut vaincu et tué pendant son consulat par les Tigurins : cf. Caes., *G.*, I, 7, 12.

M. FULVIUS FLACCUS : Il avait traduit en justice Scipion Nasica pour le meurtre de Ti. Gracchus et avait fait partie de la commission chargée de procéder au partage des terres. Pendant son consulat (125), il avait présenté deux lois : l'une *de ciuitate sociis Italicis danda*, l'autre *de prouocatione ad populum eorum qui ciuitatem mutare uoluissent.* Chef du parti populaire avec C. Gracchus, il fut mis à mort en même temps que lui par ordre du consul Opimius.

GAUDA : Demi-frère de Jugurtha (V, 6) et père de Hiemsal II, il est l'ancêtre des rois numides postérieurs.

HIEMPSAL Ier : Fils de Micipsa, dont il est un des trois héritiers. Il fut assassiné par Jugurtha en 117.

HIEMPSAL II : Fils de Gauda, petit-fils de Mastanabal, arrière-petit-fils de Masinissa, et père de ce Juba qui prit parti pour Pompée et fut vaincu à Thapsos.

JUGURTHA : Petit-fils de Masinissa, et fils adoptif de Micipsa. À la mort de ce dernier, il s'empara du territoire de ses frères. S'opposant à Rome entre 112 et 105, après des succès prometteurs, il finit par être sévèrement affaibli par Metellus et Marius, avant d'être livré à Sulla par son allié et parent Bocchus (CXI). Amené à Rome en 105, il y mourut en janvier 104 dans la prison du Tullianum, à l'âge de 54 ans.

C. MARIUS : Chevalier originaire d'Arpinum, Marius dut sa carrière à ses très grandes qualités militaires. Légat de Metellus en Numidie, il se fit élire consul en 108, contre l'avis de son patron et conduisit la guerre de 107 à 106 ; c'est sous son commandement que Jugurtha fut vaincu. Devenu chef du parti populaire, il connut une étonnante carrière consulaire de vingt ans jusqu'à sa mort en janvier 86.

MASINISSA : Roi des Massyliens (Numidie orientale), il avait d'abord était l'allié des Carthaginois. Chassé de son royaume par Syphax, qui tenait la Numidie occidentale, il passa en Espagne où il continua de servir la cause de Carthage, jusqu'au moment où il eut avec Scipion Africain une entrevue à la suite de laquelle il se décida pour l'alliance romaine.

MASSIVA : Petit-fils de Masinissa, à la mort d'Adherbal il s'enfuit à Rome. Comme, sur les conseils du consul Albinus, il réclamait son trône, Jugurtha le fit assassiner par Bomilcar (XXXV).

C. MEMMIUS : Tribun de la plèbe en 111, il prononça, après la paix conclue par Bestia, un discours violent pour dénoncer la corruption des nobles (XXXI). Il fut préteur en 104, et périt en 100, assassiné sur l'ordre du tribun Saturninus au moment où il briguait le consulat en concurrence avec Glaucia. Il était, au dire de Cicéron (*Brut.*, XXXVI, 136), un orateur médiocre, mais un accusateur redoutable.

C. MAMILIUS LIMETANUS : Tribun de la plèbe en 109, il fit voter une enquête contre les nobles qui s'étaient laissés corrompre au cours de la guerre de Numidie (*quæstio Mamilia*, XL). Il fut également l'auteur d'une loi sur la régularisation des bornes *(Lex de limitibus)* qui lui valut son *cognomen* ; cf. Cic., *Legg.*, I, 55.

Q. Cæcilius Metellus : Consul en 109. Il commanda les troupes romaines en Afrique entre 109 et 108. Ses victoires sur Jugurtha lui valurent plus tard le surnom de *Numidicus*. Metellus serait l'homme vertueux, digne des grands ancêtres, s'il n'avait pas autant manifesté sa haine du parti populaire et son mépris vis-à-vis de Marius.

Micipsa : Fils de Masinissa, il succéda à son père en 146 et fut roi des Numides jusqu'à sa mort en 118.

L. Opimius : Préteur en 125, consul en 121 ; il vainquit le parti populaire dirigé par C. Gracchus et M. Fulvius Flaccus (XXXI, 7), et traita les vaincus avec une extrême rigueur. Il fut condamné lors de la *quæstio Mamilia* (XL, 1).

P. Rutilius Rufus : Ami de Lælius et de Scipion ; tribun militaire dans la guerre contre Numance, préteur en 118, consul en 105. Ennemi de Marius, il était très favorable à Metellus dont il fut durant la campagne de Numidie l'un des légats. Salluste a utilisé le récit qu'il a fait de la campagne contre Jugurtha.

M. Æmilius Scaurus : Consul en 115 et prince du Sénat, censeur en 109. Cicéron, dans plusieurs passages, parle dans les termes les plus élogieux de son caractère et de ses talents comme orateur et comme écrivain, tout en laissant entendre que ses contemporains lui reprochaient son avidité (XXIX-XXX) ; cf. *De Or.*, II, 70, 283.

L. Cornelius Sisenna : Homme politique autant qu'homme de lettres (120-67), il avait composé, entre autres écrits, une histoire romaine où il racontait principalement le guerre sociale et les guerres

civiles de Marius et de Sulla ; pour le jugement sur
son œuvre historique cf. Cic., *Brutus*, LXIV, 228 et
De Leg., I, 2, 7 (XCV).

L. CORNELIUS SULLA : Né en 138 (CII, 4), Sulla était un
aristocrate de vieille famille patricienne, cultivé,
charmeur, excellent chef militaire et fin diplomate.
Questeur en 108, il participa activement à la fin de la
guerre de Jugurtha ; ayant reçu de Marius les pleins
pouvoirs (CIII, 4), c'est lui qui négocia avec
Bocchus la livraison de Jugurtha. Il rédigea plus tard
des *Commentarii* en 22 livres (Plut., *Syl.*, XXXVII),
que Salluste semble manifestement avoir utilisés
comme source. Dictateur entre 82 et 79, il mourut en
78, âgé de 60 ans.

SYPHAX : Roi des Masséssyliens (Numidie occidentale).
Il fut vaincu et fait prisonnier en 203 av J.-C. par
Masinissa et Lælius ; envoyé en Italie, il mourut à
Tibur ; voir Liv., XXX, 45.

Bibliographie

La République romaine

R. ADAM, *Institutions et citoyenneté de la Rome républicaine*, Paris, Hachette, 1996.

J. HELLEGOUARC'H, *Le Vocabulaire latin des relations des partis politiques sous la République*, Paris, Les Belles Lettres, 1972.

M. LE GLAY, J.-L. VOISIN, Y. LE BOHEC, *Histoire romaine*, Paris, P.U.F., 1997⁵ (Premier cycle) , p. 71-153.

J.-P. NÉRAUDAU, *La Littérature latine. 1. L'époque républicaine*, Paris, Hachette, 1994.

Cl. NICOLET, *Les Idées politiques à Rome sous la République*, Paris, A. Colin, 1964 (U).

Cl. NICOLET, *Le Métier de citoyen dans la Rome républicaine*, Paris, Gallimard, 1976.

L'Histoire à Rome

J. M. ANDRÉ et A. HUS, *L'Histoire à Rome. Historiens et biographes dans la littérature latine*, Paris, P.U.F., 1974 (SUP, 3).

E. CIZEK, *Histoire et historiens à Rome dans l'Antiquité*, Lyon, Presses Universitaires de Lyon, 1995.

J.-P. Chausserie-Laprée, *L'Expression narrative chez les historiens latins. Histoire d'un style*, Paris, De Boccard, 1969.

L'Histoire d'Homère à Augustin, Préfaces des historiens et textes sur l'histoire réunis et commentés par F. Hartog et traduits par M. Casevitz, Paris, Seuil, 1999 (Points / Essais, 388).

P. Jal, *L'Histoire à Rome. Salluste, le principat et Tite-Live : Rome et nous*, Paris, Picard, 1977, p. 119-132.

R. Mellor, *The Roman Historians*, Londres-New York, Routledge, 1999.

M. Rambaud, *Cicéron et l'histoire romaine*, Paris, Les Belles-Lettres, 1953.

R. Ullman, *La Technique des discours dans Salluste, Tite-Live et Tacite*, Oslo, 1927.

Salluste

A. W. Bennet, *Index Verborum Sallustianus*, Hildes-heim-New-York, 1970.

D. C. Earl, *The Political Thought of Sallust*, Cambridge, 1961.

A. La Penna, *Sallustio e la rivoluzione romana*, Milan, Feltrinelli, 1968.

E. Tiffou, *Essai sur la pensée morale de Salluste à la lumière de ses prologues*, Paris, Klincksieck, 1974.

R. Syne, *Salluste*, traduit en français par P. Robin, Paris, Les Belles Lettres, 1982 (version anglaise, 1964).

La Guerre de Jugurtha

J.-P. Brisson (éd.), *Problèmes de la guerre à Rome*, Paris-La Hague, 1967 (Cl. Nicolet, « Armée et société à Rome sous la République », p. 117-156).

J. Carcopino, *Sylla ou la monarchie manquée*, Paris, 1931.

P. Cintas, *Manuel d'archéologie punique*, Paris, 1970-1976, 2 vol.

G. DE SANCTIS, *Problemi di storia antica : Sallustio e la guerra di Giugurta*, Bari, 1932.

S. GSELL, *Histoire ancienne de l'Afrique du Nord*, Paris, Hachette, 1928, t. VII, p. 123-265.

E. KOESTERMANN, *Bellum Iugurthinum*, Heidelberg, 1971.

R. LALLIER, *De Conjuratione Catilinæ, De Bello Jugurthino*, Paris, Hachette, s. d. [1908²] (Classiques latins).

G. M. PAUL, *A Historical Commentary on Sallust's Bellum Jugurthinum*, Liverpool, Francis Cairns, 1984 (ARCA Classical and Medieval Texts, Papers and Monographs, 13).

Style et influences de Salluste

H. AILI, *The Prose Rhythm of Sallust and Livy*, Stockholm, 1979 (*Acta Univ. Stockholm, Stud. Lat.*, XXIV).

P. PERROCHAT, *Les Modèles grecs de Salluste*, Paris, Les Belles Lettres, 1949.

T. F. SCANLON, *The Influence of Thucydides on Sallust*, Heidelberg, 1980.

Table

Ce volume,
le cinquante-quatrième
de la collection « Classiques en poche »,
publié aux Éditions Les Belles Lettres,
a été achevé d'imprimer
en décembre 2012
dans les ateliers
de CPI Bussière,
18200 Saint-Amand-Montrond.

Dépôt légal : décembre 2012.
N° d'édition : 7538 - N° d'impression : 124527

Imprimé en France